ANSELM VON CANTERBURY

Über die Wahrheit

Lateinisch–deutsch

Übersetzt, mit einer Einleitung und Anmerkungen
herausgegeben von
MARKUS ENDERS

FELIX MEINER VERLAG
HAMBURG

PHILOSOPHISCHE BIBLIOTHEK BAND 535

Bibliographische Information der Deutschen Nationalbibliothek

Die Deutsche Nationalbibliothek verzeichnet diese Publikation in der Deutschen Nationalbibliographie; detaillierte bibliographische Daten sind im Internet über ‹http://dnb.d-nb.de› abrufbar.
ISBN 978-3-7873-1646-5
ISBN E-Book: 978-3-7873-2199-5

 Satz: Type & Buch Kusel, Hamburg. Druck und Bindung: Hubert & Co., Göttingen. Gedruckt auf alterungsbeständigem Werkdruckpapier, hergestellt aus 100 % chlorfrei gebleichtem Zellstoff. Printed in Germany. *www.meiner.de*

INHALT

ANSELM VON CANTERBURY

Über die Wahrheit

VORWORT

Diese zweisprachige Ausgabe von Anselms Dialog *De veritate* ist die zweite größere Frucht einer jahrelangen Beschäftigung des Verfassers mit dem Denken Anselms von Canterbury, insbesondere seiner Theorie der Wahrheit. Über weite Strecken hinweg ist ihre bewußt kommentarähnlich gestaltete Einführung in den argumentativen Aufbau der Schrift bis in den Wortlaut hinein eine Zusammenfassung und Verdichtung der ersten Frucht der Anselm-Studien des Verfassers, nämlich seiner unter dem Titel »Wahrheit und Notwendigkeit. Die Theorie der Wahrheit bei Anselm von Canterbury im Gesamtzusammenhang seines Denkens und unter besonderer Berücksichtigung seiner antiken Quellen (Aristoteles, Cicero, Augustinus, Boethius)« Leiden / Boston / Köln 1999 (Studien und Texte zur Geistesgeschichte des Mittelalters, Bd. 64), erschienenen Habilitationsschrift. In einer Reihe von Punkten jedoch stellt sie eine Weiterentwicklung, in ganz wenigen, nachgeordneten Details sogar eine Korrektur gegenüber dem in dieser Monographie erreichten Interpretationsstand dar, der daher nicht unbesehen übernommen, sondern stets kritisch überprüft worden ist.

Daß hier nach der jahrzehntelang einzig vorhandenen lateinisch-deutschen Ausgabe von *De veritate* durch den zu seiner Zeit einzigartigen Anselm-Kenner Franciscus Salesius Schmitt O.S.B. (Hg.), Anselm von Canterbury. De veritate. Über die Wahrheit, Stuttgart-Bad Cannstadt 1966, eine neue zweisprachige Ausgabe dieses Textes vorgelegt wird, ist zum einen durch den Umstand bedingt, daß sich in dieser gleichwohl höchst verdienten und dankenswerten Übersetzung von Schmitt eine Reihe von Ungenauigkeiten und Fehlern finden

lassen; sie dürfte zum zweiten durch einige Fortschritte gerechtfertigt sein, die die wissenschaftliche Forschung zu Anselms Wahrheitstheorie gegenüber dem Kenntnis- und Interpretationsstand, den die einführenden Überlegungen von F. S. Schmitt zu seiner zweisprachigen Ausgabe von *De veritate* repräsentieren, erreicht hat.

Es würde mich sehr freuen, wenn das Erscheinen dieser neuen Textausgabe, die sich gut als Studienausgabe für den Seminargebrauch eignet, möglichst vielen an der mittelalterlichen Philosophie und Theologie interessierten und für systematische Fragestellungen aufgeschlossenen Lesern den Anstoß zu einer vertieften Beschäftigung mit der Wahrheitstheorie Anselms von Canterbury geben würde. Denn deren Versuch einer einheitlichen, allgemeingültigen, die (mögliche) welttranszendente Bedeutungsdimension und die weltimmanenten Bedeutungsgebungen von »Wahrheit« berücksichtigenden und zusammenfassenden, gleichsam synoptischen Bestimmung des Wahrheitsbegriffs sollte gerade in einer von einem universellen Wahrheitsrelativimus bestimmten Zeit wie der unseren, die das Wahrheitsphänomen nur noch auf der Ebene der Satz- und Urteilswahrheit – und auch hier meist unter Bestreitung seines Bezugs auf außersprachlich Gegebenes – überhaupt gelten läßt, zu Gehör gebracht werden, um der Gefahr einer Verengung unserer Wirklichkeitswahrnehmung besser begegnen zu können.

Dem Felix Meiner Verlag danke ich sehr herzlich für die engagierte, sorgfältige und sachkundige Betreuung und Drucklegung dieser Textausgabe. Für ihre sorgfältige Korrektur der Druckfahnen und ihr sachkundiges Erstellen der Register möchte ich auch an dieser Stelle meiner Mitarbeiterin, Frau cand. theol. Maria Hoiß, ganz herzlich danken. Widmen möchte ich dieses Büchlein Christoph Horn in freundschaftlicher Verbundenheit.

Freiburg, im Mai 2001 Markus Enders

EINLEITUNG

Die in den letzten Jahren und Jahrzehnten deutlich vorangeschrittene philosophiehistorische Erforschung mittelalterlicher Theorien der Wahrheit hat sich vor allem mit hoch- und spätmittelalterlichen Autoren, und zwar vor allem mit Albertus Magnus,[1] Thomas von Aquin[2], Bonaventura[3] und dem Wahrheitsverständnis des frühen 14. Jahrhunderts, insbeson-

[1] Nach der älteren Monographie von A. Hufnagel, Die Wahrheit als philosophisch-theologisches Problem bei Albert dem Deutschen, Bonn 1940, ist hierzu erschienen: F. Ruello, La notion de vérité chez S. Albert le Grand et S. Thomas d'Aquin, Louvain/Paris 1969; beide Arbeiten sind durch die neueren Studien zur definitorischen Begriffsbestimmung der Wahrheit bei Albert von W. Senner, Zur Definition der Wahrheit bei Albertus Magnus, in: T. Eggensperger/U. Engel (Hgg.): Wahrheit. Recherchen zwischen Hochscholastik und Postmoderne (Walberberger Studien, Bd. 9), Mainz 1995, 11–48, und P. Engelhardt, »Philosophi« und »sancti« über die Wahrheit. Urwahrheit und welthafte Wahrheit in den »frühen« Schriften Alberts des Großen, in: ebd., 49–59, wesentlich ergänzt worden.

[2] Vgl. hierzu A. Zimmermann, Bemerkungen zu Thomas von Aquin, Quaest. disp. De veritate I, in: MM, Bd. 15, Berlin 1982, 247–61; G. Pöltner, Veritas est adaequatio intellectus et rei. Der Gesprächsbeitrag des Thomas von Aquin zum Problem der Übereinstimmung, in: ZPhF, Bd. 37 (1983), 563–576; J.A. Aertsen, Medieval Reflections on Truth. Adaequatio rei et intellectus, Amsterdam 1984; R.B. Schmitz, Sein-Wahrheit-Wort. Thomas von Aquin und die Lehre von der Wahrheit der Dinge, Münster 1984; G. Schulz, Veritas est adaequatio intellectus et rei. Untersuchungen zur Wahrheitslehre des Thomas von Aquin und zur Kritik Kants an einem überlieferten Wahrheitsbegriff (STGMA, Bd. 36), Leiden/New York/Köln 1993.

[3] Vgl. hierzu A. Speer, Triplex veritas. Wahrheitsverständnis und philosophische Denkform Bonaventuras (FrFor, Heft 32), Werl/Westfalen 1987.

dere mit dem des Wilhelm von Ockham,[4] beschäftigt. Im Unterschied hierzu stoßen spätantike und frühmittelalterliche Wahrheitstheorien auf ein sehr viel geringeres Interesse sowohl bei den aus systematischen Gründen an der Geschichte des Wahrheits-Begriffs interessierten Philosophiehistorikern als auch bei philosophiehistorisch interessierten Wahrheitstheoretikern der Gegenwart, vermutlich deshalb, weil sie als primär theologisch fundiert gelten.[5] Unter ihnen ragt die Wahrheitskonzeption Anselms von Canterbury (1033–1109 n. Chr.) schon alleine deshalb an systematischer Relevanz deutlich heraus, weil bei Anselm die erste definitionale, d. h. zu einer ausdrücklichen Definition des Wahrheitsbegriffs führende Theorie der Wahrheit innerhalb der abendländischen Philosophiegeschichte überhaupt vorliegt, die diesen Namen verdient. Anselm hat seine Theorie der Wahrheit vor

[4] Nach den beiden älteren Arbeiten von P. Boehner, Ockham's Theory of Truth, in: Collected Articles on Ockham, hg. v. E.M. Buytaert, St. Bonaventure/Louvain/Paderborn 1958, 174–200, und ders., Ockham's Theory of Supposition and the Notion of Truth, in: Collected Articles on Ockham, hg. v. E.M. Buytaert, St. Bonaventure/Louvain/Paderborn 1958, 232–267, ist hier vor allem zu nennen: D. Perler, Der propositionale Wahrheitsbegriff im 14. Jahrhundert (Quellen und Studien zur Philosophie, Bd. 33), Berlin/New York 1992; hierzu vgl. die Rezension des Vf. in: ZPhF 49 (1995), 490–495.

[5] Es ist auffallend, daß die wenigen mir bekannten Überblicksdarstellungen der Geschichte der philosophischen Wahrheitskonzeptionen spätantike und frühscholastische Positionen kaum oder gar nicht zu Wort kommen lassen; letzteres ist der Fall bei M. Fleischer, Wahrheit und Wahrheitsgrund. Zum Wahrheitsproblem und zu seiner Geschichte, Berlin/New York 1984; in dem historischen Überblick über traditionelle Theorien der Wahrheit bei J. Möller, Wahrheit als Problem. Traditionen – Theorien – Aporien, München/Freiburg 1971, 11–123, geht der Autor in diesem Zusammenhang auf Origenes, Augustinus und Anselm von Canterbury nur sehr kurz ein, vgl. ebd., 30–37. Eine etwas ausführlichere Behandlung erfahren die Wahrheitskonzeptionen Plotins, Augustins und diejenige Anselms in dem historisch informativen und systematisch ergiebigen Werk von R. Campbell, Truth and Historicity, Oxford 1992, 81–91 (zu Plotin und Augustinus), 101–119 (zu Anselm).

allem in seiner Schrift *De veritate* (ca. 1082–1085 n. Chr.) entwickelt. Diesem in der literarischen Form eines Dialogs verfaßten Werk sind aber zwei weitaus bekanntere systematische Schriften Anselms, das *Monologion* und das *Proslogion*, zeitlich vorausgegangen, in denen sich bereits einige Aspekte seiner späteren Wahrheitstheorie identifizieren lassen. Daher soll unserer anschließenden Rekonstruktion des argumentativen Aufbaus von *De veritate*, die auf Grund des vergleichsweise hohen gedanklichen Schwierigkeitsgrades dieser Schrift über weite Strecken hinweg bewußt den Charakter eines Kommentars annimmt, eine summarische Zusammenfassung der verschiedenen Bedeutungen des Wahrheitsbegriffs und des Wahrheitsprädikats vorangestellt werden, die Anselm in seinen beiden ersten Schriften entfaltet. Den Schluß unserer einführenden Überlegungen bildet die für ein angemessenes Verständnis des systematischen Gehalts dieser Schrift unerläßliche Erörterung der Frage nach der genauen Verhältnisbestimmung zwischen den beiden zunächst als inhaltlich unterschiedlich faßbaren Verständnissen des Begriffs der Wahrheit als mit dem Geist alleine erfaßbare Rechtheit, nämlich dem von uns so genannten adäquations- und dem identitätsbegrifflichen Verständnis der Wahrheit.

A. Eine Rekonstruktion des argumentativen Aufbaus und des rationalen Gehalts des Dialogs De veritate *im Gesamtzusammenhang des anselmischen Denkens*

0. Zum Verständnis des Wahrheitsbegriffs in *Monologion* und *Proslogion*

In seinen beiden ersten systematischen Schriften, dem *Monologion* und dem *Proslogion*, hat Anselm von Canterbury (1033–1109) de facto insgesamt drei verschiedene Bedeutun-

gen des Wahrheitsbegriffs bzw. des Wahrheitsprädikats (einschließlich seiner adverbialen Form) in Anspruch genommen; typologisch lassen sich diese drei Bedeutungen folgendermaßen charakterisieren: erstens ein korrespondenztheoretisches Wahrheitsverständnis, welches die Übereinstimmung des Denkens bzw. des (nur) gedachten Urteils sowie des Aussagesatzes mit dem jeweils vorliegenden Sachverhalt bezeichnet; zweitens ein ontologisches Wahrheitsverständnis, das verschiedene Intensitätsgrade des Seins des geschaffenen Seienden bzw. seines Seinsbesitzes anzeigt; drittens ein theologisches (einschließlich des trinitätstheologischen) Wahrheitsverständnis, demzufolge Wahrheit als eine Gottesprädikation bzw. als Prädikation der zweiten trinitarischen Person aufgefaßt wird.[6] Beide Schriften unterscheiden sich allerdings insofern hinsichtlich des ontologischen Wahrheitsverständnisses, als dieses im *Monologion* in einer weitaus differenzierteren Gestalt vorliegt als im *Proslogion*: So hat etwa die im *Monologion* dargelegte Lehre einer dreigestuften Ordnung der Wahrheiten der Existenz jeder geschaffenen Entität, d. h. ihrer Seinsweise im *verbum divinum*, zweitens in sich selbst auf Grund ihrer eigenen Wesenheit und drittens als ein ihrer kreatürlichen Seinsweise ähnliches Erkenntnisbild im menschlichen Wissen, im *Proslogion*, in dem nur das Gegebensein unterschiedlicher Seinsintensitäten bzw. Grade von Seinsbesitz überhaupt angezeigt wird, keine Entsprechung. Gemeinsam ist allerdings beiden Schriften, daß die drei in ihnen de facto in Anspruch genommenen Bedeutungen des Wahrheitsbegriffs, die korrespondenztheoretische, die ontologische und die theologische, nicht begrifflich miteinander vermittelt werden. Dadurch aber entsteht zwangsläufig die Frage, ob der Wahrheitsbegriff ein univoker, analoger oder ein äquivoker Begriff ist. Die Entscheidung dieser

[6] Zu den einzelnen Belegen vgl. Vf., Wahrheit und Notwendigkeit, 15–26, 51–57, 58–67.

Frage aber ist für das rationale Begreifen eines zentralen Inhalts des christlichen Glaubens, nämlich des genuin theologischen Wahrheitsbegriffs, von grundlegender Bedeutung. Der Umstand, daß im *Monologion* und im *Proslogion* verschiedene Wahrheitsverständnisse, nämlich die drei oben genannten, miteinander unvermittelt bleiben, zeichnet daher mit innerer Konsequenz die Aufgabenstellung der sich zeitlich an diese beiden ersten systematischen Schriften Anselms anschließenden Schrift *De veritate* vor: Die begriffliche Vereinbarkeit des genuin theologischen Wahrheitsverständnisses mit allen anderen, von diesem und voneinander dem Anschein nach verschiedenen Bedeutungen des Wahrheitsbegriffs dadurch zu prüfen, daß die Frage nach der Möglichkeit seiner einheitlichen, allgemeingültigen Definition entschieden wird.

1. Das erste Kapitel: Gott ist die Wahrheit – ist jede Wahrheit Gott? – der philosophisch-rationale Beweis des Glaubenssatzes, daß Gott die Wahrheit ist, als die Aufgabe der ganzen Schrift – eine methodologische Rekonstruktion der topischen Vorgehensweise in *De veritate*

Genau diese Aufgabenbestimmung von *De veritate* entfaltet das erste Kapitel dieser Schrift in präzisierter Form: Dabei wird das von Anselm auf Grund der göttlichen Autorität der Hl. Schrift als zweifelsfrei gültig vorausgesetzte[7] theologische Verständnis der Wahrheit als einer Gottesprädikation formal korrekt als eine Glaubens-Aussage unter Bezug auf Joh 14,6 aufgegriffen: »Da wir glauben, daß Gott die Wahr-

[7] Zu Anselms durchgängiger Überzeugung, daß die Aussagen der Hl. Schrift eine unbedingt verpflichtende Autorität und daher zweifelsfrei richtig und verbindlich sind, vgl. Vf., Wahrheit und Notwendigkeit, 81–84.

heit ist, […].« Zu der Identität Gottes mit der Wahrheit als dem Inhalt dieser Glaubensaussage und damit zu dem in der Hl. Schrift geoffenbarten Wahrheitsverständnis des christlichen Glaubens scheint das Wahrheitsverständnis der natürlichen Vernunft, nach dem der Wahrheitsbegriff von vielen, kreatürlichen, mithin nicht-göttlichen Entitäten prädiziert wird, in einem Widerspruch zu stehen. Anselm möchte den Anschein eines solchen Widerspruchs mit dem stärksten möglichen Mittel als falsch widerlegen: Indem er die Notwendigkeit der wesenhaften Identität beider Wahrheitsverständnisse – des christlichen und desjenigen der natürlichen Vernunft – und damit die objektive Richtigkeit der christlichen Glaubens-Aussage, daß Gott die Wahrheit selbst ist, *sola ratione*, d. h. unter methodischem Verzicht auf christliche Glaubens-Aussagen als inhaltliche Erkenntnisquellen, zu beweisen versucht. Denn der Glaubens-Satz, daß Gott die Wahrheit ist, kann glaubensunabhängig, d. h. ohne Rückgriff auf inhaltliche Glaubensvorgaben, nur dadurch bewiesen werden, daß gezeigt wird, daß jede von der natürlichen Vernunft erkennbare Wahrheit Gott bzw. mit Gott identisch ist. Der von Anselm in und mit seiner Schrift *De veritate* intendierte rein rationale Beweis der Glaubenswahrheit, daß Gott die Wahrheit selbst ist, kann methodisch nur durch den Nachweis erfolgen, daß sich dieser Satz auch umkehren läßt: Daß also jede Wahrheit Gott ist. Damit fügt sich *De veritate* nahtlos in Anselms grundsätzliches methodisches Programm ein, zentrale christliche Glaubenswahrheiten *sola ratione*,[8]

[8] Zu den Stellen, an denen sich diese den rationalen Charakter der Methode Anselms zusammenfassende Formel finden läßt, vgl. W. Christe, Sola ratione. Zur Begründung der Methode des intellectus fidei bei Anselm von Canterbury, in: ThPh 60 (1985), 348 ff.; eine ausführliche Interpretation dieser Formel einschließlich einer Rekonstruktion ihrer augustinischen Quellen hat vorgelegt M.L. Arduini, ›SOLA RATIONE PROCEDAMUS‹ (Cur Deus Homo I 20). Tradizione e novità nel segno semantico anselmiano: ›Sola ratione‹. Le fonti, I: Sant' Agostino, in: RFNS 83

d. h. alleine mit den Mitteln der natürlichen Vernunft, allerdings mit einer nach Anselm durch den Glaubensgehorsam des Subjekts innerlich gereinigten Vernunft, als objektiv wahr zu erweisen.

Im unmittelbaren Anschluß an seine interpretierte Aufgabenbestimmung der ganzen Schrift verweist Anselm auf die Parallelität seiner Vorgehensweise in *Monologion* 18: Dort hat Anselm die Anfang- und Endelosigkeit der *summa veritas* »mittels der Wahrheit der Rede«, nämlich im Ausgang von der Aussage- bzw. Urteils-Wahrheit als einem einzelnen Wahren bzw. wahr Seienden, unter Anwendung der sog. partizipationstheoretischen Prämisse zu beweisen versucht.[9] Beide von ihm in Mon 18 formulierten[10] und in DV 1 (I 176,8–19) zitierten Beweise erheben den Anspruch, die Anfang- und die Endelosigkeit der *summa veritas* rein rational bewiesen zu haben. Da Anselm diese Wahrheit ausdrücklich als die *summa veritas* bzw. als die *summa natura* (vgl. Mon 18 [I 33,22]) und damit (nach Mon 80 [I 86,18]) als Gott selbst bzw. genauer als den dreifaltigen Gott des christlichen Glaubens (vgl. Mon 80 [I 87,12 f.]) versteht, ist es eindeutig, daß er auch in *De veritate* 1 mit der *summa veritas*, deren Anfang- und Endelosigkeit er im *Monologion* bewiesen habe, (den christlichen) Gott selbst meint. Das Ziel dieser beiden Beweisgänge aus Mon 18, deren Struktur Anselm im zehnten Kapitel von *De veritate* noch einmal – sich selbst interpretierend – aufgreift und kommentiert, besitzt daher eine Vorbild-Funktion für die offensichtlich ähnlich geartete Vorgehensweise in *De*

(1991), 90–141; eine kurze Zusammenfassung bietet Vf., Wahrheit und Notwendigkeit, 87 f.

9 Vgl. DV 1 [I 176,6 f., Hervorbringung v. Vf.]: Nam tu quoque in *Monologio* tuo *per veritatem orationis* probas summam veritatem non habere principium vel finem.

10 Der erste Beweisgang findet sich in Mon 18 [I 33,10–15]; der zweite Beweisgang in Mon 18 [I 33,15–20]; zu einer Rekonstruktion und Kritik beider Beweisgänge vgl. Vf., Wahrheit und Notwendigkeit, 26–35.

veritate: Wie im *Monologion* die anfang- und endelose Existenz der göttlichen Wahrheit im Ausgang von einer ihrer innerweltlichen »Örter«, nämlich der Aussage- oder Urteilswahrheit – (zumindest dem Anspruch nach) rein rational bewiesen wurde, so soll in *De veritate* der rationale Beweis der objektiven Wahrheit des christlichen Glaubenssatzes, daß (der) Gott (des christlichen Glaubens) die Wahrheit ist, ebenfalls im Ausgang von endlich-kontingenten Wahrheitsträgern wie dem Aussagesatz vorgenommen werden.

Wenn nun die eine, transzendente, göttliche Wahrheit und die vielen von endlichen Entitäten ausgesagten Wahrheiten zum Aufweis ihrer begrifflichen Identität miteinander verglichen werden sollen, dann kann dies nur am Maßstab dessen erfolgen, was Wahrheit überhaupt ist, d. h. anhand einer feststellenden Definition des Wahrheitsbegriffs. Die Definition dessen, was die Wahrheit ist, kann aber methodisch nur gefunden werden in einem vollständigen Durchgang durch alle Entitäten, von denen »Wahrheit« überhaupt prädiziert werden kann. Denn nur wenn gezeigt werden kann, daß und inwiefern alle kategorialen Wahrheitsbegriffe, d. h. alle Wahrheiten, die von endlichen Entitäten überhaupt nur ausgesagt werden können, miteinander und mit dem transzendenten Begriff der Wahrheit begrifflich identisch sind, ist ein einheitlicher, für alle Fälle oder Vorkommnisse von »Wahrheit« gültiger Begriff der Wahrheit gefunden, der eine allgemeingültige Definition zuläßt; zudem ist sich Anselm dessen bewußt, daß er mit einer solchen feststellenden Definition der Wahrheit Neuland betritt und damit gleichsam philosophische Grundlagenforschung betreibt.[11]

Die Methode, mit der Anselm in *De veritate* sein vorläufiges Beweisziel, eine Definition der Wahrheit, sowie sein letz-

[11] Vgl. DV 1 [I 176,21–177,2, Hervorhebung v. Vf.]: Non memini me invenisse definitionem veritatis; sed si vis quaeramus per rerum diversitates in quibus veritatem dicimus esse, *quid sit veritas*.

tes Beweisziel, den rationalen Beweis der objektiven Wahrheit des Glaubenssatzes, daß Gott selbst die Wahrheit ist, erreichen will, läßt sich genauer als eine topische kennzeichnen. Denn Anselm übernimmt von dem Kommentar des Boethius zu Ciceros *Topica* die folgende für die Lösung eines Problems bzw. eines Zweifels (*dubium*) geeignete topische bzw. argumentationstechnische Reihenfolge: Frage (*quaestio*) – Beweisgrund (*argumentum*) bzw. Beweisgründe (*argumenta*) und ihre Erörterung bzw. Entfaltung (*argumentatio*) – Definition (*definitio*). Die notwendige Voraussetzung für die sinnvolle Anwendung eines Arguments ist nach Boethius[12] das Vorliegen eines Problems (*dubium*), d. h. eines strittigen Sachverhalts. Dieser kann nur dann entschieden werden, wenn er in Gestalt eines Satzes artikuliert wird, der die Form einer alternativ gestellten, mithin disjunktiven Frage besitzt, die Boethius eine *dubitabilis propositio* nennt. Dabei kann sachgemäß nicht die ganze Frage bewiesen werden, sondern nur ein, sei es der bejahende, sei es der verneinende, Teil derselben, wodurch der andere Teil dieser *propositio*, d. h. die ihm kontradiktorisch entgegengesetzte Aussage, zwangsläufig widerlegt wird. Jede *dubitabilis propositio* enthält daher sowohl eine These (*affirmatio*) als auch ihre Gegenthese (*negatio*) und damit einen Widerspruch, der aufgelöst werden muß. In *De veritate* besteht das begründete *dubium*, d. h. das am Anfang der Untersuchung stehende Problem, in den beiden Feststellungen des Schülers am Anfang von DV 1, die – qua Glaubens-Aussage – die Wahrheit als ein Wesensprädikat Gottes und zugleich – qua Aussage einer Erfahrungstatsache des natürlichen Bewußtseins – als ein Prädikat endlich-kontingenter Entitäten wie etwa des Aussagesatzes, des nur gedachten Urteils oder auch der Essenzen aller endlichen Enti-

12 Eine genauere Bestimmung der Topik nach ihrer systematisierenden Darstellung bei Boethius mit allen relevanten Stellenangaben bei Vf., Wahrheit und Notwendigkeit, 92–114.

täten und damit als widersprüchlich bestimmt erscheinen lassen. Dieses *dubium* faßt Anselm gemäß topischer Vorgehensweise in eine *dubitabilis propositio*, nämlich in die Frage: »[...] ob wir, wo immer von Wahrheit gesprochen wird, sagen müssen, daß sie Gott sei.« Diese Frage aber läßt sich unseren Überlegungen zur Aufgabenbestimmung von *De veritate* zufolge ohne Veränderung, vielmehr sogar in Präzisierung ihres sachlichen Gehalts auch wie folgt formulieren:

»Ist jede Wahrheit Gott (selbst) oder ist nicht jede Wahrheit Gott selbst?«

Damit hat die Grund- oder Ausgangsfrage, auf welche die Schrift im ganzen eine rein rational begründete Antwort zu geben versucht, nämlich die Frage, ob Gott die Wahrheit überhaupt, mithin jede Wahrheit ist, exakt jene disjunktive Form, die für die *dubitabilis propositio* eines topischen Argumentationsverfahrens kennzeichnend ist. Auch die dialogische Wahrheitsfindung in *De veritate* könnte als ein, wenn auch nur sekundäres topisches Merkmal bewertet werden.[13] Es entspricht ferner der topologischen Methodik, »daß Anselm *nicht* mit einer [...] thetischen Definition beginnt. Das unterscheidet den Suchweg einer dia-logischen Erörterung von einem rein logischen Beweisgang, in dem schon immer gewußt wird, was bewiesen wird.«[14] Es gibt jedoch außer den genannten Indizien eine Stelle in *De veritate*, die geradezu als ein Beweis für Anselms topische Vorgehensweise in dieser Schrift bewertet werden kann: Am Anfang des sechsten Kapitels von *De veritate* fragt der Lehrer den Schüler: »Meinst du, daß wir, von der höchsten Wahrheit abgesehen, alle Sitze der Wahrheit gefunden haben?«[15] Denn mit den »Sitzen« der

[13] Zum Dialog-Charakter von *De veritate* vgl. L. Steiger, CONTEXTE SYLLOGISMOS, 139.

[14] Ebd., 141.

[15] Vgl. DV 6 [I 183,10f., Hervorhebung v. Vf.]: Putasne nos praeter summam veritatem omnes *sedes* invenisse *veritatis*? Auf diese Stelle hat schon L. Steiger, CONTEXTE SYLLOGISMOS, 142, hingewiesen.

Wahrheit können gemäß der boethianischen bzw. ciceronischen Definition nur die »Örter« gemeint sein, denen das Argument für die gesuchte Definition des Untersuchungsgegenstandes und damit für die Lösung der strittigen Frage entnommen werden kann.[16] Schließlich enthält diese Frage des Lehrers an den Schüler auch einen Hinweis auf die spezifische topische Verfahrensweise, die in *De veritate* zur Anwendung kommt: Die »Örter«, denen das Argument für die gesuchte Definition der Wahrheit entnommen wird, werden als »Sitze der Wahrheit« bezeichnet, sie werden daher offensichtlich als in der Wahrheit – als dem Untersuchungsgegenstand – enthalten vorgestellt. Wenn nun aber alle »Örter« der Wahrheit vollständig aufgesucht sein müssen und das ihnen entnommene Argument zur Findung der Definition der Wahrheit und damit zur Lösung der Ausgangsfrage bestimmt sein muß, so dürfte diese Angabe ein Hinweis darauf sein, daß die in *De veritate* herangezogenen »Örter« aus dem Untersuchungsgegenstand, d. h. der Wahrheit als dem Subjektsterminus der Ausgangsfrage (»ist jede Wahrheit Gott selbst oder ist nicht jede Wahrheit Gott selbst?«), als ganzem hervorgehen, und zwar in diesem Falle mit allen Prädikationsmöglichkeiten des Wahrheitsbegriffs gleichzusetzen sind, zumal diese gemäß Anselms eigener partizipationsmetaphysischer Auffassung identisch sind mit der Immanenz der Wahrheit als solcher in jenen endlich-kontingenten Entitäten, von denen »Wahrheit« ausgesagt werden kann.[17] Diese Beobachtungen dürften deutliche Indizien dafür sein, daß dem gesamten argumentativen Beweisverfahren in *De veritate* der Topos bzw. die *differentia*[18] »von der Definition« bzw. »vom Ganzen« zugrunde-

16 Vgl. hierzu das wörtliche Zitat aus Cicero, Top. II 7 f. bei Boethius, In Top. Cic. comm. I, PL 64, 1048 A: Itaque licet definire locum esse argumenti sedem, argumentum autem rationem, quae rei dubiae faciat fidem.

17 Vgl. hierzu ausführlich Vf., Wahrheit und Notwendigkeit, 112 f.

18 Eine *differentia* ist das Genus maximaler Propositionen; eine

liegt. Dieser Topos bzw. genauer diese *differentia* muß, um verständlich werden zu können, auf dem Hintergrund ihrer Bestimmung in der für Anselm maßgeblichen topologischen Schultradition näher erläutert werden:

Nach der Einteilung Ciceros, die Boethius vor allem in seinem Kommentar zu Ciceros Topik, aber auch in Buch III von *De topicis differentiis* eingehend untersucht, sind die Topoi dem Untersuchungsgegenstand, d. h. dem Subjekts- oder dem Prädikatsterminus der das zu lösende Problem formulierenden Ausgangsfrage, entweder immanent oder ihm äußerlich; dem Untersuchungsgegenstand immanent sind jene Topoi, die aus ihm entweder (1) als ganzem oder (2) aus seinen Teilen oder (3) aus einem seiner Merkmale oder (4) aus einem seiner möglichen Folgebegriffe hervorgehen.[19] Nach der Einteilung des Themistios gibt es bei den von den Termini der Frage abgeleiteten und insofern diesen immanenten Topoi

maxima propositio aber ist eine allgemeine, selbst keines Beweises bedürftige, weil selbstevidente Aussage, die beweisbaren und damit nicht selbstevidenten und insofern späteren oder sekundären Aussagen oder Argumenten (innerhalb von Argumentationen), die sie in sich enthält und deshalb deren »Ort« genannt wird, ihre beweisende Kraft verleiht, indem sie den Übergang von den Prämissen zur Konklusion in diesen Aussagen rechtfertigt. Daher garantieren *propositiones maximae* die Schlüssigkeit einer Argumentation; als das Genus maximaler Propositionen enthält jede *differentia* als deren Topos eine bestimmte Zahl von *propositiones maximae* in sich; die argumentative Funktion der *differentia* besteht darin, eine für das Argument notwendige Prämisse in Form einer *propositio maxima* oder einen zwischen den beiden Termini der Konklusion des Arguments vermittelnden Begriff zu entdecken; so enthält die *differentia* mittelbar, nämlich durch die Vermittlung der *maxima propositio*, das gesamte Argument als dessen eigentlicher Topos in sich und wird deshalb auch am angemessensten »Topos« genannt; vgl. hierzu genauer Vf., Wahrheit und Notwendigkeit, 100–107.

19 Vgl. Cicero, Topica II 8: In ipso tum ex toto, tum ex partibus eius, tum ex nota, tum ex eis rebus quae quodam modo adfectae sunt ad id de quo quaeritur; von Boethius zitiert in: I Top. Cic. comm. I, in: PL 64, 1054 B.

zwei verschiedene Arten: Die einen werden von der Substanz der Termini abgeleitet, die anderen von dem, was aus der Substanz folgt.[20] Diejenigen, die von der Substanz der Termini der Ausgangsfrage des zu lösenden Problems abgeleitet werden, bestehen alleine in der Definition. Denn die Definition zeigt bzw. bezeichnet die Substanz einer individuellen Entität, indem sie das entfaltet, was durch den Namen dieser Entität in einer nicht entfalteten, impliziten Weise bezeichnet wird.[21] Dieser Topos »von der Substanz« bzw. »von der Definition« nach der Einteilung des Themistios aber ist identisch mit dem ciceronischen Topos »vom Ganzen«. Weil nämlich keine Definition getrennt ist von dem, was sie definiert, muß in dem untersuchten bzw. befragten Terminus dessen vollständige Definition enthalten sein, die die Substanz des ganzen Terminus bzw. der von ihm bezeichneten Sache aufzeigt.[22] Aus dieser Definition geht die Gewißheit für den zweifelhaften Sachverhalt hervor, indem ein Argument aus ihr abgeleitet wird; sie selbst aber ist nicht nur dem untersuchten Terminus immanent, sondern ist das Ganze dieses Terminus, insofern sie die ganze von ihm bezeichnete Substanz bestimmt. Daher wird ein von einer Definition abgelei-

[20] Vgl. Boethius, De top. diff. II 5,1 (ed. Nikitas): Eorum vero locorum qui ab his ducuntur terminis de quibus in quaestione dubitatur duplex modus est: unus quidem ab eorum substantia, alter vero ab his quae eorum substantiam consequuntur.

[21] Vgl. Boethius, De top. diff. II 5,2 (ed. Nikitas): Hi (sc. loci) vero qui a substantia sunt in sola definitione consistunt. Definitio enim substantiam monstrat et substantiae integra demonstratio definitio est.

[22] Vgl. Boethius, In Top. Cic. comm. I, in: PL 64, 1059 A/B: Sed diffinitio omnis, [...], id quod nomine involute designatur evolvit et explicat, [...]. Sunt autem in unoquoque propriae diffinitiones. Diffinitio enim est oratio substantiam uniuscuiusque significans; quod si ab unoquoque re propria substantiam non recedit, ne diffinitio quidem recedit, est ergo diffinitio in ipso termino de quo agitur, quae definitio totum terminum necesse est comprehendat, neque enim partem substantiae, sed totius termini substantiam monstrat.

tetes Argument von einem Topos abgeleitet, der dem befragten Terminus immanent ist. Dieser Topos heißt »vom Ganzen«, weil die Definition den ganzen Terminus umfaßt und das entfaltet, was der Name (des untersuchten Terminus) in einer unentfalteten Weise bezeichnet.[23] Bei seinem Vergleich der beiden Einteilungssysteme von Topoi in *De topicis differentiis* III weist Boethius darauf hin, daß der Topos »von der Substanz« nach der Einteilung des Themistios identisch ist mit dem ciceronischen Topos »vom Ganzen«: Denn beide Topoi bestehen in der Definition, sei diese substantiell oder eine Deskription.[24] Boethius gibt folgendes Beispiel für ein aus dem Topos »vom Ganzen« abgeleitetes Argument: Bürgerliches Recht ist Gleichheit, die denen gewährt wird, die zu demselben Staat gehören, damit sie das ihnen Zustehende erhalten; die Kenntnis dieser Gleichheit ist nützlich. Folglich ist das Wissen des bürgerlichen Rechts nützlich. Die Frage, auf die dieses Argument antwortet, lautet: Ist das bürgerliche Recht ein nützliches Wissen? In dieser Frage ist das bürgerliche Recht Subjekts- und das nützliche Wissen Prädikatsterminus. Gefragt wird also, ob das Prädizierte dem Subjekt wirklich inhäriert. Der Terminus »bürgerliches Recht« kann nicht das Argument selbst sein, weil er ein Bestandteil der Frage ist. Um vielmehr feststellen zu können, ob der Prädikatsterminus bzw. das von ihm Bezeichnete dem Subjektsterminus bzw. dem von ihm Bezeichneten wirklich inhäriert, muß die genaue Bedeutung des Subjektsterminus durch eine

[23] Vgl. Boethius, In Top. Cic. comm. I, in: PL 64, 1059 B/C.

[24] Vgl. Boethius, De top. diff. III 7,2 (ed. Nikitas): Eum igitur locum, quem Cicero dixit a toto, a substantia Themistius esse proposuit. Uterque enim in definitione consistit, sive illa substantialis sit sive descriptio. Zur Unterscheidung einer substantiellen Definition von einer Deskription vgl. Boethius, De top. diff. II 6,1 f. (ed. Nikitas): Differt autem definitio a descriptione, quod definitio genus ac differentias sumit, descriptio vero subiecti intellegentiam claudit quibusdam vel accidentibus et unam efficientibus proprietatem vel substantialibus differentiis praeter genus conveniens aggregatis.

Definition der von ihm bezeichneten Sache ermittelt werden. Weil aber eine Definition nach Boethius nicht von dem Definierten getrennt, sondern in dem Terminus ist, den sie definiert,[25] kann die richtige Definition des Subjektsterminus nicht von diesem getrennt, muß vielmehr als diesem immanent angenommen werden. Die gesuchte Definition lautet: Bürgerliches Recht ist eine Gleichheit, die für die Angehörigen eines Staates konstituiert wird, damit sie das ihnen Zustehende erhalten. Der Topos, auf den rekurriert wird, ist daher »von der Definition« und damit »vom Ganzen«. Um aber zu zeigen, daß diese Gleichheit ein nützlicher Teil des Wissens ist, muß eine in dem Topos bzw. in der *differentia* »von der Definition« enthaltene maximale Aussage gefunden werden, die diesen Schluß erst gültig macht. Die für dieses Argument geeignete maximale Aussage lautet: Alles, was mit der Definition von etwas verbunden ist, ist notwendigerweise auch mit den definierten Gegenständen verbunden.[26] Weil aber »nützliches Wissen« mit der Definition von bürgerlichem Recht verbunden werden kann, kann es unter Anwendung der genannten maximalen Aussage auch mit der Sache des bürgerlichen Rechts verbunden werden.[27] Erst diese maximale Aussage macht das Argument insgesamt gültig.

[25] Vgl. Boethius, In Top. Cic. comm. I, in: PL 64, 1060 A: Omnis enim diffinitio in eo termino est quem diffinit.

[26] Vgl. ebd.: In hac igitur argumentatione maxima ac per se nota propositio est ea per quam intelligimus omnia quae diffinitioni alicuius coniungitur, ipsa quoque illis quorum definitio est, necessitati copulari. Eine präzisere Fassung dieser *propositio maxima* in: Ebd., 1060 B: Quibus aliquorum diffinitio iungitur, eisdem necessario ea quae diffiniuntur aptantur. Vgl. hierzu E. Stump (Hg.), Boethius's In Ciceronis Topica, Ithaca 1988, 43, Anm. 72: »The argument is valid with the addition of this maximal proposition provided we make explicit what is clear in the formulation of the argument, namely, that the first premise contains a definition of civil law.«

[27] Vgl. zum ganzen Beispiel Boethius, In Top. Cic. comm. I, in: PL 64, 1059 C–1060 B.

Die oben genannten Indizien dafür, daß dem gesamten argumentativen Beweisverfahren in *De veritate* der Topos bzw. die *differentia* »von der Definition« bzw. »vom Ganzen« zugrundeliegt, lassen sich auf dem Hintergrund der erläuterten boethianischen Bestimmung des Topos »von der Definition« bzw. »vom Ganzen« noch präzisieren: Die Lösung der in *De veritate* gestellten Ausgangsfrage nach der Identität von »Wahrheit« überhaupt mit Gott erfordert, wie bereits gesehen, eine feststellende Definition der Wahrheit; für diese Definition ist wiederum ein zwischen dem Subjektsterminus, d. h. allen Wahrheiten bzw. Wahrheit überhaupt, und dem Prädikatsterminus, d. h. Gott, der Ausgangsfrage (die *dubitabilis propositio* lautet: »Ist jede Wahrheit Gott?«) vermittelnder Begriff (*terminus medius*) konstitutiv, der insofern in dem Subjektsterminus der *dubitabilis propositio* (»Wahrheit«) enthalten ist, als dessen Definition, die der Wahrheit, ihn, und zwar als Subjektsterminus, enthält. Dieser Begriff ist, wie noch zu zeigen sein wird, der der Rechtheit (*rectitudo*). Dieser Begriff der Rechtheit ist insofern in allen von endlichen Entitäten prädizierbaren Wahrheiten als dem Subjektsterminus der *dubitabilis propositio* enthalten, als die in DV 11 formulierte Definition dieses Subjektsterminus, d. h. die der Wahrheit, als »mit dem Geist alleine erfaßbare Rechtheit« (*rectitudo sola mente perceptibilis*) in sich diesen vermittelnden Begriff der *rectitudo* enthält. In diesem aus der Definition der Wahrheit gleichsam ableitbaren Begriff der – alleine mit dem Geist erfaßbaren – Rechtheit (*rectitudo*) besteht das Argument, also der Beweisgrund, der die Ausgangsfrage nach der Identität jeder Wahrheit mit Gott selbst definitiv beantworten wird. Gemäß der oben referierten Annahme des Boethius, daß keine Definition getrennt ist von dem, was sie definiert, wird die Definition der Wahrheit, die deren Substanz aufzeigt, als in dem untersuchten Terminus der Wahrheit (überhaupt) enthalten vorgestellt. Diese Definition ist nicht nur dem Terminus der Wahrheit (überhaupt) immanent, sondern

sie ist zugleich das Ganze des Terminus der Wahrheit (überhaupt), sofern sie die ganze von ihm bezeichnete Substanz bestimmt. Daraus wird ersichtlich, daß der dem Beweisverfahren in *De veritate* zugrundeliegende Topos (bzw. die *differentia*) »von der Definition« identisch ist mit dem Topos (bzw. der *differentia*) »vom Ganzen«. Schlüssig ist die gesamte Argumentation, d. h. der Beweis der Identität Gottes mit der bzw. mit jeder Wahrheit, aber nur unter Anwendung einer bestimmten *propositio maxima*, die in dem Topos »von der Definition« enthalten ist. Die in der Argumentation von *De veritate* implizit zur Anwendung kommende *propositio maxima* lautet: Wessen Definition gleich ist, das ist auch substantiell identisch.[28] Denn die substantielle Identität Gottes mit den von allen endlich-kontingenten Wahrheitsträgern ausgesagten Wahrheiten ist nur bei Annahme der Gültigkeit dieser *propositio maxima*, nämlich unter der Voraussetzung gegeben, daß dasjenige, was eine gleichlautende Definition besitzt, auch substantiell identisch ist.

Daß Anselm diese Annahme teilt, läßt sich an einer Reihe von Aussagen in seiner Erstlingsschrift *De Grammatico* zeigen: In DG 5 führt er aus, daß die Nicht-Identität zweier Entitäten

[28] Von Boethius wird die zu der *differentia* »von der Definition« gehörige *propositio maxima* negativ formuliert: Das, zu dem die Definition des Genus nicht gehört, ist nicht eine Spezies des definierten Genus, vgl. De top. diff. II 5,5 (ed. Nikitas): Locus qui in universali propositione consistit hic: ⟨⟨cui generis definitio non convenit, id eius cuius ea definitio est species non est⟩⟩. In der *dialectica* des Garlandus Compotista wird die entsprechende *maxima propositio* nach der Angabe von N.J. Green-Pedersen, The Tradition of The Topics in the Middle Ages, München/Wien 1984, 154, folgendermaßen gefaßt: Cui convenit definitio, et definitum. An diesem Unterschied exemplifiziert Green-Pedersen, ebd., 154f., die von ihm konstatierte Entwicklung einer zunehmenden Abstrahierung und Generalisierung der maximalen Aussagen, in die sich auch die hier identifizierte *propositio maxima* Anselms in *De veritate* einfügt.

wie des Grammatikers und des Menschen nichts anderes bedeutet, als daß ihre Definitionen verschieden sind, vgl. I 149,31–33, Hervorhebung v.Vf.: Sed si ita intelligas: grammaticus non est homo, ac si dicatur: *grammaticus non est idem quod homo, id est non habent eandem definitionem: vera est conclusio*. Darin folgt er Boethius, der die Aussage, daß Entitäten, deren Definitionen verschieden sind, selbst auch notwendigerweise substantiell verschieden sind, als ein Beispiel für eine *propositio maxima* anführt, die außerhalb der Argumentation liegt, vgl. De top. diff. II 3,10 (ed. Nikitas): est enim huic syllogismo fides ex ea propositione, per quam cognoscimus: »quorum diversa est definitio, ipsa quoque esse diversa«. Dasselbe Beispiel führt Boethius auch an in: In Top. Cic. Comm. I, in: PL 64, 1052 A, Hervorhebung v.Vf.: Hic maxima propositio argumentationi non videtur inclusa, sed extrinsecus posita, syllogismo tamen vires ministrat. Haec vero est, *quorum diversae sunt definitiones, diversas esse substantias necesse est*. – In DG 8 wird diese Verhältnisbestimmung zwischen der Definition und dem Sein einer Entität von Anselm in allgemeiner Form expliziert: Das (substantielle) Sein jeder Entität liegt in ihrer Definition, vgl. I 152,30f.: Dic ergo utrum esse uniuscuiusque rei in definitione consistat. D. Ita est. Vollauf verständlich wird diese Verhältnisbestimmung zwischen der Definition und dem substantiellen Sein des definierten Gegenstandes erst, wenn ihre ausführliche Erläuterung bei Boethius, der hier Anselms Quelle ist, berücksichtigt wird. Denn der aus DG 8 zitierte Satz entspricht bis in den Wortlaut hinein seiner boethianischen Vorlage, vgl. De top. diff. III 3,2 (ed. Nikitas): Totum autem uniuscuiusque rei in definitione constituit. Boethius begründet anschließend diese These, daß das ganze Sein einer Entität in ihrer Definition liegt, damit, daß jede Definition dem von ihr definierten Gegenstand angeglichen wird, so daß die Definition die ganze Substanz der ganzen von ihr definierten Entität in sich enthält, vgl. ebd.: Omnis enim definitio rei quam definit adae-

quatur; quod si unaquaeque res tota est (nihil enim integrum esse nisi totum potest), definitione quoque totum esse necesse est, id est quae totam rei quam definit substantiam claudit. Anschließend definiert Boethius die Definition in dem Sinne, daß sie das Was-Sein bzw. das substantielle Sein des definierten Gegenstandes aussagt (ebd.): Definitio vero est oratio, quae uniuscuiusque rei quidem esse designat. Vgl. auch Boethius, In Top. Cic. Comm. I, in: PL 64, 1059 B: Diffinitio enim est oratio substantiam uniuscuiusque significans. Boethius, In Porph. Comm. IV, in: PL 64, 129 D: Quid est autem esse rei nihil aliud nisi diffinitio. Unicuique enim rei interrogatae quid est, si quis quod est esse monstrare voluerit, diffinitionem dicit. Zur Definitions-Lehre des Boethius vgl. D.P. Henry, Commentary on *De Grammatico*, 142 ff.; zu Boethius' und Anselms Bestimmung der Definition vgl. ders., ebd., 142: »By ,definition' Boethius usually intends what would nowadays be called the *definiens* (as opposed to the *definiendum*), and Anselm follows him in this [...].«

Genau dieser Fall, nämlich eine identische Definition zu besitzen, besteht aber, wie Anselm in den Kapiteln 2–11 von *De veritate* zu zeigen versucht, für Gott selbst als die *summa veritas* und für alle anderen Wahrheiten, d.h. für die von allen in diesen Kapiteln erörterten endlich-kreatürlichen Entitäten und ihren Handlungen prädizierbaren Wahrheiten. Daraus aber folgt in Anwendung der für diesen Fall gültigen »maximalen Proposition« (welche lautet: »Wessen Definition gleich ist, das ist auch substantiell identisch«), die, wie oben gezeigt, nur eine Konsequenz aus der für Anselm maßgeblichen grundsätzlichen Verhältnisbestimmung zwischen einer Definition und dem von ihr definierten Gegenstand darstellt, zwingend, daß jede Wahrheit mit Gott selbst identisch bzw. daß Gott die Wahrheit selbst ist.

2. Das zweite Kapitel: Die aussagentheoretische Bestimmung der Wahrheit: Die zweifache Wahrheit der Aussage als deren Rechtheit

Das Ordnungsprinzip für die gewählte Reihenfolge des Durchgangs durch alle »Örter« bzw. »Sitze der Wahrheit« ist von Anselms pädagogisch-didaktischer Intention bestimmt: Er läßt den Lehrer deshalb mit der Bestimmung des häufigsten Vorkommnisses von »Wahrheit« – der Wahrheit des Aussagesatzes – beginnen, da er den Schüler »vom Bekannteren zum Unbekannteren« führen will.[29] Weil also der Aussagesatz bzw. das Urteil der dem natürlichen Bewußtsein bekannteste »Sitz der Wahrheit« ist,[30] kann an diesem »Ort« das gesuchte Argument, d.h. vor allem dessen schließender Mittelbegriff, der der Rechtheit (*rectitudo*), am leichtesten aufgefunden werden. Gemäß Anselms aussagen- bzw. korrespondenztheoretischer Bestimmung des Wahrheitsprädikats, die er der aristotelisch-boethianischen Tradition[31] entnimmt, ist ein

[29] Vgl. DV 2 [I 177,6f., Hervorhebung v. Vf.]: Quaeramus ergo primum quid sit veritas in enuntiatione, quoniam hanc saepius dicimus veram vel falsam. DV 9 [I 188,27–29, Hervorhebung v. Vf.]: Sed redeamus ad veritatem significationis, a quo ideo incepi, *ut te a notioribus ad ignotiora perducerem*. Omnes enim de veritate significationis loquuntur; veritatem vero quae est in rerum essentia, pauci considerant.

[30] Mit dieser Auffassung des Urteils als des bekanntesten »Sitzes der Wahrheit« knüpft Anselm zwar an Boethius an, unterscheidet sich allerdings zugleich insofern wieder von ihm, als nach Boethius das Urteil nicht nur, wie für Anselm, der bekannteste, sondern auch – im Unterschied zu Anselm – der alleinige Ort von »Wahrheit« (und Falschheit) ist, vgl. hierzu ausführlich Vf., Wahrheit und Notwendigkeit, 117.

[31] Anselms diesbezügliche Quelle dürfte Boethius, In lib. De interpret. ed. prima, in: PL 64, 317 C/D, sein; Belegstellen für ein korrespondenztheoretisches Verständnis des Wahrheitsprädikats bei Aristoteles sind: De interpret. 19 a33 (diese Stelle intendiert primär die Bestimmung einer wahren bejahenden bzw. verneinenden und einer falschen bejahenden bzw. verneinenden Aussage); Cat. 4 b8–10; 14 b15–18; zum Ganzen vgl. ausführlich Vf., Wahrheit und Notwendigkeit, 118–120.

Aussagesatz genau dann wahr, wenn er aussagt, wie sich der ausgesagte Sachverhalt in Wirklichkeit verhält. Diese aussagentheoretische Bestimmung des Wahrheitsprädikats stellt aber keine definitorische Bestimmung der Wahrheit eines Aussagesatzes dar, sondern setzt diese vielmehr voraus, da der ausgesagte Sachverhalt nicht selbst die Wahrheit des Aussagesatzes, sondern nur, wie Anselm im Anschluß an aristotelische Terminologie[32] formuliert, deren Ursache – moderne analytische Wahrheitstheorien würden hier von einem »Wahrmacher« sprechen – ist. Denn das Vorliegen des ausgesagten Sachverhalts ist eine notwendige Bedingung für das Gegebensein der Wahrheit des Aussagesatzes. Gemäß seiner von der augustinisch-platonischen Partizipationsmetaphysik bestimmten Prämisse, daß das Verhältnis alles Wahren bzw. wahr Seienden zu der einen, transzendenten (göttlichen) Wahrheit durch Teilhabe[33] und die Umkehrung dieses Verhältnisses durch eine (formursächliche) Immanenz der Wahrheit in allen wahren Entitäten[34] bestimmt ist, setzt Anselm voraus, daß die Wahrheit des Aussagesatzes diesem nicht äußerlich sein kann, sondern unter Beibehaltung ihrer Transzendenz ihm zugleich auch immanent sein muß. In einem der unveränderlichen Strukturelemente des Aussagesatzes wie

[32] Vgl. Aristoteles, Cat. 14 b19 f.: τὸ μέντοι πρᾶγμα φαίνεταί πως αἴτιον τοῦ εἶναι ἀληθῆ τὸν λόγον·. Der Ausdruck φαίνεταί πως zeigt eine Unsicherheit des Aristoteles sowohl in der Behauptung dieser Ursächlichkeit als auch seine bewußte Zurückhaltung in der Bestimmung der Weise dieser Ursächlichkeit des vorliegenden Sachverhalts (πρᾶγμα) für das Wahr-Sein des diesen Sachverhalt aussagenden Satzes an.

[33] Vgl. Mon 18 [I 33,14]: et (sc. si) utrumque hoc verum sine veritate esse non potest; ebd. [I 33,18]: Atqui verum non potest esse sine veritate. DV 2 [I 177,16, Hervorhebung v. Vf.]: Quia nihil est verum nisi *participando veritatem*.

[34] Vgl. DV 1 [I 176,4 f., Hervorhebung v. Vf.]: Quoniam [...], et *veritatem in multis aliis* dicimus esse; ebd. [I 176,21–177,1]: sed si vis quaeramus per rerum diversitates *in quibus veritatem dicimus esse*; DV 2 [I 177,16 f.]: et ideo veri veritas in ipso vero est.

der *oratio*, also einem aus einem Nomen und Verb bestehenden Klanggebilde, oder der *significatio*, d.h. der der *oratio* wesentlich zukommenden Zeige- oder Bezeichnungsfunktion, aber kann die Wahrheit des Aussagesatzes nicht liegen, weil dann jeder Aussagesatz »wahr« genannt werden müßte, auch wenn die hinreichende Bedingung für die Wahrheit eines Aussagesatzes,[35] d. h. die Übereinstimmung dessen, was er aussagt, mit dem ausgesagten Sachverhalt, gar nicht gegeben und damit der Aussagesatz objektiv nicht wahr, sondern falsch wäre. Diese hinreichende Bedingung aber ist identisch mit der richtigen Ausübung oder Erfüllung der dem Aussagesatz wesenhaft eigentümlichen Bezeichnungsfunktion (*significatio*) und damit genau das, wozu gemäß Anselms schöpfungstheologischer Prämisse der Aussagesatz von Gott geschaffen ist, nämlich den tatsächlich vorhandenen Sachverhalt anzuzeigen. Für die genaue Bezeichnung dieser von Gott jedem Aussagesatz vorgegebenen Ziel- oder Zweckbestimmung wählt Anselm den ihm in seiner metaphysischen Grundbedeutung insbesondere von Augustinus vorgegebenen Begriff des »Sollens« (*debere*).[36] Wenn der Aussagesatz den wirklich vorliegenden Sachverhalt anzeigt, dann zeigt er an, was er anzeigen soll, dann übt er die ihm natürlicherweise eigene Zeige- oder Bezeichnungsfunktion in der rechten Weise (*recte*) aus, dann ist seine Anzeige (*significatio*) richtig. Diese hinreichende Bedingung für das Richtig-Sein der von einem Aussagesatz vollzogenen Bezeichnung – sein Anzeigen dessen, was der Fall ist, – ist folglich identisch mit der hinreichenden Bedingung für das Wahr-Sein eines Aussagesatzes.

[35] Das Vorliegen desjenigen Sachverhalts, den der Aussagesatz aussagt, wird von Anselm als die (hinreichende) Bedingung eingeführt, unter der ein Aussagesatz wahr ist, vgl. DV 2 [I 177,9 f., Hervorhebung v. Vf.]: M. *Quando* est enuntiatio vera? D. *Quando* est quod enuntiat, sive affirmando sive negando.

[36] Zum augustinischen Ursprung der anselmischen Metaphysik des »Sollens« (*debere*) vgl. Vf., Wahrheit und Notwendigkeit, 297–309.

Daher ist die Rechtheit (*rectitudo*)[37] des Aussagesatzes, die in seiner Erfüllung seiner Ziel- und Zweckbestimmung – der Anzeige des (jeweils) tatsächlich vorliegenden Sachverhalts besteht – der gesuchte »Ort« der Wahrheit des Aussagesatzes.

Der Aussagesatz ist aber nicht nur (möglicher) Träger derjenigen Wahrheit bzw. Rechtheit, zu der er geschaffen ist und die ihm nicht notwendigerweise, sondern nur in kontingenter und damit in veränderlicher Weise innewohnt, sondern ihm eignet wesenhaft bzw. in natürlicher und damit in unveränderlicher Weise diejenige Wahrheit, die er mit seinem Sein selbst von Gott empfangen hat, nämlich das bloße Ausüben seiner Zeige- bzw. Bezeichnungsfunktion, d. h. das Fällen von Urteilen über vorliegende Sachverhalte überhaupt. Auch diese gleichsam natürliche Wahrheit der Aussage besteht in der Erfüllung eines Sollens, d. h. einer dem Aussagesatz eingeschaffenen Schuldigkeit zur Verwirklichung seiner Ziel- und Zweckbestimmung. Denn der (jeweilige) Seinsempfang eines Geschaffenen, d. h. der Umstand, daß es sein Sein nicht von sich her hat, sondern von Gott empfängt,[38] ist der Grund

[37] Zur voranselmischen, insbesondere biblischen und patristischen Begriffsgeschichte dieses Ausdrucks vgl. die reichhaltige Untersuchung von R. Pouchet, La Rectitudo chez Saint Anselme, Paris 1964; zur biblischen Bedeutung dieses Begriffs, die überwiegend einen äquivalenten Gebrauch von *rectus* und *iustus* bzw. *rectitudo* und *iustitia* erkennen läßt, vgl. ebd., 29 ff.; von grundlegender Bedeutung für Anselms Verständnis von *rectitudo* ist die augustinische Verwendung dieses Begriffs, insb. in *De libero arbitrio*, vgl. hierzu ebd., 35–44; Anselm erweitert die Extension dieses Begriffs gegenüber seiner nahezu ausschließlich anthropologischen Bestimmung bei Augustinus allerdings erheblich, indem er ihn zum Schlüssel- und Zentralbegriff seiner Bestimmung des Verhältnisses zwischen Gott und der von ihm geschaffenen Welt erhebt, vgl. R. Pouchet, ebd., 15; zur Geschichte des Begriffs der *rectitudo* im 8. und 9. Jahrhundert vgl. Pouchet, ebd., 49–52, und Vf., Wahrheit und Notwendigkeit, 131.

[38] Vgl. DCD 1 [I 233,6–18, insb. 8 f.]: Nulla creatura habet aliquid a se. Quod enim seipsum a se non habet: quomodo a se habet aliquid?; DCD 20 [I 266,3]: Quod quidem deus rerum naturas omnium faciat

dafür und realiter damit identisch, daß das Sein alles Geschaffenen einem »Sollen« (*debere*), einer Schuldigkeit, nämlich seiner göttlichen, ihm von Gott zugedachten Ziel- und Zweckbestimmung wesensmäßig unterworfen ist: Damit denkt Anselm den Begriff des *debere* in Übereinstimmung mit seiner ursprünglichen Wortbedeutung *habere de*: »von jemandem etwas weghaben, folglich gehalten sein, es ihm wiederzugeben«[39]. Diese schöpfungsbedingte Schuldigkeit alles Geschaffenen zur Erfüllung seiner Zielbestimmung besteht auch für den Aussagesatz; denn dieser hat – vor seinem konkreten Aussagen oder Bezeichnen – das Sein seiner Bezeichnungsfunktion, die ihm wesensmäßig zukommt, (von Gott) empfangen, unabhängig davon, ob seine jeweils konkrete Aussage den tatsächlich vorliegenden Sachverhalt wirklichkeitsgemäß bezeichnet oder nicht. Der Aussagesatz schuldet folglich bereits die Erfüllung des ihm mit seiner Bezeichnungsfähigkeit gegebenen Sollens, nämlich die Ausübung dieser Zeige- oder Bezeichnungsfunktion, d. h. das Fällen von Urteilen über vorliegende Sachverhalte überhaupt; in seinem Urteilen als solchen liegt daher schon Wahrheit oder Rechtheit, unabhängig davon, ob er den vorliegenden Sachverhalt richtig aussagt oder nicht. So steht der Aussagesatz seinem göttlichen Schöpfer gegenüber in einem zweifachen Schuldverhältnis: Er schuldet das Aussagen als solches, welche Schuldigkeit er jedoch stets erfüllt, so daß ihm diese natürliche Wahrheit oder Rechtheit seinsmäßig zukommt; und er schuldet jene zweite Rechtheit, um deren willen er die erste Wahrheit oder Rechtheit besitzt: Die Erfüllung seiner ihm von Gott zugedachten Ziel- und Zweckbestimmung, d. h. die

fatendum est; DCD 28 [I 276,8 f.]; CDH I 20 [II 87,13–15; 22–24]: In oboedientia vero quod das deo quod non debes, cui iubenti totum quod es et quod habes et quod potes debes?

[39] Lat.-Deutsches und Deutsch-Lateinisches Handwörterbuch von K.E. Georges, Hannover/Leipzig [9]1909, Sp. 1892; auf diesen Umstand hat H. Külling, Wahrheit als Richtigkeit, 95, aufmerksam gemacht.

richtige Bezeichnung eines tatsächlich vorliegenden Sachverhalts. Es gibt eine Klasse von Aussagesätzen, die stets beide Rechtheiten erfüllen, die also immer wahr sind: Dies sind tautologische Aussagen, die die Form eines analytischen Urteils besitzen und deshalb vernünftigerweise keinen falschen Gebrauch ihrer Bezeichnungsfunktion zulassen.[40] Anselm weist darauf eigens hin, daß die Wahrheit der Bezeichnungsfunktion des Aussagesatzes nur ein Beispielfall für die Wahrheit aller Zeichen ist, die darin besteht, das Vorliegen oder das Nicht-Vorliegen eines Sachverhalts wirklichkeitsgemäß anzuzeigen.[41]

3. Das dritte Kapitel: Die erkenntnistheoretische Bestimmung der Wahrheit: Die Wahrheit des Denkens als dessen Rechtheit

Die erkenntnistheoretische Bestimmung der Wahrheit des Denkens (*cogitatio*), unter dem Anselm das geistige Erfassen des begrifflichen Gehalts von logisch möglichen, weil in sich widerspruchsfreien Sachverhalten versteht und welches im Unterschied zum Aussagesatz den Charakter eines allein geistig gefaßten, d. h. nicht auch sprachlich verlautbarten, mutmaßenden Urteils (*opinio*)[42] über einen vorliegenden, sei es

[40] Vgl. DV 2 [I 179,21–25].

[41] Vgl. DV 2 [I 180,1–3].

[42] Zur Urteilsstruktur und damit zur Wahrheitsfähigkeit der *opinio*, die nicht, wie die *scientia*, den Charakter eines sicheren, d. h. mit sicheren Beweisgründen gestützten, sondern eines unsicheren, irrtumsfähigen Wissens von dem Vorliegen eines Sachverhalts besitzt, bei Anselm und in der für ihn in dieser begrifflichen Bestimmung von *opinio* und *scientia* orientierend vorausgehenden spätantiken (Laktanz, Isidor) und frühmittelalterlichen (Alkuin, Hrabanus Maurus und das Wörterbuch der damaligen Wissenschaftssprache eines Ps.-Papias aus dem 11. Jahrhundert) Tradition vgl. Vf., Wahrheit und Notwendigkeit, 143–146.

positiven, sei es negativen, Sachverhalt besitzt,[43] als dessen Rechtheit erfolgt mit dem gleichen Argument wie bei der Begründung der Wahrheit des Aussagesatzes: Daher besteht die als Ziel- und Zweckbestimmung dem kreatürlichen Denkvermögen von Gott aufgegebene Rechtheit des Denkens – analog zur Rechtheit des Aussagesatzes – in der Erfüllung der gesollten Schuldigkeit, zu denken, »daß (der Fall) ist, was (tatsächlich der Fall) ist und daß nicht (der Fall) ist, was (tatsächlich) nicht (der Fall) ist«, d. h. in der Erfüllung der Schuldigkeit einer adäquaten, wirklichkeitsgerechten geistigen Abbildung des gedachten Sachverhalts. Damit wiederholt sich auf der Ebene des nur gedachten Urteils, was Anselm an der Wahrheit des Aussagesatzes bereits ausführlich gezeigt hatte: Die Reduktion des rein urteils- oder adäquationstheoretischen Wahrheitsverständnisses aristotelisch-boethianischer Provenienz auf einen logisch und ontologisch vorgängigen, einen prinzipiierend zugrundeliegenden Begriff von Wahrheit als Rechtheit, den Kurt Flasch treffend als einen »eidetisch-teleologischen Wahrheitsbegriff«[44] gekennzeichnet hat. Denn nach Anselm liegt auch die Wahrheit des Denkens streng genommen nicht in der inhaltlichen Übereinstimmung des Gedankens mit dem gedachten Sachverhalt als solchen, sondern in der – allerdings erst durch diese Überein-

[43] Eine ausführliche Begründung dieser terminologischen Bestimmung der *cogitatio* sowie des zugehörigen Verbs *cogitare* im *Monologion*, im *Proslogion* sowie in der Anselm-Gaunilo-Kontroverse gibt der Vf. in: Wahrheit und Notwendigkeit, 146–159.

[44] Vgl. K. Flasch, Zum Begriff der Wahrheit bei Anselm von Canterbury, 330: »Dieser Versuch Anselms, den realistischen Wahrheitsbegriff als abgeleitet und durch einen höheren, den eidetisch-teleologischen Wahrheitsbegriff, begründet zu erweisen, wiederholt sich im dritten Kapitel des Dialogs, nun in bezug auf das Denken«; ebd., 328: »[…] die *eine* eidetisch-teleologisch-ethisch gefaßte rectitudo«; ebd., 331: »So zeigt auch eine genetische Betrachtung, daß Anselms ›rectitudo‹ nicht empirisch, sondern eidetisch gedacht ist.«

kunft erreichten – Erfüllung seines Sollens.[45] Päziser gesagt: Nicht schon deshalb ist das Urteil des Denkens wie des Aussagesatzes wahr, weil es den (jeweils) vorliegenden Sachverhalt adäquat wiedergibt oder ausdrückt, d. h. auf Grund seiner Angeglichenheit an den ausgesagten bzw. gedachten Gegenstand als ein äußeres Maß; sondern weil diese adäquate Wiedergabe vorliegender Sachverhalte diejenige Tätigkeit darstellt, zu der der Aussagesatz wie auch das Denken des endlichen Geistes von Gott bestimmt bzw. »geschaffen« sind, d. h. auf Grund ihrer Rechtheit als ihrer Erfüllung einer »inneren Norm«, nämlich des ihnen schöpfungsmäßig gegebenen Sollens. Daran zeigt sich zugleich, daß die Rechtheit, die in der Erfüllung einer Schuldigkeit, einer Entsprechung gegenüber einem Sollensanspruch liegt, ein Relationsbegriff ist, der eine Gemäßheit oder Angeglichenheit zum Ausdruck bringt.

4. Das vierte Kapitel: Das ethische Verständnis von »Wahrheit«: Die Bestimmung der Wahrheit des Willens als dessen Rechtheit

Der nächste »Sitz« der Wahrheit, dem der Mittelbegriff innerhalb des gesuchten Arguments für die Identifizierung Gottes mit »Wahrheit« überhaupt entnommen werden kann, nämlich der Begriff der Rechtheit, ist jene Wahrheit, die im

[45] Wenn K. Flasch, Der Begriff der Wahrheit, 328, dieses Sollen als einen »eingeschaffenen Zielsinn« bezeichnet, muß ihm widersprochen werden, denn das Sollen ist gerade nicht, wie wir noch sehen werden, eine kreatürliche Wirklichkeit, sondern eine göttliche Willensbestimmung, die allerdings – darin ist Flasch, ebd., Recht zu geben – »in jedem Wesen, in jeder Tätigkeit selbst liegt« – wenn auch nicht als ein Moment des kreatürlichen Seins selbst. Leider ist der Vf. in: Wahrheit und Notwendigkeit, noch nicht auf diese Fehleinschätzung Flaschs aufmerksam geworden.

Willen des Geschöpfes liegt. Abweichend von der methodischen Programmatik der ganzen Schrift wird jedoch der Umstand, daß es eine solche Wahrheit des Willens gibt, nicht *sola ratione* bewiesen, sondern aus einer autoritativen Aussage der Hl. Schrift und damit aus der christlichen Offenbarung als Erkenntnisquelle abgeleitet,[46] weil Anselm die Rechtheit des Willens des vernunftbegabten Geschöpfes formal als das Wollen dessen, was man wollen soll,[47] und dieses genauer als das Wollen dessen, von dem Gott will, daß man es wollen soll,[48] versteht, der Wille Gottes aber primär in der Hl. Schrift als der ersten Offenbarungsquelle begegnet. Der Teufel hatte als ein ursprünglich guter Engel seinen Willen von Gott zum rechten Gebrauch dieses Vermögens »empfangen«, um also mittels seiner wollen zu können, was er wollen sollte.[49] Solange er faktisch wollte, was er wollen sollte, war bzw. verharrte (*stetit*) er in der Wahrheit bzw. in der Rechtheit. Denn der Teufel hatte wie jedes vernunftbegabte Wesen mit seinem Willen ursprünglich, in seiner ursprünglichen geschöpflichen Seinsverfassung, also vor seinem (Sünden-) Fall, auch die Rechtheit des Willens und damit zugleich das Vermögen von Gott empfangen, diese ihm gegebene Recht-

[46] Und zwar aus Joh 8,44, vgl. Biblia Sacra Iuxta Vulgata Versionem, ed. R. Weber OSB, Stuttgart ³1983 (nach dieser Ausgabe werden im Folgenden alle lateinischen Schriftstellen zitiert), 1674 : Ille [sc. diabolus] homicida erat ab initio et in veritate non stetit, quia non est veritas in eo.

[47] Vgl. DV 4 [I 181,4–8].

[48] Vgl. DLA 8 [I 220,21 f.]: Servare igitur rectitudinem voluntatis propter ipsam rectitudinem est unicuique eam servanti velle, quod deus vult illum velle. DC I 6 [II 256,24–27, Hervorhebung v. Vf.]: Sed quoniam iustitiam qua iustus est aliquis constat esse rectitudinem voluntatis, quam dixi, quae rectitudo tunc tamen est in aliquo, *cum ipse vult quod deus vult eum velle*; Ep. 414 [V 360,24–33]; ausführliche Zitate und weitere Stellenangaben hierzu bei Vf., Wahrheit und Notwendigkeit, 185, Anm. 18.

[49] Vgl. DV 4 [I 181,4 f.].

heit des Willens zu bewahren.[50] Er verließ aber die Wahrheit im Willen und damit die Rechtheit des Willens, indem er nicht wollte, was er wollen sollte, d. h. indem er sündigte.[51] Das Gesollte des Willens der vernunftbegabten Natur ist zwar unmittelbar die Übereinkunft des konkreten Objektes eines Willensaktes mit dem gesollten, d. h. von Gott gewollten Objekt dieses (jeweiligen) Willensaktes, letztendlich und eigentlich jedoch – analog zum »Gesollten« des Denkens und des Aussagesatzes – die Erfüllung des dem Willen der vernunftbegabten Natur selbst innewohnenden Sollens, d. h. seiner Ziel- und Zweckbestimmung, die, wie erst im 12. Kapitel von *De veritate* deutlich wird, darin besteht, die Rechtheit um ihrer selbst willen zu wollen.

5. Das fünfte Kapitel: Die Wahrheit der Handlung – der umfassende Begriff der Handlung und die beiden grundlegenden Handlungstypen

Daß auch in der Handlung Wahrheit ist (DV 5), hat ebenfalls – wie schon die Wahrheit des Willens im vierten Kapitel – den Charakter einer Glaubenseinsicht, die Anselm aus einer Bibelstelle ableitet.[52] Die Identität der Wahrheit auch dieses

[50] Vgl. hierzu ausführlich Vf., Wahrheit und Notwendigkeit, 180 ff.

[51] Zu diesem Verständnis der Sünde bzw. des Sündigens als das Wollen dessen, was man nicht wollen soll bzw. das Nicht-Wollen dessen, was man wollen soll, vgl. DV 4 [I 181,1 f.]; DLA 3 [I 212,3]; DCD 4 [I 241,4 f.]; zur Präzisierung dieses in den frühen Schriften Anselms entwickelten Sündenbegriffs in *Cur deus homo* sowie in *De conceptu virginali* als die Verweigerung der Rückgabe der Gott geschuldeten Ehre und damit als die Verweigerung der Gerechtigkeit bzw. als das Fehlen der geschuldeten Gerechtigkeit, die in dem (geschuldeten) Gehorsam und der Unterwerfung des eigenen Willens der vernunftbegabten Kreatur unter den göttlichen Willen besteht, vgl. ausführlich Vf., Wahrheit und Notwendigkeit, 178 f.

[52] Vgl. DV 5 [I 181,12–14, Hervorhebung v. Vf.]: Verum in actione quo-

Wahrheitsträgers, der Handlung, mit seiner Rechtheit weist Anselm erneut durch die Vermittlung des Begriffs des Sollens auf.[53] Entsprechend seiner Unterscheidung im zweiten Kapitel von *De veritate* zwischen einer naturhaften, unveränderlichen und einer akzidentell-veränderlichen Wahrheit oder Rechtheit des Aussagesatzes unterscheidet Anselm im 5. Kapitel von *De veritate* die beiden Handlungstypen des naturhaften, seinsnotwendigen und vernunftlosen Handelns einerseits und des nicht naturhaften, nicht seinsnotwendigen und vernünftigen Handelns andererseits. Jedem der beiden Handlungstypen entspricht eine Wahrheit bzw. Rechtheit des Handelns, dem Typ der naturhaften, vernunftlosen und (seins-)notwendigen Handlungen eine naturhafte Wahrheit des Handelns, dem Typ der nicht naturhaften, sondern vernunftgeleiteten und damit nicht (seins-) notwendigen Handlungen eine nicht naturhafte, sondern frei wählbare, wohl aber »gesollte« Wahrheit oder Rechtheit des Handelns.[54] Demnach tun auch jene Handlungen, die zum ersten Typ eines naturhaften Handelns gehören, die Wahrheit bzw. Rechtheit: Denn sie führen jene Tätigkeit aus, auf die sie in ihrer natürlichen Ordnung festgelegt, zu der sie schöpfungsmäßig bestimmt sind, bzw. – mit den Worten Anselms – die zu tun sie von Gott empfangen haben. Handlungen dieses ersten Typs

que nihilominus *veritas credenda est*, sicut dominus dicit quia ›qui male agit, odit lucem‹; et ›qui facit veritatem, venit ad lucem‹. Zitiert wird hier in verkürzter Form Joh 3,20 f.; die beiden Verse lauten ungekürzt: (20) omnis enim qui mala agit odit lucem et non venit ad lucem ut non arguantur opera eius; (21) qui autem facit veritatem, venit ad lucem ut manifestentur eius opera quia in Deo sunt facta. Dieselbe verkürzte Zitierweise dieser Schriftstelle findet sich in L 338,22–25; zur Bedeutung dieses Schriftzitats in Anselms Werk, die derjenigen des Zitats aus Joh 8,44 für Anselms Denken nahezu gleichkommt, vgl. K. Kienzler, Glauben und Denken bei Anselm von Canterbury, 137, Anm. 206.

53 Zur Argumentationsführung im einzelnen vgl. Vf., Wahrheit und Notwendigkeit, 186–188.

54 Vgl. DV 5 [I 182,6–8]; ebd. [I 183,1 f.].

exemplifiziert Anselm an der für das Feuer notwendigen Tätigkeit, dem Wärmen: Wenn das Feuer diese Handlung des Wärmens ausübt, dann tut es, was es tun muß, und damit tut es die Wahrheit bzw. die Rechtheit.[55] Während das Feuer das, was es tut, d. h. das Wärmen, aus einer (Seins-) Notwendigkeit heraus tut,[56] so daß sein *debere* als ein »Müssen« und nicht als ein »Sollen« zu verstehen ist, bedeutet das *debere* für die Handlungen des zweiten Handlungstyps, d. h. die vernunftgeleiteten Handlungen, keine Notwendigkeit, sondern ein »Sollen«: Ein unbedingter, weil auf die Schöpfungsintention Gottes selbst zurückgehender Anspruch, eine aus dem Sein der vernunftbegabten Naturen – als Ausdruck dieses schöpferischen Gotteswillens – hervorgehende Schuldigkeit bzw. Verpflichtung, der sich die vernunftbegabten Kreaturen auf Grund ihrer Entscheidungsfreiheit, ihres *liberum arbitrium*, allerdings verweigern können.

Der zweite inhaltliche Schwerpunkt des fünften Kapitels liegt in Anselms umfassender Bedeutungsbestimmung des Verbs *facere*, das er synonym mit dem Verb *agere* gebraucht: *Facere* verwendet Anselm nicht nur für das Tun und Tätigsein im eigentlichen Sinne des Wortes, d. h. für das Hervorbringen von etwas, sondern ausdrücklich für jedes Verb und damit auch für passive Verben, die ein Erleiden zum Ausdruck bringen. Auch diesen universellen Gebrauch von *facere* leitet Anselm aus der biblischen Offenbarung, genauer aus dem von ihm bereits zitierten Schriftwort in Joh 3,21 ab: »Wer die Wahrheit tut, kommt an das Licht.«[57] Denn das Tun der Wahrheit (*facere veritatem*) muß auch demjenigen zugespro-

[55] Vgl. DV 5 [I 181,31–182,1]; das Beispiel des Wärmens des Feuers als eines vernunftlosen Vermögens und die Unterscheidung zwischen vernünftigen und vernunftlosen Vermögen hat Anselm Boethius, In lib. De interpret. ed. prima, in: PL 64, 379 A, entnommen.

[56] Vgl. DV 5 [I 182,8 f.]: Ex necessitate namque ignis facit rectitudinem et veritatem, cum calefacit.

[57] Vgl. DV 5 [I 182,10–12].

chen werden, der nach einem anderen Schriftwort (vgl. Mth 5,10) Verfolgung erleidet um der Gerechtigkeit willen; und überhaupt jedem, der sich aufhält, der steht oder der sitzt und der handelt, wann und wo er dies »tun« soll.[58] Dabei liegt, wie Anselm in seinen sog. Philosophischen Fragmenten ausführt, die Möglichkeit der Substitution jedes – sowohl affirmativen als auch negativen – Verbs durch das Verb *facere* nach Anselm in der Tatsache begründet, daß das – zumindest gedacht – Subjekt eines jeden Verbs eine Ursache für die – zumindest gedachte – Existenz dessen ist, was mit jenem Verb bezeichnet wird. Von jeder Ursache aber wird nach dem gewöhnlichen Sprachgebrauch gesagt, daß sie das »tut« (*facere*), wovon sie Ursache ist.[59] Dies gilt nicht nur für jene Verben, die gemäß ihrer Bedeutung eine Aktivität zum Ausdruck bringen – wie etwa das Laufen – und deshalb als ein »Tun« im eigentlichen Sinne bezeichnet werden können, sondern auch für diejenigen Verben, die eine Passivität ausdrücken, wie etwa das Sitzen oder das Leiden.[60] Denn wenn, um diese beiden Beispiele für passive Verben aufzugreifen, nicht zuvor ein Subjekt für ein Sitzen oder ein Leiden gedacht bzw. das Signifikat eines dieses Subjekt bezeichnenden Namens »im Geist begriffen« werden würde, dann gäbe es weder ein Sitzen noch ein Leiden, so daß diesem zumindest gedachten Subjekt die Ursächlichkeit dafür zugesprochen werden muß, daß es sitzt bzw. leidet, welche Ursächlichkeit sprachlich durch das Verb *facere* ausgedrückt wird; daher kann von diesem Subjekt zu Recht ausgesagt werden, daß es sein Sitzen

[58] Vgl. DV 5 [I 182,12–17]; die gleiche Begründung des universellen, d.h. für jedes – aktive oder passive – Verb möglichen Gebrauchs des Verbs *facere* mit dem gleichen Schriftwort (Joh 3,20 f.) und exakt den gleichen Beispielen gibt Anselm in seinen Philosophischen Fragmenten, vgl. L 338,22–34; vgl. hierzu ausführlich Vf., Wahrheit und Notwendigkeit, 190 f.

[59] Vgl. L 337,32–35.

[60] Vgl. L 337,35–38.

bzw. sein Leiden »tut«.[61] Diese universelle Verwendung von *facere* im allgemeinen Sprachgebrauch erlaubt es, auch den rechten Willen unter die rechten Handlungen, und zwar genauer unter die rechten vernünftigen Handlungen zu zählen; denn von dem, der will, was er wollen soll, sagt man gewöhnlich, daß er in rechter Weise und gut handele, so daß er zu denen gehört, die die Wahrheit tun.[62] Gemäß diesem universellen Handlungsbegriff faßt Anselm auch die Aussage bzw. die Rede (*oratio*) als ein Handeln auf, so daß die im zweiten Kapitel von *De veritate* erörterte naturhafte Wahrheit oder Rechtheit der Rede bzw. genauer des Aussagesatzes, nämlich die Ausübung seiner Bezeichnungsfunktion, die ihm als solchem und damit unveränderlich eignet, unter den Typ der naturhaften, vernunftlosen und (seins-) notwendigen Handlungen subsumiert wird.[63]

6. Das sechste Kapitel: Die Wahrheit der Sinne als die Rechtheit ihres Tuns: Die Ausübung ihrer Wahrnehmungsfunktion als solcher

Ein eigener »Sitz der Wahrheit« sind auch die körperlichen Sinne bzw. ihre Wahrnehmungen. Diese Tatsache wird am Unterschied zur Wahrheit der Sinneswahrnehmung, nämlich am Phänomen der sog. Sinnestäuschung, die Anselm mit einer bekannten optischen Täuschung exemplifiziert,[64] beson-

[61] Zu der von Anselm in seinen Philosophischen Fragmenten vorgenommenen Einteilung des *facere esse* und des *facere non esse* in insgesamt sechs verschiedene Aussageweisen, die Vollständigkeit in der Wiedergabe dieses jede Art von Verursachung und Ursächlichkeit ausdrückenden Verbs intendiert, vgl. Vf., Wahrheit und Notwendigkeit, 194f.

[62] Vgl. DV 5 [I 182,18–23].

[63] Vgl. DV 5 [I 183,1–6].

[64] Vgl. DV 6 [I 183,16–21]; ebd. [I 184,3–25].

ders gut sichtbar. Die sich bei einer Sinnestäuschung täuschende Instanz aber ist nicht, wie das natürliche Alltagsbewußtsein annimmt, der »äußere Sinn«, d. h. einer der fünf körperlichen Sinne, sondern der sog. »innere Sinn«, der über das sinnlich Wahrgenommene urteilt.[65] Die *opinio*, das nur meinend oder vermutend gewußte Urteil des inneren Sinnes bestimmt Anselm am Ende des sechsten Kapitels genauer als das *iudicium animae*,[66] als das Urteil der Seele. Dieses Urteil der *opinio* des inneren Sinnes ist daher ambivalent: Es kann entweder wahr oder falsch sein. Das – sofern einer Meinung, einem Vermuten die Sicherheit des Wissens fehlt – bereits von dem Ausdruck *opinio* als möglich angezeigte *falsche Urteil* des inneren Sinnes über das sinnlich Wahrgenommene *ist* daher die Sinnestäuschung, deren Zustandekommen Anselm vor allem am Phänomen einer optischen Täuschung beim Sehen von Farben erläutert, um die Erklärung dieser – wohl häufigsten – Art von Sinnestäuschungen aus der zuvor (von dem Schüler) vorgetragenen Sicht des natürlichen Bewußtseins, das die sog. »Sinnestäu-schungen« für Täuschungen der Sinne selbst hält, möglichst präzise zu widerlegen.[67] Wenn aber die sog. Sinnestäuschungen in Wirklichkeit keine Täuschungen der Sinne selbst, sondern des über die Sinneswahrnehmungen urteilenden Bewußtseins sind und wenn zweitens der sinnlichen Wahrnehmung eine Erkenntnisfunktion zukommt, dann folgt daraus zwingend, daß die gesuchte Wahrheit der Sinne in ihrer einfachen »Wahr-nehmung«, d. h. in ihrem unmittelbaren Erfassen sinnlicher Qualitäten als demjenigen liegt, was die Sinne zu tun empfangen haben: Registrieren bzw. melden sie (sc. dem inneren Sinn) gemäß ihrer jeweiligen Aufnahmefähigkeit oder Empfänglichkeit das

65 Vgl. DV 6 [I 183,24–27].

66 Vgl. DV 6 [I 184,29–31].

67 Zu Anselms Theorie des Sehens und der Möglichkeit optischer Täuschungen vgl. ausführlich Vf., Wahrheit und Notwendigkeit, 200–206.

sinnlich Wahrnehmbare, dann tun sie sowohl das, was sie tun können, als auch das, was sie tun sollen. Denn ihr Können ist mit ihrem Sollen identisch. Tun sie aber das, was sie tun sollen, dann tun sie die Rechtheit bzw. die Wahrheit.[68] Daraus erhellt, daß die den Sinnen eigene Tätigkeit, nämlich das Registrieren des Vorhandenseins und der (jeweiligen) Beschaffenheit von sinnlich Wahrnehmbarem, eine Handlung darstellt, die zu dem ersten Handlungstyp und damit zu den (seins-) notwendigen und natürlichen Handlungen gehört.[69] Diesen nicht vernunftgeleiteten Handlungen eignet, wie aus DV 5 hervorging, eine naturhafte, mithin notwendige Wahrheit oder Rechtheit. Der Bestimmung der Wahrheit der sinnlichen Wahrnehmung als einer notwendigen und natürlichen (Handlungs-) Wahrheit mußte daher die Unterscheidung der beiden Handlungstypen und der ihnen jeweils entsprechenden Wahrheiten im fünften Kapitel von *De veritate* vorausgehen. Die Wahrheit der sinnlichen Wahrnehmung liegt also in der Ausübung ihrer Wahrnehmungs- oder Erkenntnisfunktion als solcher, deren wirklichkeitsabbildender Kraft auf Grund der begrenzten Aufnahmefähigkeit oder Kapazität der Sinnesorgane durchaus Grenzen gesetzt sind: Zwar vermitteln die Körpersinne durch ihre (sinnlichen) Wahrnehmungen – unter Voraussetzung ihrer Funktionsfähigkeit – grundsätzlich tatsächlich vorhandene Phänomene, doch ihre begrenzte Aufnahmefähigkeit setzt, wie Anselm am Beispiel einer optischen Täuschung illustriert hat, dieser »Wirklichkeitshaltigkeit« ihrer Wahrnehmungen nicht nur Grenzen,

[68] Vgl. DV 6 [I 184,34–185,2, Hervorhebung v. Vf.]: quia sensus, quidquid renuntiare videantur, sive ex sui natura hoc faciunt sive ex alia aliqua causa: *hoc faciunt quod debent, et ideo rectitudinem et veritatem faciunt.*

[69] Vgl. DV 6 [I 185,2 f.]: et continetur haec veritas [sc. sensuum] sub illa veritate, quae est in actione. Mit *quae est in actione* bezeichnet Anselm jene Wahrheit, die in einer Handlung als solcher, die in ihrer Natur liegt.

sondern diese Begrenzung ihres (jeweiligen) Aufnahmevermögens für Sinneseindrücke kann auch zu objektiv falschen, d. h. die Wirklichkeit nicht adäquat wiedergebenden Eindrücken führen, die allerdings durch ein Urteil des inneren Sinnes korrigiert werden können. Dennoch, trotz dieser Einschränkung, bleibt auch hinsichtlich der sinnlichen Wahrnehmung festzuhalten, daß Anselm diese grundsätzlich als ein Instrumentarium zur Erkenntnis von Wirklichkeit versteht. Auch ihr »Tun der Wahrheit«, so könnte man in einer eingeschränkten Analogie zum Wahrheitsvollzug des Denkens und der Aussage formulieren, besteht darin, daß sie wahrnimmt, was (der Fall) ist. Die Einschränkung dieser Analogie betrifft den fehlenden Urteils-Charakter der sinnlichen Wahrnehmung: Von ihrem »Tun der Wahrheit« kann daher nicht in strikter Analogie zum Wahrheitsvollzug der Aussage und des Denkens behauptet werden, daß sie wahrnimmt, daß (der Fall) ist, was (der Fall) ist, sondern nur, daß sie wahrnimmt, was (der Fall) ist.

7. Das siebte Kapitel: Die essentialistische Bestimmung der Wahrheit: Die Wahrheit des Wesens der geschaffenen Entitäten als ihre Rechtheit

Nach der aussagentheoretischen (vgl. DV 2), der erkenntnistheoretischen (vgl. DV 3), der ethischen (vgl. DV 4), der handlungstheoretischen (vgl. DV 5) und schließlich auch der wahrnehmungstheoretischen (vgl. DV 6) Bestimmung der Wahrheit als Rechtheit bleibt nur noch ein endlich-kontingenter Wahrheitsträger, d. h. ein kreatürlicher Seinsbereich übrig, von dem »Wahrheit« ausgesagt bzw. »in« dem Wahrheit erkannt wird: Das Wesen der geschaffenen Naturen.

Anselm beginnt seinen Beweisgang zur Bestimmung des essentialistischen Verständnisses von »Wahrheit« als Rechtheit mit der Feststellung der Immanenz aller raum-zeitlich

existierenden Entitäten »in der höchsten Wahrheit«, d. h. in Gott (= erste Aussage). Zugleich behauptet er zweitens, daß alle raum-zeitlich existierenden Entitäten ihre seinsgebenden Wesenheiten von Gott bzw. der höchsten Wahrheit empfangen haben. Er behauptet also das Geschaffensein der Wesenheiten aller raum-zeitlich existierenden Entitäten (= zweite Aussage). Damit spricht Anselm nur eine bei ihm durchgängige Überzeugung aus: Daß jede (endliche) *essentia* von Gott geschaffen oder hervorgebracht ist.[70] Diese zweite Feststellung widerspricht keineswegs der ersten Aussage. Denn die Immanenz der geschaffenen Entitäten in der höchsten Wahrheit, d. h. in Gott, versteht Anselm als deren – nicht im räumlichen Sinne aufzufassendes – Enthalten-Sein von Gott, d. h. als deren kreative und konstitutive Abhängigkeit von dem göttlichen Prinzip,[71] aus dessen kreativer und erhaltend-bewahrender Wirkweise in bezug auf die Gesamtheit alles von ihm Geschaffenen Anselm an anderer Stelle sowohl die Immanenz dieses Prinzips in allem Geschaffenen als auch umgekehrt die Immanenz alles Geschaffenen in Gott als in seinem Prinzip schließt.[72] Schließlich behauptet Anselm drit-

[70] Vgl. DCD 1 [I 234,30–235,1, Hervorhebung v. Vf.]: ita a summa essentia non est nisi essentia, et *omnis essentia est a summa essentia*; ebd. [I 266,10 f.]; DCD 26 [I 274,27 f.]; DCV 4 [III 145,30 f.]; DC I 7 [II 258, 12 f.]; ebd. [II 259,19 f.]; DC II 2 [II 261,8–10].

[71] Vgl. Prosl 19 [I 115,6, Hervorhebung v. Vf.]: Quod non sit in loco aut tempore, *sed omnia sint in illo*; ebd. [I 115,14 f., Hervorhebung v. Vf.]: tu autem, licet nihil sit sine te, non es tamen in loco aut tempore, sed *omnia sunt in te. Nihil enim te continet, sed tu contines omnia. Continere* ist neben anderen Termini im philosophischen Neuplatonismus und der davon beeinflußten christlichen Tradition ein terminus technicus für die Beziehung einer radikalen Abhängigkeit in der Hervorbringung und in der Bewahrung des »Enthaltenen« als des Verursachten von seiten des »Enthaltenden« als dessen Grund, vgl. hierzu ausführlich (mit zahlreichen Belegstellen) Vf., Wahrheit und Notwendigkeit, 211–213.

[72] Vgl. Mon 14 [I 27,20–26]; Mon 80 [I 87,5–7]; an beiden Stellen zitiert Anselm Röm 11,36: *quoniam ex ipso et per ipsum et in ipso sunt omnia.*

tens die Notwendigkeit einer Identität zwischen dem (jeweiligen) Was-Sein bzw. dem Wesen (*essentia*) der geschaffenen Entitäten und ihrem (jeweiligen) Was-Sein »dort«, d. h. in Gott (= dritte Aussage), wenn er sagt, daß die raum-zeitlich existierenden Entitäten nichts anderes sein können, als was sie »dort«, d. h. in der höchsten Wahrheit, sind (vgl. DV 7 [I 185,12–14]). Diese Identitätsbehauptung steht jedoch, streng genommen, in einem inhaltlichen Widerspruch zu den beiden ersten Aussagen, sofern diese das Geschaffensein der *essentiae* der raum-zeitlich existierenden Entitäten explizieren.[73] Aus dieser dritten Aussage glaubt Anselm mit zweifelsfreier Gewißheit[74] schließen zu können, daß in der von ihr festgestellten Identität zwischen dem (jeweiligen) Was-Sein bzw. dem Wesen (*essentia*) der raum-zeitlich existierenden Entitäten und ihrem (jeweiligen) Was-Sein »in der höchsten Wahrheit«, d. h. ihrer innergöttlichen Seinsweise, die hinreichende Bedingung für das veritativ-wirkliche Sein (*vere esse*) alles Geschaffenen besteht: Demnach existiert alles Geschaffene wahrheitsgemäß und wirklich, weil sein (jeweiliges) kreatürliches Was-Sein, d. h. seine *essentia*, mit seiner innergöttlichen Seinsweise, mit dem, »was es dort« – nämlich in Gott selbst als der höchsten Wahrheit – »ist«, identisch ist.[75]

[73] Diese Schwierigkeit hat der Vf. in Wahrheit und Notwendigkeit, 223–237, unter Heranziehung des Exemplarismus Anselms, d. h. seiner vor allem im *Monologion* dargelegten Lehre von einem präexistenten, exemplarursächlichen Sein der geschaffenen Welt in Gott, erörtert. Dabei liegt – bei einem Festhalten an der Kreatürlichkeit der *essentiae* der geschaffenen Entitäten – das Hauptproblem in der sachlichen Unvereinbarkeit dieser Identitätsbehauptung mit Anselms einläßlichen Ausführungen zur Wesensidentität der präexistenten Schöpfung mit dem sie durch sein »Wort«, d. h. den göttlichen Logos, »sprechenden«, d. h. erkennenden, göttlichen Prinzip, vgl. Vf., Wahrheit und Notwendigkeit, 232–237.

[74] Vgl. DV 7 [I 185,15]: igitur; ebd. [I 185,16]: Absolute concludere potes [...].

[75] Vgl. DV 7 [I 185,16f.]: Absolute concludere potes quia omne quod est vere est, quoniam non est aliud quam quod ibi est.

Diese höchst problematische, weil die Differenz zwischen der geschaffenen außergöttlichen und der ungeschaffenen innergöttlichen, mit Gott selbst wesensidentischen Seinsweise der Geschöpfe aufhebende Identität soll also die hinreichende Bedingung für die wirkliche bzw. wahrheitsgemäße Seinsweise aller geschaffenen Entitäten sein. Von dem wirklich-wahrheitsgemäßen Sein alles Geschaffenen, welches nach Anselm durch die Relation der Identität zwischen seinem Was-Sein bzw. seiner *essentia* und seinem innergöttlichen Seinsmodus (hinreichend) bedingt ist, wird im nächsten Schritt auf die (formursächliche) Immanenz der Wahrheit im Wesen aller geschaffenen Entitäten geschlossen.[76] Für die Gültigkeit dieses Schlusses aber muß implizit vorausgesetzt werden, daß das wirklich-veritative Sein der Geschöpfe in ihrer (jeweiligen) *essentia* gegeben bzw. genauer mit dieser (die ihrerseits, wie wir sahen, mit der innergöttlichen Seinsweise des jeweiligen Geschöpfes identisch sein soll) realiter identisch ist. Denn nur dann kann Anselm die formursächliche Immanenz der Wahrheit im wirklich-wahrheitsgemäßen Sein der Geschöpfe mit der formursächlichen Immanenz der (göttlichen) Wahrheit im Wesen aller Geschöpfe ineinssetzen, was er de facto tut, da er von dem wirklich-wahrheitsgemäßen Sein aller Geschöpfe auf die formursächliche Immanenz der Wahrheit im Wesen der Geschöpfe schließt. Diese im Wesen aller geschaffenen Entitäten als deren Exemplarursache gegenwärtige Wahrheit, die deren reales bzw. wahrheitsgemäßes Sein allererst (kreativ) hervorbringt, ist der Falschheit kontradiktorisch entgegengesetzt; diese kontradiktorische Entgegensetzung aber wird damit begründet, daß das, was fälschlicherweise existiert, überhaupt nicht (real) existiert.[77] Wenn demnach *falso esse* ein

[76] Vgl. DV 7 [I 185,18 f.]: Est igitur veritas in omnium quae sunt essentia, quia hoc sunt quod in summa veritate sunt.

[77] Vgl. DV 7 [I 185,20 f.]: Video ita ibi esse veritatem, ut nulla ibi possit esse falsitas; quoniam quod falso est, non est.

Nicht-Existieren bedeutet, dann ergibt sich im Umkehrschluß für das kontradiktorisch entgegengesetzte *vere esse*, daß es ein reales Existieren bedeutet. Folglich muß die dem Wesen aller geschaffenen Entitäten immanente Wahrheit die Ursache für deren reales und als solches zugleich wahrheitsgemäße Existieren sein. Nun gibt es für jedes (geschaffene) Seiende ein Sein-Sollen: Es soll in seinem Sein übereinstimmen mit seiner innergöttlichen Seinsweise. In dieser Übereinstimmung aber besteht, wie wir sahen, das real-veritative Sein alles Geschaffenen. Daher soll alles Geschaffene wirklich bzw. wahrheitsgemäß (*vere*) existieren. Folglich ist die Identität seiner *essentia* mit seiner innergöttlichen Seinsweise, d. h. das wirklich-wahrheitsgemäße Sein alles Geschaffenen, also (bereits) die Erfüllung seines Sein-Sollens. Insofern demnach alles Geschaffene (überhaupt nur) wirklich bzw. wahrheitsgemäß existiert, erfüllt es schon sein Sein-Sollen. Was aber sein Sein-Sollen erfüllt, existiert per definitionem in rechter Weise, sofern die Rechtheit in der Erfüllung eines Sollens besteht. Das bloße reale Sein alles Geschaffenen ist daher mit seinem Recht-Sein bereits identisch. Die im Wesen der geschaffenen Entitäten liegende Wahrheit, die später ontologische oder transzendentale Wahrheit genannt wird, ist deshalb nichts anderes als die Rechtheit dieser Entitäten, weil beide identisch sind mit dem wirklich-wahrheitsgemäßen Sein dieser Entitäten. Denn das wirklich-wahrheitsgemäße Sein der geschaffenen Entitäten besteht in nichts anderem als in ihrer essentiellen Identität mit ihrer innergöttlichen Seinsweise. Damit hat Anselm dem äußeren Anschein nach sein Beweisziel, nämlich den Aufweis der Identität der dem Wesen der geschaffenen Entitäten innewohnenden Wahrheit mit der Rechtheit, erreicht.

8. Das achte Kapitel: Die Präzisierung der Rechtheit einer Handlung durch die Berücksichtigung ihrer einzelnen Komponenten – der uneigentliche Sprachgebrauch und seine Erkenntnisfunktion

Das achte Kapitel[78] antwortet auf einen Einwand, der sich aus der Bestimmung der Wahrheit des Wesens der (geschaffenen) Entitäten als Rechtheit im vorausgegangenen 7. Kapitel ergibt: Steht nicht zu der Behauptung, daß alles, was ist, alleine deshalb, weil es (etwas) ist, schon in rechter Weise (*recte*) ist bzw. sein soll, die Tatsache im Widerspruch, daß es viele schlechte Taten gibt, d. h. solche Handlungen, die gerade nicht sein sollen?[79] Von diesen schlechten Handlungen müßten dann nämlich einander kontradiktorisch widersprechende bzw. sich ausschließende Bestimmungen ausgesagt werden, daß sie nämlich (zugleich) sein und nicht sein sollen.[80] Für die Auflösung dieses nur scheinbaren Widerspruchs kann

[78] In der Forschungsliteratur zu *De veritate* ist dieses Kapitel meist übergangen worden, und zwar wohl deshalb, weil sein sprachphilosophischer Inhalt zum Wahrheitsbegriff Anselms in systematischer Hinsicht nichts Neues beiträgt; so etwa bei R. Allers, Anselm von Canterbury; R. Pouchet, La Rectitudo; T.F. Torrence, The ethical implications; D. F. Duclow, Structure and Meaning; H.J. Werner, Anselm von Canterburys Dialog; M. McCord Adams, Saint Anselm's theory of truth; F. Wiedmann, Wahrheit als Richtigkeit, 178, scheint auf diesen Zusammenhang von DV 8 und DV 7 zwar anzuspielen: »Kann man tatsächlich behaupten, daß alles, was ist, auch sein soll, da es offensichtlich doch etwas gibt, das nicht sein soll?«, bringt dann aber diese Anspielung unter Mißachtung des anselmischen Gedankengangs in einen sachfremden Kontext, wenn er sie mit der uneigentlichen Aussageweise von *debere* direkt verbindet, vgl. ebd.: »Wenn ich beispielsweise sage, daß du, mein Schüler, mich lieben sollst, so ergeht die Forderung nicht an mich, sondern an dich.«

[79] Vgl. DV 8 [I 186,7–9].

[80] Vgl. DV 8 [I 186,10]: Quid mirum, si eadem res debet esse et non esse?

der Lehrer in seinem Gespräch mit dem Schüler an einer durch den christlichen Glauben bestimmten inhaltlichen Voraussetzung des Schülers anknüpfen:

Alles, was überhaupt ist, geschieht entweder wirkursächlich durch Gott oder es wird von ihm zugelassen. Zur Formulierung dieser fundamentalen Glaubensvoraussetzung, daß jedes innerweltliche Ereignis von Gott entweder, sofern es sich um ein Seiendes bzw. etwas Gutes handelt, selbst ursächlich hervorgebracht,[81] oder, sofern es sich um etwas Schlechtes handelt, von Gott nicht am Entstehen gehindert bzw. zugelassen wird,[82] gebraucht Anselm das Verb »zulassen« (*permittere*), mit dem Anselm einen bestimmten Willensakt, die sog. *voluntas permittens*, bezeichnet, den er fast ausschließlich von Gott selbst prädiziert.[83] Unter der *voluntas permittens* versteht Anselm terminologisch einen Willen, der das Werden oder Entstehen von etwas, das ihm mißfällt und das er mißbilligt, dennoch geschehen läßt, es also nicht verhindert, obwohl er es könnte.[84] Damit versteht Anselm unter der *voluntas permittens* jenen Willensakt, der im Vergleich zu den drei anderen von ihm unterschiedenen Willensakten, der *voluntas efficiens*, der *voluntas approbans* und der *voluntas*

[81] Hierzu vgl. auch DCD 1 [I 234,30–235,1]; DCD 26 [I 274,27 f.]; DCV 4 [II 145,30 f.]; DC I 7 [II 258,12 f., 259,19 f.]; DC II 2 [II 261,8 ff.].

[82] Vgl. DCV 11 [II 153,14]: Licet enim nihil fiat nisi voluntate dei faciente aut permittente. H. Külling, Wahrheit als Richtigkeit, 157, sieht in dieser Aussage zu Recht »eine Tatsache des christlichen Glaubens, die als Wahrheit eine feste Voraussetzung der Erörterung zwischen Lehrer und Schüler ist.«

[83] Vgl. – über die zu interpretierenden Stellen in DV, ferner die in der folgenden Anmerkung aus den Philosophischen Fragmenten, aus der *prior recensio* von DC und aus dem *Liber de voluntate* zitierten Stellen hinaus – DCD 20 [I 265,18]; DC III 11 [II 281,16–282,2].

[84] Vgl. L 335,10–14 (= N 38,19–23), DC III 4 (prior recensio) [II 281,16–282,2]; Liber de voluntate, in: PL 158, 487 C–488 A. Für die Authentizität dieser Begriffsbestimmung der *voluntas permittens* gibt es weitere Belege im übrigen Schriftwerk Anselms, vgl. CDH 10 [II 5,26 f.]; DCD 28 [I 276,9–11]; Med 3 [III 85,35 f.]; DC II 2 [II 261,2–4].

concedens, das geringste Maß an Zustimmung zu seinem Inhalt bzw. Gegenstand besitzt.[85] Der Gegenstand der *voluntas permittens*, d. h. des zulassenden Willens, Gottes muß gemäß der genannten definitorischen Bestimmung dieses Willensaktes etwas Böses, d. h. genauer ein böser Wille, sein.[86] Was aber Gegenstand des zulassenden Willens und damit der erhabenen Güte und Weisheit Gottes ist, soll sein, weil alles, von dem Gott will – und sei es bloß zulassend – , daß es sei, sein soll. Gleichzeitig, aber in einer anderen Hinsicht, soll der böse Wille jedoch auch nicht sein: Er soll nicht sein im Hinblick auf seine – zerstörerische – Wirkung. Und er soll nicht sein in bezug auf das Subjekt dieses bösen bzw. ungerechten Willens, d. h. genauer: weil das Böse in dem Willen eines vernunftbegabten Geschöpfes überhaupt nicht sein soll. Damit hat sich das von dem Lehrer zu Beginn von DV 8 formulierte Paradox, daß dasselbe – nämlich der böse Wille eines vernunftbegabten Geschöpfes – sein und nicht sein soll, aufge-

85 Zu Anselms als vollständig intendierten Einteilungen des Willens in diese vier Akte nach dem Kriterium des abnehmenden Maßes der jeweils gegebenen Zustimmung in L 334,1–336,10 bzw. N 37–39 und DC III [II 281,16–282,2, *prior recensio*] vgl. Vf., Wahrheit und Notwendigkeit, 239–243; drei dieser vier Willensakte kennt auch der *Liber de voluntate* (vgl. PL 158, 487–490), den Schmitt in seine kritische Edition der Werke Anselms zwar nicht aufgenommen hat, der aber auf Grund seiner inhaltlichen Nähe zum authentischen Anselm auf diesen als auf seine erste Quelle zumindest zurückgeht (vgl. hierzu F. S. Schmitt [Hg.], N 18; ders., Prolegomena seu ratio editionis [Opera omnia I], 40) und der richtiger *Liber de voluntate et de potestate* betitelt sein müßte, weil er sowohl die *voluntas* als auch die *potestas* behandelt, vgl. Schmitt (Hg.) N, 19f.

86 Vgl. hierzu auch DCD 7 [I 245,16–18, Hervorhebung v. Vf.]: […] quoniam *credimus* nullum hominem posse bonam habere voluntatem nisi dante deo, *malam* [sc. *voluntatem*] vero semper habere posse *sola permissione dei*. Diese Feststellung wird hier absichtlich als eine Glaubensaussage [*credimus*] gekennzeichnet, sofern die Annahme eines zulassenden Willens Gottes nur unter Voraussetzung des christlichen Glaubens möglich ist.

löst. Es ist der böse Wille des vernunftbegabten Geschöpfes, von dem gleichzeitig, aber in verschiedener Hinsicht, ausgesagt werden kann, daß er sein und daß er nicht sein soll: Er soll sein in bezug auf den ihn zulassenden Willen Gottes. Gleichzeitig aber soll er nicht sein sowohl in bezug auf seine Wirkung als auch weil das Böse in dem Willen eines vernunftbegabten Geschöpfes überhaupt nicht sein soll.[87] Der Umstand, daß das Böse, welches überhaupt nur in dem Willen eines vernunftbegabten Geschöpfes vorkommt, dort nicht sein soll, dürfte letztlich darauf zurückzuführen sein, daß das Böse nach Anselm per definitionem kein Sein besitzt.[88] Denn

[87] Die in: Wahrheit und Notwendigkeit, 245–248, entwickelte Interpretationsthese des Vf., daß das Sein-Sollen des bösen Willens sich nicht auf das in ihm gegenwärtige Böse selbst beziehen könne, sondern auf das Sein bzw. die Essenz des bösen Willens und damit auch auf das Sein seiner Hinwendung (*conversio*) bzw. Bewegung als solcher (vgl. DCD 20 [I 265,25f., Hervorhebung. v.Vf.]: Inquantum enim voluntas et *conversio sive motus voluntatis*; die böse Willensbewegung ist diejenige Willensbewegung, durch die sich der böse Wille selbst bewegt, vgl. DCD 20 [I 266,4f.]) bezogen werden müsse, weil das Böse nach Anselm per definitionem kein Sein besitze, d.h. nicht etwas bzw. nichts sei, ist, wie der Vf. leider erst nach Veröffentlichung seiner Untersuchung erkannte, nicht zutreffend, weil sie Anselms Verständnis des zulassenden Willens genau genommen widerspricht, sofern sich dieser per definitionem auf etwas beziehen muß, das ihm mißfällt und das er daher nicht billigt, es aber dennoch geschehen läßt, obwohl er es verhindern könnte. Das Sein bzw. die Essenz auch des bösen Willens und seiner Hinwendung kann dem Willen Gottes jedoch nicht mißfallen und von ihm mißbilligt werden, da Gott der Schöpfer des Seins (nicht der moralischen Qualität) auch des moralisch korrumpierten Willens – wie alles endlich-kontingenten Seins – ist. Diese falsche Interpretationsthese muß daher durch unsere obige Auslegung korrigiert bzw. ersetzt werden.

[88] Vgl. DCD 8 [I 246,1f.]; DCD 9 [I 246,19]: Quod iniustitia sit ipsum malum et sit nihil; zu dieser Gleichsetzung des Bösen mit dem Nichts führt dessen begriffliche Identifizierung mit der Ungerechtigkeit, die Anselm rein privativ als das Fehlen der geschuldeten Gerechtigkeit bestimmt, vgl. ebd. [I 246,26; 247,2f.]; in DCD 11 zeigt Anselm, daß die sprachlichen Ausdrücke des Bösen bzw. des Nichts kein Sein bezeichnen, sondern ein »Als-ob« [*quasi aliquid*]: Sie bezeichnen ein »Etwas«

was nicht bzw. das Nichts ist, kann auch nicht sein sollen. Aus der Auflösung dieses Paradoxes soll daher der Schüler lernen, daß ein Sachverhalt unter verschiedenen Rücksichten gegensätzlich beurteilt werden kann.[89] Diese Einsicht exemplifiziert Anselm des weiteren mit dem Kreuzestod Jesu Christi: Das Töten Jesu Christi (genet. object.) *sollte nicht sein* sowohl im Hinblick auf das Subjekt dieser Handlung, d. h. im Hinblick auf diejenigen, die dem Gottessohn diesen gewaltsamen Tod zugefügt haben, als auch in bezug auf das Objekt dieser Handlung, d. h. in bezug auf Christus selbst, der den Tod insofern nicht erleiden sollte, als er alleine (von allen Menschen überhaupt) unschuldig, d. h. sündelos war und deshalb nicht eines natürlichen Todes sterben mußte wie alle anderen Menschen. Denn Anselm ist entschieden der Auffassung, daß der natürliche irdische Tod des Menschen nur eine Folge seiner Sündhaftigkeit bzw. Schuldigkeit ist, so

nur der sprachlichen Form, nicht aber der Sache nach; denn sachlich bezeichnet »das Nichts« nichts anderes als ein »Nicht-Etwas« bzw. »das Fehlen dessen, was etwas ist«; zu Anselms differenziertem Begriff des Nichts und dessen Quellen bei Augustinus, Boethius und Fredegisus vgl. ausführlich D. P. Henry, The Logic of Saint Anselm, 207–219; entsprechend bedeutet »das Böse« nur »Nicht-Gutes« bzw. »das Fehlen des Guten, wo es sein soll oder förderlich wäre«. Was aber nichts anderes als das Fehlen dessen ist, was etwas ist, ist sicherlich nicht ein »Etwas«. »Das Böse« ist also wahrhaftig nichts, und »das Nichts« ist nicht ein »Etwas«, vgl. DCD 11 [251,3–9]. Darüber hinaus sind die Stellen, an denen Anselm das Böse mit dem Nichts bzw. dem Nicht-Seienden identifiziert oder diese Identität voraussetzt, äußerst zahlreich (zu Anselms Konzeption des Bösen im ganzen vgl. S. Vanni-Rovighi, Il Problema del Male in S. Anselmo, in: AA, Bd. 5, 179–188); zudem kann Gott nicht die Ursache des Bösen sein; daher darf der böse Wille, insofern er böse ist, nicht auf Gott, er muß vielmehr auf das unmittelbare Subjekt der Bewegung dieses Willens ursächlich zurückgeführt werden, vgl. DCD 20 [I 265,28; 266,1 f.]. Gott schafft nicht das Böse, d. h. die Ungerechtigkeit, vgl. DC I 7 [II 258,27–259,2]; während die guten Taten des Menschen Gott anzurechnen sind, müssen daher die bösen Taten des Menschen diesem selbst zugeschrieben werden, vgl. DC I 7 [II 259,27 f.].

[89] Vgl. DV 8 [I 187,2 f.].

daß der Mensch nicht eines natürlichen Todes sterben müßte, wenn er nicht sündigen würde. Er begründet diese Überzeugung damit, daß die ihr entgegengesetzte Behauptung einer natürlichen, mithin schöpfungsmäßig gegebenen und nicht durch die Sünde bedingten Sterblichkeit des Menschen der Weisheit und Gerechtigkeit Gottes widersprechen würde: Denn diese Behauptung wäre gleichbedeutend mit der Annahme, daß Gott den Menschen, den er in gerechtem Zustand zur ewigen Seligkeit geschaffen hat, ohne Schuld zwingen würde, den Tod zu erleiden.[90] Eine solche Annahme widerspräche aber der Weisheit Gottes, weil Gott auf Grund seiner Güte den Menschen gerecht geschaffen und als solchen zum Erreichen seiner ewigen Seligkeit, die in der Anschauung Gottes selbst liegt, bestimmt hat. Die Erfüllung dieser finalursächlichen Bestimmung des Menschen verunmöglicht jedoch zunächst der Tod des Menschen, der daher, wenn er schöpfungsbedingt wäre und damit ursächlich auf Gott selbst zurückgeführt werden müßte, einen Widerspruch im Handeln Gottes und damit im göttlichen Wissen selbst konstituieren würde. Die Annahme einer natürlichen, mithin schöpfungsbedingten Sterblichkeit des Menschen aber widerspräche auch der Gerechtigkeit Gottes: Denn es ist ungerecht, jemanden ohne dessen Schuld zu zwingen, unglücklich zu sein. Dies aber täte Gott, wenn er den gerechten Menschen eines natürlichen Todes sterben ließe, das aber heißt: ihn zu sterben zwingen würde; denn es ist, wie Anselm klar erkennt, ein Unglück für den Menschen, gegen seinen natürlichen, auf Selbsterhaltung gerichteten Willen sterben zu müssen.[91] Jesus Christus sollte also den Tod insofern nicht erleiden, als er alleine – von allen Menschen überhaupt – unschuldig, d. h. sündelos, war und deshalb nicht eines natürlichen Todes ster-

[90] Vgl. CDH II 2 [II 98,7–11], mit ausdrücklichem Rückverweis auf CDH I 9 [II 61,25–62,4].

[91] Vgl. CDH I 9 [II 61,32–62,2].

ben mußte wie alle anderen Menschen.[92] In einer anderen Hinsicht jedoch sollte er seinen gewaltsamen Kreuzestod erleiden: Weil er selbst ihn erleiden wollte und dasjenige sein bzw. sich ereignen soll, was Gott will.[93]

Das zweite Beispiel, an dem die Einsicht, daß ein Sachverhalt unter verschiedenen Rücksichten gegensätzlich beurteilt werden kann, illustriert wird, ist die Handlung eines Schlages (*percussio*):

Anselm weist hier zunächst darauf hin, daß die beiden einer Handlung notwendigerweise zugehörigen und als solche voneinander unterscheidbaren Elemente, ihr Subjekt und ihr Objekt, in ihrer wechselseitigen Bezogenheit aufeinander und Bedingtheit voneinander eine Handlung konstituieren.

[92] Vgl. DV 8 [I 186,31–187,1]: Hoc igitur modo dominus IESUS, quia solus innocens erat, non debuit mortem pati, nec ullus eam illi debuit inferre. Die Sterblichkeit kann also nicht zur reinen, sondern nur zur – durch die Sünde – verdorbenen Natur des Menschen gehören, denn sonst wäre weder Christus ein wahrer Mensch gewesen noch könnte es dann jemals einen wahren Menschen geben, der unsterblich wäre, vgl. hierzu R. Heinzmann, Veritas humanae naturae, 790f.; H.-J. Verweyen, Gottes letztes Wort, 269: »[…] denn der Tod gehört nicht zum *Wesen* endlicher Vernunft, er ist lediglich Folge *schuldig* gewordener Freiheit.« Daher liegt, so Anselm, der durch die allgemeine *Erfahrungstatsache* der Sterblichkeit aller Menschen bedingten Aufnahme des Merkmals der Sterblichkeit in die Definition des Menschen seitens der Philosophen der Unglaube zugrunde, daß der ganze Mensch einmal unsterblich sein konnte oder es prinzipiell sein kann, vgl. CDH II 11 [II 109,8–18]. Damit spielt Anselm auf die Definition des Menschen bei Boethius (vgl. In Porphyr. Dial. I, in: PL 64, 35 C, Hervorhebung v.Vf.: Homo est animal rationale, *mortale*, risus et disciplinae perceptibile.) an, auf die er sich auch in DG 8 [I 152,33–153,2] bezieht.

[93] In diesem freien Willen Jesu sieht Anselm auch in *Cur deus homo* die göttliche Zulassung seines gewaltsamen Todes und begründet diese unantastbare Souveränität seiner Willensfreiheit mit seiner – göttlichen – Allmacht, vgl. CDH II 11 [II 109,22–110,7]; zum Beweis dafür, daß Christus sein Leben nicht aus einer ihm von außen auferlegten Notwendigkeit, sondern aus der freien Macht seines unabänderlichen Willens hingegeben hat, vgl. CDH II 16 [II 120,24–26; 121,28–30; 122,10–13].

Dann zeigt er in einem zweiten Schritt, daß beide materialiter veränderlichen, d. h. voneinander verschiedenen Momente einer Handlung unabhängig voneinander einem »Sollens-Anspruch« unterworfen sind und damit auch einem Urteil unterzogen werden können, das ihre Erfüllung oder Nicht-Erfüllung ihres jeweiligen Sollens feststellt.[94] Daraus ergeben sich grundsätzlich genau drei mögliche Urteile darüber, ob eine Handlung hinsichtlich dieser Momente sein soll, d. h. recht ist, oder nicht sein soll:

1. Eine Handlung ist genau dann (als ganze) recht, wenn sie von beiden an ihr beteiligten Seiten her gesehen sein soll, d. h. wenn sie sowohl bezüglich des Handlungssubjekts als auch bezüglich des Handlungsobjekts, d. h. dessen, der die Handlung, wie etwa den Schlag, erleidet, sein soll.

2. Eine Handlung ist dann nicht recht, wenn sie sowohl bezüglich ihres Handlungssubjekts als auch bezüglich ihres Handlungsobjekts nicht sein soll, wenn z. B. der Schlagende nicht schlagen und der Geschlagene nicht geschlagen werden soll.

3. Eine Handlung ist dann sowohl recht als auch nicht recht, wenn sie in bezug auf eines der beiden an ihr beteiligten (spezifischen) Momente recht ist, in bezug auf das andere aber nicht recht ist.[95]

Diese erschöpfende Behandlung der objektiv möglichen Urteile über die Rechtheit einer Handlung hinsichtlich ihrer veränderlichen Momente, d. h. in bezug auf ihr Subjekt und ihr Objekt, soll zeigen, daß ein und dasselbe Handlungsgeschehen eine differenzierte, seine einzelnen Momente geson-

[94] Vgl. DV 8 [I 187,18–20].

[95] Zum Ganzen vgl. DV 8 [I 187,20–27]. Mit dem Beispiel, daß ein Gerechter nicht geschlagen werden noch daß ein Ungerechter schlagen darf, dürfte Anselm wieder die Passion Christi vor Augen haben, zumal dieses prototypische Beispiel einer bösen Handlung, d. h. einer Handlung, die in bezug auf ihre beiden spezifischen bzw. veränderlichen Momente nicht sein soll, im folgenden wieder aufgegriffen wird.

dert berücksichtigende Betrachtungsweise erfordert, um hinsichtlich seiner Rechtheit angemessen beurteilt werden zu können.

Das Sein-Sollen einer Handlung kann aber nicht nur von ihren beiden veränderlichen Momenten, sondern auch im Hinblick auf ihre unveränderlichen Momente ausgesagt werden: Zum einen im Hinblick auf den zulassenden Willen Gottes, dessen »Weisheit und Güte« der allgemeine Grund dafür sind, daß eine Handlung als ganze sein soll; das Sein-Sollen einer Handlung auf Grund ihrer göttlichen Zulassung gilt allerdings nur, wie oben bereits dargelegt, für eine Handlung, die entweder in bezug sowohl auf ihr Subjekt als auch in bezug auf ihr Objekt oder zumindest auf eines dieser beiden veränderlichen Momente nicht sein soll und damit nur von einer wenigstens partiell bösen Handlung. Eine Handlung soll schließlich auch sein im Hinblick auf das naturhafte und notwendige Handeln oder Erleiden der an ihr beteiligten Naturen. Anselm exemplifiziert diesen vierten und letzten Sollens-Aspekt einer Handlung wiederum mit dem Leiden, genauer mit der Kreuzigung Christi: Es entsprach dem natürlichen Erleiden des zerbrechlichen Fleisches Christi, sowohl von den eisernen Nägeln durchbohrt zu werden als auch dabei Schmerz zu empfinden, während gleichzeitig diese Handlung weder im Hinblick auf ihr Subjekt bzw. ihre Subjekte noch im Hinblick auf Christus als ihr Objekt sein sollte.[96] Diese beiden Momente einer (zumindest partiell) bösen Handlung – der sie zulassende Wille Gottes und das natürliche bzw. notwendige Handeln oder Erleiden der an ihr beteiligten Naturen – sind im Unterschied zu den beiden ver-

[96] Vgl. DV 8 [I 187,33–188,4]. H. Külling, Wahrheit als Richtigkeit, 168ff., beschreibt ausführlich dieses naturnotwendige Tun der eisernen Nägel bzw. das ebenso naturnotwendige Erleiden des Fleisches Christi, überschätzt aber seinem Interpretationsansatz entsprechend die rein exemplarische Bedeutung dieses Vorgangs in Anselms Darstellung.

änderlichen Handlungsmomenten im Hinblick auf ihre Rechtheit selbst unveränderlich, d. h. sie lassen keine Nicht-Erfüllung ihren Sollens und damit ihrer Rechtheit zu: sie sind notwendigerweise das, was sie sein sollen. Im Ganzen gesehen ist daher eine Handlung nicht nur in einer Hinsicht, sondern in mehreren, genau genommen in vier Hinsichten einem Sollensanspruch unterworfen. Während die beiden allgemeinen bzw. unveränderlichen Handlungsmomente, der sie sein lassende Wille Gottes und das seins- oder naturnotwendige Handeln oder Erleiden der an ihr beteiligten Naturen – ihr Sollen notwendigerweise erfüllen, erfüllen die beiden speziellen oder veränderlichen Handlungsmomente, d. h. das Handlungssubjekt und das Handlungsobjekt, bei den vernunftbegabten Geschöpfen ihr Sollen nicht notwendigerweise, können also auch nicht recht sein. Daher ist es möglich, daß ein und dieselbe Handlung in verschiedener Hinsicht gleichzeitig sowohl sein als auch nicht sein soll.[97] Darin liegt die Notwendigkeit einer gesonderten Berücksichtigung vor allem dieser beiden veränderlichen Handlungsmomente bei der Beurteilung begründet, ob und inwiefern eine Handlung recht ist, d. h. so ist, wie sie sein soll, oder nicht.[98]

Der zweite inhaltliche Schwerpunkt dieses achten Kapitels liegt auf Anselms Analyse des uneigentlichen Sprachgebrauchs und seiner Erkenntnisfunktion am Beispiel der Modalverben »sollen« bzw. »nicht sollen« und »können« bzw. »nicht können«. Bereits im *Monologion* unterscheidet Anselm grundsätzlich zwischen einer »eigentlichen« (sprachlichen) Aussageweise eines Gegenstandes, die diesen »durch seine

[97] Vgl. DV 8 [I 188,6f.].

[98] Vgl. hierzu H. Kohlenberger, Similitudo und Ratio, 64: »Der aspektmäßigen Differenzierung von Begriffen kommt im Kontext ethischer Aussagen besondere Bedeutung zu. Es ist Anselms Verdienst, die Sprachgebrauchsdifferenzierung an ethischen Problemen aufgezeigt zu haben.«

Eigentümlichkeit«[99], d. h. durch die ihm selbst zukommende Seinsweise,[100] ausdrückt, und einer »uneigentlichen« sprachlichen Aussageform eines Gegenstandes, die ihn »durch ein anderes« (*per aliud*)[101], durch »eine Ähnlichkeit oder ein Bild«[102], bezeichnet. Eine »eigentliche« (*proprius*) sprachliche Aussageform eines Gegenstandes bringt also die dem Gegenstand eigentümliche Seinsweise, bringt ihn, wie er selbst ist, zum Ausdruck.[103] Demgegenüber bezeichnet eine »uneigentliche« Aussageform einen Gegenstand durch einen anderen, ihm zwar ähnlichen, aber von ihm verschiedenen Gegenstand, dessen Ähnlichkeit und Abbildhaftigkeit nur eine indirekte, mittelbare Erkenntnis und Aussageweise des ersten Gegenstandes zuläßt. Diese »uneigentliche« sprachliche Aussageweise oder Bezeichnung eines Gegenstandes durch einen anderen Gegenstand wird von Anselm in *De Grammatico* terminologisch entsprechend als *significatio per aliud* bzw. als *significatio accidentalis*, die »eigentliche« Aussageform eines Gegenstandes »durch seine Eigentümlichkeit« dagegen als *significatio per se* bzw. als *significatio substantialis* gefaßt.[104] Das »uneigentliche« Sprechen ist das Charakteristikum des *usus communis loquendi*, d. h. des gewöhnlich-alltäglichen Sprachgebrauchs, das meist auch eine eminent positive Erkenntnisfunktion besitzt. Denn gerade an den notwendigerweise uneigentlichen Aussagen über Gott und sein Wirken

99 Vgl. Mon 65 [I 76,18]: per suam proprietatem; ebd. [I 76,23]; Mon 66 [I 77,7 f.]: per suam proprietatem.

100 Vgl. Mon 65 [I 76,11 f., 14 f.].

101 Vgl. Mon 65 [I 76,12 f.,18,22; 77,3,8].

102 Vgl. Mon 65 [I 76,15]: *per aliquam similitudinem aut imaginem*; ebd. [I 76,24]; Mon 66 [I 77,9].

103 Daß der Terminus *proprius* bei Anselm grundsätzlich das Individuelle, das Charakteristische und Besondere eines Gegenstandes bezeichnet, hat H. Kohlenberger, Similitudo und Ratio, 65, anhand zahlreicher Belegstellen deutlich herausgearbeitet.

104 Vgl. DG 15 [I 161,14–18]; hierzu vgl. ausführlich Vf., Wahrheit und Notwendigkeit, 258 f.

zeigt Anselm, daß die uneigentliche Aussageform des gewöhnlichen Sprachgebrauchs eine heuristische Funktion für die Erkenntnis des wahren, sprachunabhängig bestehenden Sachverhalts besitzt;[105] sie provoziert nämlich gerade dadurch, daß sie den von ihr eigentlich gemeinten und bezeichneten Sachverhalt *per aliud* ausdrückt, dazu, diesen Sachverhalt begrifflich möglichst präzise zu erfassen. Darüber hinaus aber vermag die durch das »uneigentliche Sprechen« des *usus communis loquendi* initiierte Sprachkritik der *ratio* auch den jeweiligen Grund bzw. die Gründe für den Gebrauch einer uneigentlichen Ausdrucksweise zu erkennen und damit zu zeigen, daß die *improprietas dicendi* des *usus communis loqendi* kein völlig ungeordnetes und beliebiges Sprachgebilde darstellt, das der reinen Willkür des Sprachträgers entspringt.[106] In uneigentlicher Weise werden im gewöhnlichen Sprachgebrauch insbesondere Modalverben ausgesagt.[107] Diese Beobachtung illustriert Anselm in *De veritate* an den beiden Modalverben *debere* und *posse*.[108] Dabei ist für diese Einführung in die gedanklichen Grundzüge von *De veritate* Anselms Erläuterung der Bedeutung des Begriffs des Sollens (*debere*) im Rahmen seiner sprachkritischen Analyse des Beispielsatzes »ich soll von dir geliebt werden« besonders erwähnenswert: Wahrhaft bzw. wirklich etwas zu

[105] Vgl. hierzu Vf., Wahrheit und Notwendigkeit, 259–262.

[106] Zum uneigentlichen Sprechen als dem Charakteristikum des allgemeinen Sprachgebrauchs nach Anselm vgl. Vf., Wahrheit und Notwendigkeit, 262–267; zu Anselms Systematisierung der objektiven Bedingungen der Möglichkeit einer »uneigentlichen Attribution« von Nomina und Verben vgl. Vf., Wahrheit und Notwendigkeit, 268–270.

[107] Vgl. CDH II 18 [II 128,27–30]: Quod si te movet quod est ›debere‹, nec potest illud intelligere sine aliquo debito: scito quia sicut contingit ›posse‹ et ›non posse‹ et ›necessitatem‹ aliquando dici, non quia sunt in rebus ubi dicuntur, sed quoniam sunt in alio: ita et ›debere‹.

[108] Zu den von Anselm in diesem Zusammenhang gebrauchten Beispielen für uneigentliche Aussageweisen dieser beiden Modalverben vgl. ausführlich Vf., Wahrheit und Notwendigkeit, 270–280.

sollen, bedeutet, ein Schuldner (*debitor*) darin zu sein, das Gesollte zurückzugeben.[109] Unter Voraussetzung dieser Grundbedeutung von *debere* kann Anselms Beispiel für eine uneigentliche Aussageweise dieses Modalverbs leicht nachvollzogen werden: Die Aussage: »Ich soll von dir geliebt werden« bedient sich einer gegenüber ihrem *Intentum*, d. h. gegenüber ihrer intendierten Bedeutung, uneigentlichen Ausdrucksweise. Denn sie sagt, formal gesehen, von ihrem Subjekt aus, einem bestimmten Sollen zu unterliegen, und zwar in diesem Beispiel der Schuldigkeit, von einer mit »Du« angesprochenen Person geliebt zu werden. Die *Intention* dieser Aussage aber ist verschieden von ihrer grammatischen Bedeutung: Denn die Aussage-Intention spricht das genannte Sollen bzw. die Schuldigkeit nicht dem Subjekt, sondern dem präpositionalen Objekt dieser Aussage zu. »Uneigentlich« ist diese Aussage, weil sie das eigentliche, das intendierte Subjekt der ausgesagten Schuldigkeit *per aliud* zum Ausdruck bringt: Indem sie es zum Objekt und das wahre, das eigentliche Objekt dieser Schuldigkeit der Liebe zu ihrem Subjekt macht, mithin Subjekt und Objekt des ausgesagten Sollens vertauscht.[110] Für die späteren Kapitel von *De veritate* ist schließlich noch das folgende Beispiel eines uneigentlichen Sprachgebrauchs von *debere* aus den Philosophischen Fragmenten von Bedeutung, das von Gott selbst in »uneigentli-

[109] Vgl. DV 8 [I 188,10f.]: ut cum dico quia debeo amari a te. Si enim vere debeo, debitor sum reddere quod debeo, et in culpa sum si non amor a te. Vgl. in diesem Sinne auch L 347,30–32 (= N 35,15–17, Hervorhebung. v. Vf.): Si enim *debet, debitor est* ut ametur a me. A seipso itaque ut a me ametur *debet* exigere, quia *ipse debitor est*, et si non solvit quod debet, peccat.

[110] Zur exakten sprachlogischen Struktur dieses Beispiels einer uneigentlichen Aussageweise des Modalverbs *debere* gemäß Anselms Verständnis vgl. Vf., Wahrheit und Notwendigkeit, 270–274; noch eingehender erörtert Anselm dieses Beispiel in seinen Philosophischen Fragmenten, vgl. L 347,29–348,2 (= N 35,14–25), vgl. auch CDH II 18 [II 128,27–32].

cher Weise« ein *debere* aussagt: Im gewöhnlichen Sprachgebrauch wird von Gott oft gesagt, daß er allen Dingen übergeordnet sein soll.[111] Damit wird aber keine Schuldigkeit Gottes zum Ausdruck gebracht, sondern eine Schuldigkeit alles anderen, ihm unterworfen zu sein. Von Gott wird diese Schuldigkeit nur deshalb ausgesagt, weil er die Ursache dafür ist, daß alles Seiende ihm unterworfen sein soll.[112]

Anselm hat den Nutzen einer möglichst genauen Untersuchung und Begründung der »uneigentlichen« sprachlichen Aussageweisen nicht nur in allgemeiner Form behauptet,[113] sondern auch an zahlreichen Beispielen eindrücklich unter Beweis gestellt.

[111] Vgl. L 348,24 f. (= N 36,23 f.): [...] quamvis hoc quod dicitur, debere facere possit intelligi eo sensu, quod deum omnibus praeesse debere dicimus.

[112] Vgl. L 348,26–28 (= N 36,25–27), Hervorhebung v. Vf.: Non enim deus debet quicquam, sed omnia debent illi esse subiecta. Dicitur ergo deus debere praeesse omnibus, quia *ipse est causa ut omnia illi subesse*; vgl. hierzu die Parallele in CDH II 18 [II 129,1–5], die allerdings noch um eine Variante erweitert ist, die zeigt, daß auch das *debere facere quod vult* sowohl in bezug auf Gott als auch in bezug auf die eines Willensaktes fähige Kreatur eine »uneigentliche« Redeweise ist: Deus quoque dicitur omnibus debere praeesse, non quia ille in hoc aliquo modo sit debitor, sed quoniam omnia debent illi subesse; et debere facere quod vult, quoniam quod vult debet esse. Ita quando vult aliqua creatura facere quod suum est facere et non facere, dicitur debere facere, quia quod ipsa vult debet esse.

[113] In der im Codex Oxford, *Bodl. Rawlinson* A 392 erhaltenen früheren Rezension von *De veritate* befindet sich am Ende von Kapitel 8 ein längerer Passus über den Nutzen solcher sprachkritischen »Übungen des Geistes« für die »Erkenntnis der Wahrheit«, d. h. der wirklich vorliegenden Sachverhalte, den Anselm für die Endfassung dieser Schrift wegkürzte, vgl. F. S. Schmitt (Hg.), Anselmi Op. Omnia, Prolegomena seu ratio editionis, 65* f.; der Text ist aufgenommen in den Apparat der kritischen Edition, vgl. DV 8 [I 188, *prior rec.* ad 23]: Quippe utile multum puto ad intelligendam veritatem in multis occultam exercere mentem in huiusmodi considerationum subtilitate. Mens enim quae in talibus non est exercitata: quoniam nequit diligenter discernere, confuse accipit quae dicuntur, et ideo dubitat aut errat.

9. Das neunte Kapitel: Die Universalität des Zeichencharakters der geschaffenen Wirklichkeit für ein »Sollen«

Im neunten Kapitel von *De veritate* wird der Geltungsbereich der Bezeichnungswahrheit von allen als Zeichen gebrauchten Gegenständen auf alle Entitäten überhaupt und ihre Handlungen ausgedehnt: Allen Handlungen vernunftbegabter Geschöpfe eignet eine ambivalente Bezeichnungsfunktion für ein Sollen bzw. eine objektiv bestehende Verpflichtung ihres jeweiligen Subjekts zu dem Vollzug dieser Handlung. Ambivalent ist diese Bezeichnungsfunktion, sofern das von einer Handlung ausgedrückte oder dargestellte »Sollen« des Handlungsträgers zu dieser Handlung trotz der Stärke ihrer Bezeichnungsfunktion nicht notwendigerweise mit dem objektiven, wirklichen »Sollen« identisch ist. Dies bedeutet: Die von einer Handlung als solcher bezeichnete Schuldigkeit oder Verpflichtung ihres Trägers zum Vollzug dieser Handlung muß nicht in jedem Falle mit dem, was der Träger dieser Handlung wirklich bzw. objektiv tun soll, übereinstimmen. Nur dann, wenn diese Übereinstimmung de facto besteht, ist die Anzeige oder Bezeichnung einer Handlung richtig und wahr.[114] Besteht diese Übereinstimmung jedoch nicht, soll also das Handlungssubjekt diese Handlung, die es de facto vornimmt, objektiv nicht ausüben, dann ist die von dem bloßen Vollzug der Handlung zum Ausdruck gebrachte Bezeichnung, daß diese Handlung sein soll, falsch. Diese Zeige- oder Darstellungsfunktion einer Handlung für ein »Sollen« des Handlungsträgers zu dieser Handlung, das mit dem objektiven oder wirklichen »Sollen« des Handlungsträgers nicht übereinstimmen muß, mithin ambivalent ist, erläutert Anselm an insgesamt drei Beispielen.[115]

[114] Vgl. DV 9 [I 189,6 f.]: Quod si debet facere quod facit, verum dicit.

[115] Vgl. DV 9 [I 189,10–24]; zur Interpretation dieser Beispiele im einzelnen vgl. Vf., Wahrheit und Notwendigkeit, 284–286.

Aber nicht nur den Handlungen vernunftbegabter Geschöpfe eignet eine ambivalente Bezeichnungsfunktion für ein »Sollen« bzw. eine Verpflichtung ihres jeweiligen Subjekts zu ihrem Vollzug. Darüber hinaus besitzt auch jedes Seiende als solches einen ambivalenten Zeichencharakter dafür, daß es sein soll.[116] Anders gesagt: Die bloße wirkliche Existenz von etwas ist bereits Ausdruck dafür, daß es sein soll. Für alles essentiell bestimmte, geschaffene Seiende als solches bereitet diese Aussage keine Schwierigkeiten: Denn sie wiederholt nur in verkürzter Form, was bereits in DV 7 gezeigt worden ist: Daß alles Seiende sein Sein-Sollen anzeigt. Inwiefern kann diese Anzeige aber ambivalent und damit auch – der Möglichkeit nach – falsch sein? Falsch kann die das Sein jedes Seienden begleitende Anzeige, daß es sein soll, nur dann sein, wenn es sich bei diesem Seienden streng genommen gar nicht um ein Seiendes, sondern um etwas Böses oder Schlechtes und damit um einen Gegenstand des (nur) zulassenden Willens Gottes handelt. Denn nur von diesem scheinbar Seienden kann gesagt werden, daß es nicht sein soll, so daß die Anzeige dieses »Seienden«, daß es sein soll, objektiv falsch ist.

10. Das zehnte Kapitel: Die Bestimmung der *summa veritas* als Rechtheit – die Hierarchie der Rechtheiten – der Rekurs auf den Beweis der Anfang- und Endelosigkeit der *summa veritas*

Zwischen dem zehnten und dem ersten Kapitel von *De veritate* besteht ein enger Zusammenhang. Denn Anselm rekurriert in DV 10 unmittelbar auf die *summa veritas*, indem er – analog zu der Wahrheit der Aussage bzw. der Bezeichnung, ferner zu der des Denkens, des Willens, der Handlung, der

[116] Vgl. DV 9 [I 189,24 f.].

Sinneswahrnehmung und der des Wesens der (geschaffenen) Entitäten – auch von ihr prädiziert, *rectitudo*, Rechtheit, zu sein.[117] Dieser Rekurs auf die *summa veritas* ergibt sich folgerichtig aus dem Beweisziel der ganzen Schrift: Denn nach dem Durchgang durch alle innerweltlichen »Orte« der Wahrheit muß – um der intendierten einheitlichen Definition von »Wahrheit überhaupt« als (noch genauer zu kennzeichnende) Rechtheit willen – noch gezeigt werden, daß diese Definition der Wahrheit als Rechtheit auch und vor allem auf Gott, d. h. – nach *De veritate* 1 – auf die *summa veritas* selbst, anwendbar ist. Denn nur wenn aufgewiesen wird, daß auch diesem Ort bzw. Sitz der Wahrheit das gleiche Argument, nämlich die begriffliche Identifizierung der Wahrheit mit der *rectitudo*, entnommen werden kann, ist eine für alle Fälle (von »Wahrheit«) gültige, einheitliche Definition der Wahrheit gefunden, die unter Anwendung der maximalen Proposition, daß diejenigen Entitäten, deren Definition gleich ist, auch substantiell identisch sind, den Schluß zuläßt, daß der Gott des christlichen Glaubens mit jeder von der natürlichen Vernunft erkennbaren Wahrheit substantiell identisch ist, wodurch das Schriftwort nach Joh 14,6 bewiesen werden würde, daß Gott die Wahrheit selbst ist.

Im Unterschied zu den zuvor genannten Wahrheiten gibt Anselm für die Identität der *summa veritas* mit der *rectitudo* allerdings keinen Beweis, er stellt sie vielmehr »als eine unbestreitbare Tatsache hin, die durch den Schüler unverzüglich bestätigt wird.«[118] Dieser offenkundige Beweismangel kann durch eine rein werkimmanente Interpretation nicht behoben werden.[119] Eine Berücksichtigung sowohl des *Pros-*

[117] Vgl. DV 10 [I 189,31]: Summam autem veritatem non negabis rectitudinem esse.

[118] H. Külling, Wahrheit als Richtigkeit, 187; vgl. hierzu die Antwort des Schülers in DV 10 [I 189,32]: Immo nihil aliud illam possum fateri.

[119] In H. Küllings weitgehend werkimmanenter Untersuchung zu *De veritate* bleibt daher die wichtige Frage, in welchem Sinne Anselm die

logion als auch einiger späterer Schriften Anselms, insbesondere von *Cur deus homo*, aber kann deutlich machen, in welchem singulären Sinne auch die *summa veritas rectitudo* genannt werden kann. Daß sich die Rechtheit der *summa veritas* von derjenigen der zuvor erörterten Wahrheiten jedenfalls unterscheidet, so daß Anselm genau genommen de facto zwei verschiedene Begriffe von Rechtheit in Anspruch nimmt, geht aus den folgenden Überlegungen hervor.

Die unterschiedliche Bedeutung des Begriffs der *rectitudo*, wenn er einerseits von den bislang erörterten Wahrheitsträgern, andererseits von der *summa veritas* prädiziert wird, präzisiert der folgende Passus aus *De veritate* 10: Alle zuvor, so führt Anselm aus, genannten Rechtheiten sind deshalb »Rechtheiten«, weil die Gegenstände, denen diese Rechtheiten immanent sind, entweder – in bezug auf die Handlungen – dasjenige tun, was sie tun sollen, oder – in bezug auf das Wesen der geschaffenen Entitäten – dasjenige sind, was sie sein sollen.[120] Dabei sind unter den Begriff der »Handlungen« gemäß Anselms umfassender Bestimmung des Handlungsbegriffs sowohl die Aussage bzw. die Bezeichnung überhaupt als auch das Denken, das Wollen, das sinnliche Wahrnehmen und der Vollzug notwendiger bzw. natürlicher, d. h. nicht vernunftgesteuerter, Vorgänge – wie das Wärmen des Feuers – und damit alle in *De veritate* 2–9 genannten »Orte« der Wahrheit außer dem Wesen der (geschaffenen) Entitäten

höchste Wahrheit positiv als *rectitudo* bezeichnet und begreift, wenn er ihre Rechtheit von der Rechtheit der zuvor behandelten Wahrheiten ausdrücklich unterscheidet, nicht nur unbeantwortet, sondern sie wird genau genommen nicht einmal gestellt; daher wird Külling auch nicht auf die beiden verschiedenen Begriffe von Rechtheit – Rechtheit als Relations- und als Identitätsbegriff – aufmerksam, die Anselm de facto in Anspruch nimmt, vgl. ebd., 187–190.

120 Vgl. DV 10 [I 190,1 f.]: Considera quia, cum omnes supradictae rectitudines ideo sint rectitudines, quia illa in quibus sunt aut sunt aut faciunt quod debent.

zu subsumieren. Der begrifflichen Bestimmung dieser von endlichen Gegenständen prädizierten Wahrheiten als »Rechtheiten« (Plural!) liegt ein Begriff von »Rechtheit« (*rectitudo*) zugrunde, den man als einen *Adäquationsbegriff* kennzeichnen kann.[121] Denn die von den genannten endlichen Wahrheitsträgern prädizierte *rectitudo* bringt ein Verhältnis der Gemäßheit bzw. der Übereinstimmung zwischen zwei verschiedenen Größen zum Ausdruck: Zwischen dem Wesen bzw. den Handlungen einer endlich-vergänglichen, da geschaffenen Entität und ihrem jeweiligen »Sollen«, d. h. ihrer spezifischen Schuldigkeit. In *De veritate* 2–9 versuchte Anselm mittels des als einheitlich vorausgesetzten Begriffs des *debere* zu zeigen, daß die Wahrheit dieser Entitäten bzw. ihrer Handlungen in der Erfüllung ihres jeweiligen Sollens als einer ihnen schöpfungsmäßig vorgegebenen Schuldigkeit zur Verwirklichung ihrer normativen Ziel- und Zweckbestimmung liegt. Die Erfüllung ihres Sollens und damit die Übereinstim-

[121] Vgl. in diesem Sinne auch E. Recktenwald, Die ethische Struktur des Denkens von Anselm von Canterbury, 44: »Wir können die Wahrheit der Aussage, des Denkens und der Sinne unter dem Begriff der Adäquationswahrheit zusammenfassen. Denn ihre Wahrheit besteht jeweils in der Übereinstimmung des Ausgesagten, des Gedachten und des Gemeldeten mit der Wirklichkeit bzw. – im Falle des Gemeldeten – mit der wahrgenommenen Wirklichkeit. In allen drei Fällen ist die Adäquationswahrheit gleichsam der Ort der inneren Finalität, an dem das *debere* und damit die Wahrheit als Rechtheit erscheint.« Nicht zustimmen kann ich allerdings der offensichtlich von der intuitionistischen Ethik Moores inspirierten Annahme von Recktenwald, ebd., 47, insb. Anm. 137, 48 f., Anselms Ethik habe keine metaphysische Voraussetzung, sie müsse vielmehr auf zwei ursprüngliche Intuitionen – in die Bedeutung von Sollen und in einen Vorbegriff von Gerechtigkeit – zurückgeführt werden, die ihrerseits erst eine bestimmte Metaphysik begründen würden. Das Begründungsverhältnis zwischen Ethik und Metaphysik muß vielmehr im Sinne Anselms umgekehrt werden: Gerade an Anselms adäquationsbegrifflicher Bestimmung des Begriffs der *rectitudo* kann gezeigt werden, daß er eine rationale Metaphysik des endlich-kontingenten Seins und seines *debere* voraussetzt, wie im Folgenden noch deutlicher werden dürfte.

mung ihres Tuns bzw. ihres Seins mit ihrer (jeweiligen) Ziel- oder Zweckbestimmung, die jede der genannten Entitäten – sei es die Aussage, das Denken, der Wille, die körperlichen Sinne, wie überhaupt jede Handlung, und auch das Wesen aller geschaffenen Entitäten – schuldig ist, nannte Ansem in *De veritate* 2–9 *rectitudo*, »Rechtheit«. Daher kann diese von den genannten endlichen Wahrheisträgern prädizierte *rectitudo* als ein Adäquationsbegriff, der die Angeglichenheit (bzw. Übereinstimmung) einer endlichen Entität an ihre Ziel- oder Zweckbestimmung zum Ausdruck bringt, gekennzeichnet werden.

Es wurde deutlich, daß dieses relationale Verständnis von *rectitudo* ein »Sollen« der genannten Entitäten konstitutiv voraussetzt. Unsere bisherige Interpretation dieses Sollens aber bedarf der Präzisierung, und zwar nach zwei Seiten hin: Als was wird dieses Sollen der genannten endlichen Wahrheitsträger allgemein bestimmt? Und wem schulden diese die Erfüllung ihres Sollens? Anselm versteht *debere* im ursprünglichen Sinne des Wortes als »(etwas) zu schulden« bzw. schuldig zu sein. Dieser grundsätzlichen Bedeutungsgebung des Modalverbs *debere* sind wir bereits bei unserer Untersuchung des uneigentlichen Sprachgebrauchs dieses Modalverbs innerhalb des achten Kapitels von *De veritate* begegnet: Dort hatte Anselm an dem Beispiel »ich soll von dir geliebt werden« eine uneigentliche Aussageweise von *debere* aufgewiesen: Zur Begründung für die Uneigentlichkeit dieser Aussageweise gibt er dort an, daß derjenige, der selbst etwas (tun) soll, ein »Schuldner« (*debitor*) darin ist, das Gesollte zurückzugeben.[122] Diese Begriffsbestimmung von *debere* erklärt Anselms auffallende Insistenz auf einer »Zurück-

[122] Vgl. DV 8 [I 188,9–11, Hervorhebung v. Vf.]: Verum inter haec te scire volo quia *debere* et *non debere dicitur* aliquando *improprie*, ut cum dico quia *debeo amari a te. Si enim vere debeo, debitor sum reddere quod debeo*, et in culpa sum si non amor a te.

gabe« des Geschuldeten.[123] An zahlreichen Stellen seiner Schriften setzt Anselm *debere* mit *debitor esse*, d. h. damit, ein Schuldner zu sein, gleich.[124] Daß *debere* im eigentlichen Sinne einen Sollensanspruch bzw. eine Verpflichtung auf Grund eines Schuldverhältnisses (*ex debito*) bezeichnet, bestätigt Anselm indirekt in *Cur deus homo*, wenn er das Verständnis von *debere* als ein Sollen *sine aliquo debito*, d. h. nicht auf Grund eines Schuldverhältnisses, als ein »uneigentliches« kennzeichnet.[125] Ein Schuldverhältnis aber liegt genau dann vor, wenn etwas nicht demjenigen (objektiv) gehört, der über es verfügt (A), sondern einem anderen (B), der es ihm (A) zum Gebrauch gegeben bzw. geliehen hat und dem es A wieder zurückgeben, wieder erstatten muß. Ein solches – einseitiges – Schuldverhältnis besteht nach Anselms Überzeugung zwischen der Schöpfung und Gott als ihrem Schöpfer: Alles Geschaffene hat sein Sein nicht von sich her, sondern es hat sein Sein von Gott »empfangen«.[126] Deshalb gehört objektiv alles Geschaffene einzig und allein Gott, nicht aber sich selbst. M. a. W.: Alles Geschaffene ist nicht Eigentum seiner selbst, sondern Gottes Eigentum (*suum*).[127] Alles aber, was

[123] Vgl. CDH I 11 [II 68,10]; ebd. [II 68,19–23]; für weitere Belege vgl. die im Sachindex zu *reddere* (VI, 305) verzeichneten Stellen.

[124] Zur Parallelstelle in den Philosophischen Fragmenten vgl. L 347,30 (= N 35,15), Hervorhebung v. Vf.: Si enim *debet*, *debitor est* ut ametur a me. L 348,3–5 (= N 35,26–36,2), Hervorhebung v. Vf.: Eodem modo dicuntur pauperes debere accipere a divitibus cum ipsi non sint *debitores*, sed sint aliud hoc indigentes, quod est causa qua faciunt divites *debitores*, ut impendant. Die Bedeutungsgleichheit von *debere* und *debitor esse* wird ausdrücklich expliziert in L 348,8 f. (= N 36,5 f.), Hervorhebung v. Vf.: Sicut namque *›debere‹ idem est quod ›debitorem esse‹*, ita *›non debere‹ non est aliud quam ›debitorem non esse‹*; CDH II 18 [II 129,1 f.]; zum entsprechenden Ausdruck *debitrix* vgl. DCD 16 [I 259,28–260,3]; DCV 3 [II 143,8 f.].

[125] Vgl. CDH II 18 [II 128,27–30].

[126] Vgl. hierzu pro multis DCV 5 [II 147,3 f.].

[127] Vgl. CDH I 9 [II 63,19 f., Hervorhebung v. Vf.]: Nam quod quis *non habet a se, sed a deo*, hoc *non tam suum quam dei* dicere debet. CDH

Eigentum eines anderen ist, soll, wie Anselm ausdrücklich sagt, dem Willen dessen unterworfen sein, dem es gehört.[128] Anselm begreift also die durch den christlichen Glauben als einen wesentlichen Offenbarungsinhalt vorgegebene und von ihm in seinem *Monologion* zumindest seinem Anspruch nach rein rational als bestehend bewiesene Schöpfer-Geschöpf-Relation nach Art eines Eigentumsverhältnisses zwischen Gott als dem Eigentümer und der Welt bzw. den Geschöpfen als seinem Eigentum. In *Cur deus homo* erläutert er das Gott-Mensch-Verhältnis als ein Eigentumsverhältnis: Wie der Knecht Eigentum seines Herrn ist, so gehört der Mensch als der Knecht Gottes nicht sich selbst, sondern Gott als einem Herrn.[129] Als das Eigentum Gottes schuldet es der Mensch

I 20 [I 87,19f.]; das Geschöpf hat nichts aus sich, vgl. CDH II 18 [II 128,13].

[128] Vgl. L 348,30f. (= N 37,1f.): Nam omne quod suum est alicuius debet eius voluntati subiectum esse.

[129] Vgl. CDH I 20 [II 87,13–22]; dieser Passus könnte die These von G. Greshake, Erlösung und Freiheit. Zur Neuinterpretation der Erlösungslehre Anselms von Canterbury, in: ThQ 135 (1973), 323–45, in erweiterter Form aufgenommen in: Ders., Gottes Heil – Glück des Menschen. Theologische Perspektiven, Freiburg etc. 1983, 80–104, bestätigen, daß Anselm auch das Lehnswesen als ein soziologisch-rechtliches Interpretationsmodell für seine Erlösungslehre in Anspruch nimmt: Denn nach lehnsrechtlicher Auffassung besitzt der Lehnsherr »eine unmittelbare und direkte Gewalt des Herrn über die Person des Vasallen, die lediglich die Würde des Vasallen als freier Mann nicht verletzen durfte [...]. Die Art der Herrschaft, der Gewalt des Herrn über die Person des Vasallen geht auch aus Wendungen hervor, die die Abhängigkeit des Vasallen vom Herrn stark betonen, wie z. B. der Gebrauch des adjektivischen Possessivpronomens oder des *genetivus possessivus*.« (F .L. Ganshof, Was ist das Lehnswesen?, Darmstadt 1961, 85); ein Gebrauch des adjektivischen Possessivpronomens wie auch des *genetivus possessivus* in diesem Sinne, d. h. zur Bezeichnung eines Abhängigkeits-, genauer Eigentumsverhältnisses, liegt auch bei Anselm in bezug auf das Verhältnis des Menschen zu Gott vor, vgl. CDH I 9 [II 63,19 f., Hervorhebung v. Vf.]: Nam quod quis non habet a se, sed a deo, hoc non tam *suum quam dei* dicere debet. CDH I 20 [I 87,19f., Hervorhebung v. Vf.]:

wie jede andere geschaffene Entität daher – nach dem zitierten Grundsatz –, dem Willen Gottes als seines Eigentümers unterworfen zu sein.[130] Deshalb schuldet der Mensch alles, was er ist, hat und kann, dem göttlichen Willen – als dem Willen seines Eigentümers.[131] Alles Geschaffene steht daher seinshaft, alleine auf Grund seines geschaffenen Seins selbst, in einer totalen Schuldverpflichtung gegenüber dem Willen seines Eigentümers und Herrn. Es steht wesensmäßig und daher zeitlebens in der Schuldigkeit, dem göttlichen Willen jeweils genau das zurückzugeben, was dieser von ihm jeweils fordert. Denn nur das von Gottes Willen jeweils Geforderte ist das Geschaffene schuldig, zurückzugeben. Das *debitum*, d. h. das »Gesollte« bzw. Geschuldete, jeder geschaffenen Natur ist daher seine Unterordnung unter den göttlichen Willen. Während für die nicht vernunftbegabten geschaffenen Naturen dieses *debitum* eine unausweichliche Seins-Notwendigkeit darstellt, ist es für die vernunftbegab-

quoniam *nec tu tuus es, nec ille tuus aut suus* qui tibi fecit iniuriam, sed *unius domini servi facti* ab illo de nihilo estis. Zum feudalistischen Hintergrund des anselmischen Denkens in *Cur deus homo* vgl. bes. R.W. Southern, Feudal Imagery and universal Order, in: ders., Saint Anselm. A Portrait in a Landscape, Cambridge 1990, 221–227; zu Anselms Gebrauch einer rechtlichen Terminologie für das Eigentumsverhältnis zwischen Gott als dem Eigentümer und dem Menschen als seinem Eigentum vgl. – mit weiteren Belegstellen und Literaturangaben – auch Vf., Wahrheit und Notwendigkeit, 294.

130 Bereits im *Monologion* ist dieser Gedanke präsent: Das vernünftige Geschöpf schuldet seinem Schöpfer das, was es ist, und darüber hinaus auch das Streben seines Erkennens und die (richtige) Wahl seines Willens, vgl. Mon 68 [I 78,14–79,9, bes. 78,16–19].

131 Vgl. CDH I 20 [II 87,22–24]: In oboedientia vero quid das deo quod non debes, cui iubenti totum quod es et quod habes et quod potes debes? Ebd. [II 87,27 f.]; in seiner *meditatio redemptionis humanae* steigert Anselm die Totalität des schöpfungsbedingten Schuldverhältnisses des Menschen gegenüber Gott, die hier ausdrücklich bestätigt wird, noch zu einer Schuldverpflichtung, die größer ist als die vollständige Selbsthingabe des Menschen, vgl. Me 3 [III 91,191–196]; vgl. hierzu die Erläuterung bei Vf., Wahrheit und Notwendigkeit, 295.

ten (geschaffenen) Naturen eine nicht-notwendige Verpflichtung, d. h. eine Schuldigkeit, die auch verweigert, die nicht erfüllt werden kann. Daher besteht das *debitum* der vernunftbegabten geschaffenen Natur genauer darin, sich freiwillig (*sponte*)[132] der (jeweiligen) Willensbestimmung Gottes zu unterwerfen.[133] Die Verweigerung der Zurückgabe dieses *debitum* von seiten des vernunftbegabten Geschöpfes, d. h. seiner Unterwerfung unter den Willen Gottes, ist daher der Inbegriff der Sünde.[134] Dementsprechend ist seine Zurückgabe des Geschuldeten, ist seine freiwillige Unterwerfung unter die jeweilige Willensbestimmung Gottes gleichbedeutend mit dem Nicht-Sündigen (*non peccare*).[135] Für alle geschaffenen Naturen, vernunftbegabte und nicht vernunftbegabte, aber gilt gleichermaßen, daß sie Gott bzw. seinem Willen untergeordnet sein sollen, weil es einzig und alleine die Erfüllung des göttlichen Willens ist, was jedes Geschaffene

[132] In *sponte* als dem Moment der Freiwilligkeit dieser Willenshingabe der vernünftigen Kreatur an seinen Schöpfer sieht H.U. v. Balthasar, Herrlichkeit. Eine theologische Ästhetik, Bd. II: Fächer der Stile, Teil 1: Klerikale Stile, Einsiedeln 1962, 248, sogar »das Schlüsselwort der anselmischen Erlösungslehre«; dessen Bedeutsamkeit läßt sich möglicherweise auf Augustinus, De lib. arb. II 20,54 (CCSL XXIX 273,33) zurückführen.

[133] Vgl. CDH I 11 [I 68,11 f., Hervorhebung v. Vf.]: B. Quod est debitum quod deo debemus? A. *Omnis voluntas rationalis creaturae subiecta debet esse voluntati dei.* Auch Augustinus, Anselms erste Quelle, fordert wiederholt zu dieser Unterwerfung des eigenen Willens unter den göttlichen Willen auf, vgl. Conf. IX 1,1 (als Kurzformel für Augustinus Bekehrung formuliert): Et hoc erat totum, nolle quod volebam, et velle quod volebas. De civ. Dei XIV,12 (Dombart/Kalb II 31,17–19): quando quidem ita facta est [sc. creatura rationalis], ut ei subditam esse sit utile; perniciosum autem suam, non eius, a quo creata est facere voluntatem. De civ. Dei XV,7 (Dombart/Kalb II 68,25–27): Quod omnes faciunt, qui non Dei, sed suam sectantes voluntatem, id est non recto, sed perverso corde viventes.

[134] Vgl. CDH I 11 [II 68,7 f.]; ebd. [II 68,10]: Non est itaque aliud paccare quam non reddere deo debitum.

[135] Vgl. CDH I 11 [II 68,14 f.].

schuldet.[136] Das Sollen bzw. die Schuldigkeit eines jeden Geschaffenen besteht daher in nichts anderem als in der Erfüllung des göttlichen Willens. Da aber, wie wir sahen, das Gesollte das Rechte (*rectum*) ist, folgt daraus zwingend die Annahme Anselms, daß nur das recht und geziemend ist, was Gott selbst will.[137]

Fassen wir zusammen: Alle endlichen Entitäten haben nach Anselm ihr Sein und damit sich selbst von Gott als ihrem Schöpfer empfangen. Aus dieser göttlichen Schöpfungs- und Erhaltungskausalität für alles innerweltliche Sein folgert er, daß dieses (kreatürliche) Sein in einem objektiven Eigentumsverhältnis steht gegenüber dem, von dem es im Sein restlos abhängig ist. Es ist objektiv Eigentum dessen, der es hervorbringt und im Sein erhält.[138] Dieses objektive Eigentumsverhältnis aber stellt sich *ex parte creaturae*, d. h. von seiten des Eigentums her gesehen, als ein Verhältnis der Schuldigkeit gegenüber dem Eigentümer dar: Denn das Eigentum schuldet es, der Verfügungsgewalt und damit dem Willen dessen unterworfen zu sein, dem es gehört. Das Empfangene, d. i. das Sein, Haben und Können alles Geschaffenen, konstituiert deshalb eine Schuldigkeit zu seiner Zurückgabe, weil es seinem Geber und nicht dem gehört, der es

[136] Vgl. CDH II 18 [II 129,1 f., Hervorhebung v. Vf.]: Deus quoque dicitur omnis debere praeesse, non quia ille in hoc aliquo modo sit debitor, *sed quoniam omnia debent illi subesse.* Vgl. auch L 348,26–28.

[137] Vgl. CDH I 12 [II 70,8]: [...] et nihil sit rectum aut decens nisi quod ipse [sc. deus] vult. CDH II 18 [II 129,2 f., Hervorhebung v. Vf.]: et [sc. deus dicitur] debere facere quod vult, *quoniam quod vult debet esse.* Zur augustinischen Herkunft der anselmischen Metaphysik des *debere* vgl. Vf., Wahrheit und Notwendigkeit, 297–309.

[138] Auch zu dieser radikalen Annahme dürfte Anselm von Augustinus zumindest angeregt worden sein: Denn insbesondere in seinen späten gnadentheologischen Schriften formuliert Augustinus wiederholt den Gedanken, daß der Mensch sich deshalb in nichts rühmen, d. h. sich selbst nichts Gutes zuschreiben darf, weil nichts sein Eigentum ist, vgl. hierzu Vf., Wahrheit und Notwendigkeit, 325, Anm. 118.

empfangen hat. Diese seinsmäßige Schuldigkeit alles Geschaffenen ist für die nicht vernunftbegabte Schöpfung ein Müssen, eine Seinsnotwendigkeit. Für die vernunftbegabten Geschöpfe allerdings, die sich der Unterordnung unter die Verfügungsgewalt ihres Eigentümers verweigern können, ist diese Schuldigkeit kein Müssen, keine Seinsnotwendigkeit, sondern ein »Sollen«, eine unbedingte Verpflichtung. Die willentliche Nicht-Erfüllung dieser Schuldigkeit bzw. dieser Verpflichtung (*debitum*) macht den Schuldner (*debitor*) zum Sünder (*peccator*), der eine moralische Schuld (*culpa*)[139] auf sich lädt, die von dem *debitum* als der seinsmäßig bedingten Schuldigkeit einer Subordination unter den göttlichen Willen deutlich unterschieden werden muß.

Wenn nun das Geschuldete (*debitum*) alles Geschaffenen grundsätzlich darin liegt, dem Willen Gottes als seines Eigentümers und Herrn gänzlich unterworfen zu sein, dann liegt das jeweils Gesollte des jeweiligen Geschaffenen in der Erfüllung dessen, was ihm der göttliche Wille jeweils zu tun oder zu sein gleichsam zueignet. Das Gesollte alles Geschaffenen aber ist nach Anselms Bestimmung das, was recht ist, ist das Rechte (*rectum*).[140] Entsprechend ist, wie wir sahen, die (jeweilige) Erfüllung dieses Gesollten die (jeweilige) Rechtheit (*rectitudo*) bzw. das Tun dieser Rechtheit. Als die *rectitudo* einer geschaffenen Entität aber hatte sich ihre Wahrheit erwiesen. Daher bestehen die Wahrheiten bzw. die Rechtheiten aller geschaffenen Entitäten in ihrer Erfüllung der (jeweiligen) göttlichen Willensbestimmung für diese Entitäten. Anselm selbst bestätigt diese Schlußfolgerung, wenn er, wie wir sahen, ausdrücklich sagt, daß nur das recht und geziemend ist bzw. nur das sein soll, was Gott selbst will.

139 Zu Anselms Bestimmung von *culpa* vgl. CDH I 24 [II 92,25 f.]: Nam sicut culpa est non habere quod habere debet, ita culpa est habere quod debet non habere.

140 Vgl. hierzu exemplarisch DV 2 [I 178,14, Hervorhebung v. Vf.]: At cum significat (sc. affirmatio) *quod debet, recte* significat.

Diese grundlegende Einsicht kann nun auf alle untersuchten »Orte« der Wahrheit angewandt werden:

Der Aussagesatz soll überhaupt etwas bezeichnen (= erste bzw. natürliche Wahrheit der Aussage) und darüber hinaus auch den tatsächlich vorliegenden Sachverhalt angemessen bezeichnen (= die zweite Wahrheit der Aussage), weil diese Funktion des Aussagesatzes dem göttlichen Willen entspricht. Auch die richtige, d. h. die den tatsächlich vorliegenden Sachverhalt treffende Ausübung der unsprachlichen Bezeichnungsfunktion des Denkens ist recht und soll sein, weil sie dem göttlichen Willen gemäß ist. An der Wahrheit bzw. Rechtheit des Willens wird die begründende Funktion des göttlichen Willens für die Rechtheit einer geschaffenen Entität in geradezu paradigmatischer Form deutlich: Denn ein Wille ist nur dann recht, wenn er das will, was er wollen soll. Das aber, was er wollen soll, ist nichts anderes als das, von dem Gott will, daß er es wolle. Auch den nicht vernunftgeleiteten Handlungen wie dem Wärmen des Feuers ist nur dann Rechtheit zuzusprechen, wenn sie das tun, was sie nach dem Willen Gottes tun sollen. Daß das Gesollte einer geschaffenen Entität identisch ist mit der auf diese bezogenen göttlichen Willensbestimmung, gilt gleichermaßen auch für die Rechtheit der Sinne und nicht zuletzt auch für die Rechtheit, die im Wesen und in der Existenz der geschaffenen Entitäten selbst liegt. Allen Rechtheiten geschaffener Entitäten aber ist gemein, daß sie Adäquationsbegriffe sind: Sie bringen die Erfüllung einer Schuldigkeit bzw. die Angeglichenheit an ein »Sollen«, d. h. an eine göttliche Willensbestimmung, von seiten jener Entitäten zum Ausdruck, in denen sie sind.

Der göttliche Wille aber ist gerade nicht willkürlich, sondern als der Wille dessen, über das hinaus Größeres, d. h. Besseres, nicht gedacht werden kann, in größtmöglichem Maße vernünftig und sogar selbst an eine *rectitudo* gebunden. In *De veritate* 10 sagt Anselm lapidar: Die *summa veritas* ist nicht

deshalb Rechtheit, weil sie etwas soll bzw. schuldet.[141] Denn das – beschriebene – Verhältnis der Schuldigkeit ist einseitig, es besteht nur für alle geschaffenen Entitäten gegenüber der *summa veritas*. Daher ist, wie bereits festgestellt wurde, die Ausdrucksweise des gewöhnlichen Sprachgebrauchs, die Gott die Schuldigkeit zuspricht, allen von ihm hervorgebrachten Entitäten übergeordnet zu sein,[142] eine uneigentliche: Denn sie bezeichnet in Wahrheit keine Schuldigkeit Gottes, sondern eine Schuldigkeit alles Geschaffenen, Gott bzw. genauer seinem Willen unterworfen zu sein. Von Gott wird diese Schuldigkeit nur deshalb uneigentlich ausgesagt, weil er auf Grund seiner universell kreativen und konstitutiven Wirkweise die Ursache dafür ist, daß alles Seiende es schuldet, ihm – als seinem Eigentümer und Herrn – unterworfen zu sein.[143] Daraus aber wird ersichtlich, in welchem Sinne die *summa veritas* keiner Schuldigkeit, keinem Sein- und Tun-Sollen unterliegt: Sie unterliegt keinem Sollen, das in einem Verhältnis der Schuldigkeit gegenüber einem seinsmäßig anderen besteht. Dieses Merkmal unterscheidet sie in der Tat radikal von allem anderen, d. h. von allem Kreatürlichen, das ausnahmslos einem *debere aliquo*, einem Verhältnis der Schuldigkeit gegenüber einem seinsmäßig anderen, nämlich gegenüber der *summa veritas* bzw. ihrem Willen, unterliegt. Daß die *summa veritas* keinem anderen etwas schuldet, aber liegt darin begründet, daß das, was richtig ist und sein soll, gerade eine Bestimmung des göttlichen Willens und damit des Seins der *summa veritas* selbst ist. Sein und Sollen

[141] Vgl. DV 10 [I 190,2 f.]: summa veritas non ideo est rectitudo quia debet aliquid. Vgl. auch DV 12 [I 192,3 f.]: In summa namque et simplici natura, quamvis non ideo sit iusta et recta quia debeat aliquid, [...].

[142] Vgl. L 348,24 f. (= N 36,23 f.).

[143] Vgl. L 348,26–28 (= N 36,25–27, Hervorhebung v. Vf.): Non enim deus debet quicquam, sed omnia debent illi esse subiecta. Dicitur ergo deus debere praeesse omnibus, quia *ipse est causa ut omnia debeant illi subesse*; vgl. hierzu die Parallele in CDH II 18 [II 129,1 f.].

sind in der *summa veritas* identisch, weil diese ihr Sein nicht von einem anderen empfangen hat bzw. empfängt, sondern weil sie der Grund ihrer selbst bzw. »durch sich selbst«[144] ist: Weil sie, wie Anselm sagt, ist, was sie ist, d. h. weil ihr Sein mit ihrer Essenz identisch ist.[145] Wenn die *summa veritas* aber keiner Schuldigkeit gegenüber einem anderen unterliegt, kann ihre Rechtheit auch nicht in der Erfüllung einer solchen Schuldigkeit bestehen. In welchem Sinne kann dann aber die *summa veritas rectitudo* genannt werden?

Um diese Frage beantworten zu können, müssen jene über die bereits genannten hinausgehenden Stellen untersucht werden, die von Gott ein *debere*, ein *non debere* oder ein *non posse* aussagen, das nicht als eine uneigentliche sprachliche Aussageform gekennzeichnet ist.

In *Cur deus homo* I 13 wird gezeigt, daß Gott als das *quo maius nihil cogitari potest* nicht etwas dulden darf, über das hinaus nichts weniger zu ertragen ist. Was aber am wenigsten ertragen werden darf, ist die Sünde, die darin besteht, daß das vernunftbegabte Geschöpf dem Schöpfer die geschuldete Ehre nimmt und dafür keine Kompensation leistet.[146] Gott als das *quo maius nihil cogitari potest* bzw. als die höchste Gerechtigkeit unterliegt demnach einem *debere*, nämlich der Schuldigkeit, die Ehre seiner Würde zu bewahren.[147] Wem aber schuldet er dieses *debitum*? Würde, so Anselm, die ge-

144 Zum Beweis dessen, daß die *summa natura* »durch sich selbst« (*per se ipsum*) ist, vgl. Mon 3 [I 16,18–20]; zum Beweis ihrer Aseität vgl. Mon 5 [I 18,14–17]; die *summa natura* ist daher durch und aus sich selbst das, was sie ist, vgl. Mon 6 [I 20,9 f.]; zur analogielosen Selbstursächlichkeit der *summa natura* vgl. genauer Vf., Wahrheit und Notwendigkeit, 334, Anm. 145.

145 Vgl. DV 10 [I 190,4]: ipsa (sc. summa veritas) vero nulli quicquam debet; nec ulla ratione est quod est, nisi quia est. Der *summa natura* eignet die singuläre Bestimmung der Identität ihres Seins mit ihrer Essenz, vgl. Mon 26 [I 44,13–19]; Prosl 12 [I 110,6–8]; Prosl 22 [I 116,15–21].

146 Vgl. CDH I 13 [II 71,7 f.].

147 Vgl. CDH I 13 [II 71,12–17].

raubte Ehre Gottes nicht wiederhergestellt, würde also der Sünde weder eine *satisfactio* noch eine *poena* folgen, so wäre Gott entweder nicht gegen sich selbst gerecht oder er wäre zu diesen beiden möglichen Formen der Wiederherstellung seiner Ehre unfähig – was jeweils auch nur zu denken »Frevel« wäre.[148] Die Unmöglichkeit der Annahme, daß Gott gegenüber sich selbst ungerecht sein könnte, ist also – neben der Allmacht Gottes – der Grund dafür, daß Gott die Sünde nicht ertragen »darf«. M. a. W.: Gott schuldet es keinem anderen, sondern sich selbst, seine durch die Sünde geraubte Ehre, d. h. die verletzte Schönheit der Schöpfungsordnung, wiederherzustellen.

In *Cur deus homo* I 19–24 entfaltet Anselm die These, daß Gott den sündigen Menschen nicht ohne Genugtuung als Ersatz für die verlorenen Engel in das Leben der Seligen aufnimmt. Am schärfsten formuliert er diesen Gedanken in *Cur deus homo* I 21: Gott kann keinen, der irgendwie der Schuld der Sünde verpflichtet ist, in die Seligkeit aufnehmen, »weil er es nicht darf.«[149] In *Cur deus homo* I 19 begründet Anselm dieses *non debere* Gottes einmal mit einem Erfordernis der Wahrheit,[150] ferner mit der Weisheit Gottes[151] und schließlich mit seiner Treue gegenüber seinem eigenen – notwendigerweise guten – Willensentschluß: Würde Gott durch die Sünde befleckte Menschen in die ewige Seligkeit aufnehmen, dann würde er seinen eigenen Vorsatz ändern, was bei Gott unmöglich ist.[152] Es ist also die Beständigkeit seines eigenen in

148 Vgl. CDH I 13 [II 71,24–26].

149 Vgl. CDH I 21 [I 89,30 f., Hervorhebung v. Vf.]: Nec deus ullum obligatum aliquatenus debito peccati assumere potest ad beatitudinem, *quia non debet*.

150 Vgl. CDH I 19 [II 84,22–85,4].

151 Vgl. CDH I 19 [II 85,14–17]; ebd. [II 85,24 f.].

152 Vgl. CDH I 19 [II 85,25–27]; zur Rationalität des göttlichen Willensentschlusses vgl. die Belegstellen und Ausführungen in Vf., Wahrheit und Notwendigkeit, 336, Anm. 153.

höchstem Maße vernünftigen Willens, die Gott diese Handlung nicht vornehmen läßt, weil er diese Beständigkeit, diese Unwandelbarkeit seines Willens sich selbst als demjenigen, über das hinaus Größeres, d. h. Besseres, nicht gedacht werden kann, gleichsam »schuldet«.[153] Gott schuldet, wie Anselm in *Cur deus homo* I 19 ausdrücklich bemerkt, keinem anderen etwas, während das Geschöpf in einem seinsmäßig-wesenhaften und damit prinzipiell-ausnahmslosen Verhältnis der Schuldigkeit gegenüber Gott steht und deshalb ihm gegenüber keine Forderungen erheben und Ansprüche geltend machen kann.[154] Diese universelle Schuldigkeit zur Erfüllung des göttlichen Willens gilt aber nicht nur für die Gesamtheit des Geschaffenen, sondern – wenn auch nur im uneigentlichen Sinne – auch für Gott selbst: Gott »schuldet« es gleichsam sich selbst, sich selbst treu zu bleiben und seinen (eigenen) Willen zu erfüllen.[155] Die »Schuldigkeit« Gottes gegenüber sich selbst bedeutet also ein Handeln und Wollen Gottes in Übereinstimmung mit sich selbst. Daher »kann« Gott notwendigerweise manches nicht tun oder erleiden; nämlich solches, wodurch er sich selbst schaden bzw. von außen Schaden nehmen, mithin geringer würde als er ist. Das aber ist, um Anselms Formulierung aus *Proslogion* 7 aufzugreifen, genau das, was Gott nicht können »darf«[156]; was Gott nicht »darf«,

[153] Zur höchsten, unwandelbaren Rationalität des göttlichen Willens nach Anselm vgl. Vf., Wahrheit und Notwendigkeit, 337.

[154] Vgl. CDH I 19 [II 86,7–9, Hervorhebung v. Vf.]: *Nam deus nulli quicquam debet, sed omnis creatura illi debet*; et ideo non expedit homini ut agat cum deo, quemadmodum par cum pari.

[155] Vgl. hierzu R.J. Palma, The rehabilitation of truth in theology, in: SJTh 28 (1975), 218: »God is true and faithful to his creation because he is first of all perpetually true and faithful to himself.«

[156] Vgl. Prosl 7 [I 105,12f., Hervorhebung v. Vf.]: Nam qui haec potest, quod sibi non expedit et *quod non debet potest*; ebd. [I 105,23–26, Hervorhebung v. Vf.]: Sic itaque cum quis dicitur habere potentiam faciendi aut patiendi quod sibi non expedit aut *quod non debet*, impotentia intelligitur per potentiam.

bedeutet aber nichts anderes als das, was Gott sich selbst gegenüber (zu wollen und zu tun) nicht »schuldig« ist, d. h. was ihm als demjenigen, über das hinaus Größeres nicht gedacht werden kann, nicht entspricht, nicht zukommen kann.

Für unsere Ausgangsfrage nach Anselms Verständnis der Rechtheit Gottes in *De veritate* 10 ergibt sich, zusammenfassend betrachtet, aus diesen Überlegungen insbesondere des späten Anselm, daß die Rechtheit Gottes bzw. der *summa veritas* in der unwandelbaren Selbstaffirmation (»Selbstbewahrung«) des göttlichen Willens liegt. Somit ist die *rectitudo* Gottes als der *summa veritas* ein Begriff, der eine Identität zum Ausdruck bringt, nämlich die Übereinstimmung des göttlichen Willens und Handelns mit Gott selbst.

Nachdem Anselm in *De veritate* 10 zwischen der Rechtheit aller genannten Entitäten und deren Handlungen als einem Relationsbegriff, der die Erfüllung einer Schuldigkeit, d. h. einer göttlichen Willensbestimmung, von seiten dieser Entitäten zum Ausdruck bringt, auf der einen und einer Rechtheit als einem Identitätsbegriff, der die Selbstübereinstimmung der *summa veritas* in ihrem Wollen und Handeln expliziert, auf der anderen Seite unterschieden hat, setzt er im nächsten Schritt beide Begriffe in eine Verhältnisbestimmung zueinander: Die *rectitudo* der *summa veritas* ist die Ursache (*causa*) aller anderen, relationalen Wahrheiten bzw. Rechtheiten, ohne selbst eine Ursache zu besitzen.[157] In welchem Sinne

[157] Vgl. DV 10 [I 190,6 f.]; die *summa natura* hat weder eine Wirkursache noch eine Materialursache noch irgendeine (Hilfs-) Ursache ihres Seins, vgl. Mon 6 [I 20,7–9]; dieser Ausschluß jeder Weise von Verursachtsein für Gott führt daher zu der Aussage, daß Gott keine Ursache besitzt, vgl. L 339,32–34 (= N 41,9–11): Habet enim omnis causa causas usque ad supremam omnium causam deum, qui cum sit causa omnium quae aliquid sunt, nullam habet causam. Daher kann das Besitzen einer Ursache von Gott nur in einem uneigentlichen Sinne ausgesagt werden, vgl. DPSS 10 [II 205,30–206,4]; zum singulären Charakter des Durch-sich-Seins der höchsten Natur nach Anselm vgl. ausführlich Vf., Wahrheit und Notwendigkeit, 484–490.

aber ist die *summa natura* die Ursache für alle anderen Wahrheiten bzw. Rechtheiten, ohne selbst eine Ursache zu besitzen? Im siebten Kapitel des *Monologion* bestimmt und begründet Anselm die Art der Ursächlichkeit der *summa substantia* für alles andere, d. h. für die Gesamtheit jener Entitäten, die nicht durch sich selbst, sondern durch ein anderes existieren, als die der »Wirkursache«[158]: Die *summa essentia* hat alles alleine durch sich selbst aus dem Nichts, d. h. aus keiner ihr zuhandenen Stoffursache, (wirkursächlich) hervorgebracht.[159] Daß diese wirkursächliche Hervorbringung der ganzen Welt genauer als eine exemplarursächliche Wirkweise der *summa natura* verstanden werden muß, zeigt schließlich mit aller wünschenswerten Deutlichkeit das neunte Kapitel des *Monologion*: Das vernünftige Schaffen bzw. Hervorbringen von etwas setzt ein *exemplum* des hervorzubringenden Gegenstandes im Denken dessen voraus, der ihn hervorbringt; dieses *exemplum* wird angemessener als eine *forma* oder *similitudo* oder auch *regula*, d. h. als eine Form, Ähnlichkeit oder Norm bezeichnet.[160] Diese geichsam

158 Dazu, daß Anselm unter dem von ihm für die Bezeichnung einer Ursache-Art gebrauchten Ausdruck *efficiens* (vgl Mon 6 [I 19,2]) keine Bewegungsursache im aristotelischen Sinne – von einer solchen ist im gesamten Werk Anselms nicht ein einziges Mal die Rede – sondern eine Ursache versteht, die nach Art einer Form- oder Exemplarursache wirkt, vgl. Vf., Wahrheit und Notwendigkeit, 477–481.

159 Vgl. Mon 7 [I 21,20–29]; in Mon 7 [I 20,22–28] ist bereits eine Verursachung nach Art einer Hilfsursächlichkeit von der *summa natura* ausgeschossen worden; es bleibt daher nur ihre »wirkursächliche« Hervorbringung des ganzen Weltalls, das nicht durch sich ist, übrig, vgl. ebd. [I 21,32–22,10]; zum gleichen Ergebnis kommt F. S. Schmitt (Hg.), Anselm von Canterbury, De veritate. Über die Wahrheit, 16.

160 Vgl. Mon 19 [I 24,12–14]: Nullo namque fieri potest aliquid rationabiliter ab aliquo, nisi in facientis ratione praecedat aliquod rei faciendae quasi exemplum, sive aptius dicitur forma, vel similitudo, aut regula. Auf die augustinische Vorlage dieser Stelle (vgl. De vera religione I 31,58 [CCSL XXXII, ed. K.-D. Daur, 225,24–26]: Omnia enim, quae appetunt unitatem, hanc habent regulam uel formam uel exemplum uel

axiomatische Annahme könnte man wie folgt reformulieren: Jede geistige Schöpfung oder Hervorbringung besitzt einen form- bzw. exemplarursächlichen Charakter. In Anwendung dieses Grundsatzes auf das nur terminologisch als »wirkursächlich« bezeichnete Hervorbringen des Alls durch die *summa natura* ergibt sich daraus eine exemplarursächliche Präexistenz aller Entitäten im Denken der höchsten Natur,[161] deren (präexistente) Form das Sprechen (*locutio*) als das erdenkende Schauen des höchsten Geistes ist.[162] Mit dieser Interpretation der anselmischen Wirkursache (*efficiens* bzw. *causa efficiens*) im Sinne der Form- oder Exemplarursache stimmt schließlich auch das eindeutig als empirisch[163] gekennzeichnete Merkmal jeder Ursache, das Anselm am Anfang von *Monologion* 8 nennt, überein: Jede Ursache gewährt notwendig eine Hilfe für das Wesen der Wirkung.[164] Zusam-

si quo alio uerbo dici sinit) hat K. Flasch, Anselm und der Augustinische Neuplatonismus, 33, hingewiesen und zugleich Anselms Umgang mit dieser Quelle charakterisiert: »Anselm hat das von Augustinus zuerst genannte *exemplum* zunächst vorangestellt und dann durch die bei Augustinus zuletzt genannten Begriffe erklärt. Der Gedanke ist bei beiden derselbe: Gott ist Wirkursache der Welt, aber er ist es als Geist, als Kosmos noetos.« Weil Anselm zwischen *forma* und *exemplum* in diesem kausaltheoretischen Kontext nicht unterscheidet, kann davon ausgegangen werden, daß er keine Differenz zwischen einer form- und einer exemplarursächlichen Hervorbringung annimmt.

161 Vgl. Mon 9 [I 24,14–16].

162 Vgl. Mon 10 [I 24,24 f., Hervorbringung v. Vf.]: Illa autem rerum *forma*, quae in eius ratione res creandas praecedebat: quid aliud est quam rerum quaedam in ipsa ratione locutio; ebd. [I 24,27–29]; Mon 12 [I 26,27–29]; zum rein geistigen »Sprechen« der Schöpfung durch Gott als der Form ihrer innergöttlichen Präexistenz vgl. Vf., Wahrheit und Notwendigkeit, 230–232.

163 Vgl. Mon 8 [I 22,15 f., Hervorbringung v. Vf.]: Quod sic omnes tenent *experimento*, ut et nulli rapiatur contendendo, et vix ulli surripiatur decipiendo.

164 Vgl. Mon 8 [I 22,13–15]: Nam ex quocumque fit aliquid, id causa est eius quod ex se fit, et omnis causa necesse est aliquod ad essentiam effecti praebet adiumentum. Die beiden Teilsätze dieses Satzes beziehen

menfassend betrachtet, bringt also die höchste Natur alles andere außer ihr, d. h. die Gesamtheit jener Entitäten, die nicht durch sich selbst, sondern durch ein anderes existieren, nach Art einer Exemplarursache hervor. Wenn nun im zehnten Kapitel von *De veritate* der höchsten Wahrheit die Funktion zugesprochen wird, die »Ursache« (*causa*) aller anderen Wahrheiten zu sein, dann kann die Weise dieser Ursächlichkeit folglich nur die der Form- bzw. Exemplarursache sein. Die von der höchsten Wahrheit verursachten Wahrheiten werden ausdrücklich als »Wirkungen« bezeichnet, wobei einige von ihnen ihrerseits auch Ursache einer anderen Wahrheit sind,[165] so daß es genau genommen eine Hierarchie dreier Arten von Wahrheit gibt: Eine Wahrheit, die der *summa veritas*, die die unmittelbare und die mittelbare Ursache aller anderen Wahrheiten, selbst aber nicht verursacht, sondern selbstursprünglich und vollkommen selbstbestimmt ist. Zweitens eine Art von Wahrheit, die sowohl Wirkung der *summa veritas* als auch selbst Ursache einer oder mehrerer anderer Wahrheiten ist; damit ist die in DV 7 behandelte Wahrheit gemeint, die im Sein der jeweils vorliegenden geschaffenen Entitäten als solchem liegt.[166] Gleichwohl kann er mit der Wahrheit, die in der *existentia* der Dinge liegt und die selbst eine Wirkung der *summa veritas* ist, keine andere Wahrheit meinen als diejenige, die in der *essentia* der Dinge liegt, denn nur dieser Wahrheit kommt es zu, die Ursache für

sich auf verschiedene Gegenstände: Der erste Teilsatz bezieht sich nur auf die Stoffursache, der zweite Teilsatz auf jede Ursache (*omnis causa*) überhaupt.

165 Vgl. DV 10 [I 190,8 f.]: Video et animadverto in aliis [sc. veritatibus et rectitudinibus] quasdam esse tantum effecta, quasdam vero esse causas et effecta.

166 Vgl. DV 10 [I 190,9 f., Hervorhebung v. Vf.]: Ut cum veritas *quae est in rerum existentia* [...]. Daß Anselm hier nicht, wie in DV 7 ([I 185,7]: De veritate essentiae rerum), von der *essentia*, sondern von der *existentia* der Dinge spricht, dürfte daran begründet liegen, daß es ihm auf den Aspekt des tatsächlichen Gegebenseins einer Entität ankommt.

die Wahrheit des Aussagesatzes und des (nur) gedachten Urteils zu sein,[167] sofern diese beiden Wahrheiten in der Erfüllung einer göttlichen Willensbestimmung mittels einer adäquaten Wiedergabe des gedachten oder ausgesagten Sachverhalts bestehen, welche die reale Existenz dieses Sachverhalts notwendigerweise voraussetzt. Damit bestätigt und präzisiert Anselm sowohl seine von der aristotelisch-boethianischen Tradition übernommene Aussage im zweiten Kapitel von *De veritate*, daß der ausgesagte Sachverhalt die Ursache für die Wahrheit des (wahren) Aussagesatzes – nicht aber diese Wahrheit selbst – ist,[168] als auch seine Bestimmung der Wahrheit des Denkens in Analogie zur Wahrheit der Aussage im dritten Kapitel: Die wirkliche Existenz des ausgesagten bzw. gedachten Sachverhalts ist ihrerseits eine Ursache für die Wahrheit des Aussagesatzes wie auch für die Wahrheit des nur gedachten Urteils, und zwar eine Ursache nach Art einer notwendigen Bedingung. Die beiden zuletzt genannten Wahrheiten aber sind nur Wirkung und nicht selbst auch Ursache einer anderen Wahrheit und bilden daher die dritte und letzte Stufe in der Hierarchie der Wahrheiten.[169]

Die Bestimmung dieses exemplarursächlichen Begründungsverhältnisses zwischen der einen, höchsten Wahrheit und allen anderen Wahrheiten ermöglicht Anselm eine Präzi-

[167] Vgl. DV 10 [I 190,9–11]: ut cum veritas quae est in rerum existentia sit effectum summae veritatis, ipsa quoque causa est veritatis quae cogitationis est, et eius quae est in propositione.

[168] Vgl. DV 2 [I 177,18]: Unde (sc. res enuntiata) non eius (sc. enuntiationis) veritas, sed causa veritatis eius dicenda est.

[169] Vgl. DV 10 [I 190,11 f.]: et istae duae veritates nullius sunt causa veritatis; zur dreistufigen Hierarchie der Wahrheiten vgl. L. Rassam, Existence et vérité chez saint Anselme, 333: »Dès lors, chaque fois que nous parlons de vérité, nous ne disons pas directement Dieu, mais nous nous référons implicitement à Dieu, Cause, par l'intermédiaire de l'existence des choses, de toute vérité accessible à l'esprit. Autrement dit, Dieu Cause Suprême de toute vérité n'est jamais la cause directe de nous affirmations, même pas de celles qui le concernent.«

sierung seines Beweises der Anfang- und Endelosigkeit der höchsten Wahrheit im 18. Kapitel des *Monologion*, den er aus methodischen Gründen im ersten Kapitel von *De veritate* zitiert hatte[170]: Seine für diesen Beweisgang grundlegende partizipationsmetaphysische bzw. ideentheoretische Prämisse einer Teilhabe alles wahr Seienden an der (einen, transzendenten) Wahrheit[171] wird nun in einer mehr der aristotelisch-boethianischen Tradition verpflichteten Denkform als form- bzw. exemplarursächliche Hervorbringung aller Wahrheiten und damit auch der Wahrheit der Rede bzw. des Aussagesatzes durch die *prima causa* dieser wie jeder Wahrheit präzisiert und der Beweisgang mit Hilfe dieser Präzisierung reformuliert. Denn während Anselm in *Monologion* 18 und damit auch in *De veritate* 1 in einer platonisch-ontologisierenden Denkweise die beiden Aussagen »es war immer wahr, daß es zukünftig war« und »es wird immer wahr sein, daß etwas vergangen sein wird« jeweils hypostasierend als ein Wahres bzw. wahr Seiendes aufgefaßt hatte, um auf sie seine partizipationsmetaphysische Prämisse, daß »Wahres nicht ohne Wahrheit sein kann«, anwenden zu können, so gibt er in *De veritate* 10 diese ontologisierend-hypostasierende Denk- und Sprechweise zugunsten einer eher aristotelisch akzentuierten auf und spricht daher nur noch von einer Verursachung der Wahrheit beider Aussagen durch die erste Ursache (*prima causa*) ihrer Wahrheit,[172] ohne damit freilich seine Partizipa-

170 Vgl. hierzu genauer Vf., Wahrheit und Notwendigkeit, 89–92.

171 Vgl. DV 2 [I 177,16]: Quia nihil est verum nisi participando veritatem; vgl. bereits Mon 18 [I 33,14]: [...] et utrumque hoc verum sine veritate esse non potest; ebd. [I 33,18]: Atqui verum non potest esse sine veritate. Zu diesen beiden Beweisen der Anfang- und Endelosigkeit der *summa veritas* und der Stellung der partizipationstheoretischen Prämisse in ihnen vgl. Vf., Wahrheit und Notwendigkeit, 26–35.

172 Vgl. DV 10 [I 190,20–22, Hervorhebung v. Vf.]: [...] intelligatur illa veritas sine principio fuisse, quae *prima causa est huius veritatis*. Quippe veritas orationis non semper posset esse, si *eius causa non semper esset*.

tionsmetaphysik auch der Sache nach zu verabschieden, sofern das partizipationsmetaphysische bzw. ideentheoretische Begründungsverhältnis mit einem form- bzw. exemplarursächlichen Begründungsverhältnis realiter identisch ist. Zum zweiten verwahrt er sich gegen ein naheliegendes Mißverständnis der beiden zitierten Aussagen, die seinen Beweisgängen der Anfang- und der Endelosigkeit der höchsten Wahrheit jeweils zugrundeliegen: Weder behauptet die Aussage: »Es war immer wahr, daß etwas zukünftig war«, bzw., in äquivalenter Form: »Die Aussage, daß es etwas Zukünftiges geben wird, war immer wahr«, daß sie selbst ohne (zeitlichen) Anfang gewesen oder daß die Wahrheit dieser Aussage mit Gott identisch ist (vgl. DV 10 [I 190,15–17]); noch behauptet die Aussage: »Es wird immer wahr sein, daß etwas vergangen sein wird«, daß sie selbst, daß ihre Artikulation kein zeitliches Ende besitzt oder auch, daß ihre Wahrheit Gott selbst ist. Vielmehr soll von beiden Aussagen nur durch den Aufweis der Denkunmöglichkeit ihres kontradiktorischen Gegensatzes gezeigt werden, daß ihnen, wenn oder sooft sie nur artikuliert werden und damit existieren, stets Wahrheit zukommt, daß sie wahre Aussagen sind.[173] Daraus folgert Anselm das Immer-Sein der von beiden Aussagen ausgesagten Wahrheiten – d. h. das Immer-wahr-gewesen-Sein, daß es etwas Zukünftiges geben wird, und das Immer-wahr-sein-Werden, daß es etwas Vergangenes gegeben hat –, und aus dieser Sempiternität beider ausgesagten Wahrheiten wiederum die Anfang- und Endelosigkeit ihrer ersten Ursache, d. h. der *summa veritas*.[174] Die letzte Schlußfolgerung – darin liegt die dritte Präzisierung des ganzen Arguments gegenüber seiner ursprünglichen Form – wird ihrerseits damit begründet, daß

173 Vgl. DV 10 [I 190,17 f.]; für die zweite Aussage vgl. ebd. [I 190,24–26].

174 Vgl. DV 10 [I 190, 18–22]; für die zweite Aussage vgl. ebd. [I 190, 25–28]; zum Schluß aus dem ganzen Argument vgl. DV 10 [I 190,30–32].

die Wahrheit der beiden Aussagen, daß etwas zukünftig bzw. daß etwas vergangen ist, durch die wirkliche Zukünftigkeit bzw. durch das wirkliche Vergangensein des ausgesagten Sachverhalts als ihrer unmittelbaren Ursache und diese wiederum durch dessen (exemplarursächliche) Immanenz in der höchsten Wahrheit bedingt ist.[175]

Die Kapitel 2–10 von *De veritate* dientem dem Aufweis, daß die begriffliche Bestimmung der von allen »Örtern« der Wahrheit, nämlich von innerweltlichen Entitäten und deren Handlungen (Kap. 2–9) und schließlich auch von Gott selbst (Kap. 10), aussagbaren Wahrheit darin liegt, »Rechtheit« zu sein, auch wenn wir sahen, daß der Begriff der Rechtheit von Anselm de facto in einem ambivalenten Sinne gebraucht wird: Einmal in bezug auf die endlich-kreatürlichen Entitäten als ein Adäquationsbegriff, der eine Angeglichenheit dieser Entitäten bzw. ihrer Handlungen an ein ihnen immanentes Sollen, d. h. an eine göttliche Willensbestimmung, zum Ausdruck bringt; zum anderen als ein Identitätsbegriff in bezug auf Gott, der letztlich die Übereinstimmung des göttlichen Willens und Handelns mit Gott selbst expliziert. Diese Ambiguität des Begriffs der *rectitudo* wird von Anselm aus naheliegendem Grund nicht eigens bedacht oder gar gekennzeichnet: Denn ein solcher Hinweis würde seiner aus methodischen Gründen, wie wir sahen, geforderten Absicht zuwiderlaufen, eine definitorisch einheitliche begriffliche Bestimmung der Wahrheit in allen ihren Erscheinungsformen zu erreichen.

175 Vgl. für die erste Aussage DV 10 [I 190,22–24]; für die zweite Aussage vgl. DV 10 [I 190,28 f.]. Zur Kritik der Konsistenz des gesamten Beweisganges auch in seiner präzisierten Form vgl. Vf., Wahrheit und Notwendigkeit, 495 f.

11. Das elfte Kapitel: Die Definition der Wahrheit als die alleine mit dem Geist erfaßbare Rechtheit

Die Feststellung der Vollständigkeit aller bisher durchlaufenen Erscheinungsformen bzw. »Örter« der Wahrheit muß ihrer einheitlichen begrifflichen Bestimmung in Form einer Definition notwendigerweise vorausgehen: Denn nur wenn alle Örter der Wahrheit, d. h. alle Prädikationsmöglichkeiten des Wahrheitsbegriffs, vollständig aufgesucht sind und das in ihnen liegende Argument für die begriffliche Bestimmung des Wahrheitsbegriffs und damit für die Lösung der Ausgangsfrage des ganzen Dialogs, nämlich die Identifizierung des Wahrheitsbegriffs mit dem Begriff der Rechtheit, jeweils entfaltet ist, kann die von Anfang an intendierte einheitliche Definition der Wahrheit vorgenommen werden. Daher steht die Frage nach der Vollständigkeit der bislang erörterten Wahrheitsträger, d. h. »Örter« der Wahrheit, am Anfang des elften Kapitels, in dem die gesuchte Definition der Wahrheit gegeben wird.[176] Weil *rectitudo* im Lateinischen sowohl die rein geistig erfaßbare Rechtheit als auch die Geradheit körperlicher Entitäten, wie etwa die eines Stabes, bezeichnen kann, wird diese sinnlich wahrnehmbare Bedeutung von *rectitudo* daraufhin überprüft, ob sie ein eigener Wahrheitsträger bzw. -ort sein kann. Dabei zeigt sich, daß sich diese Rechtheit qua Geradheit von der Rechtheit aller in DV 2–10 erörterten Wahrheitsträger genau darin unterscheidet, daß sie auch sinnlich wahrgenommen werden kann, während die Rechtheiten der behandelten Entitäten rein geistig erfaßt werden.[177] Die sich in einem geistigen Urteilsakt vollziehen-

[176] Vgl. DV 11 [I 191,6 f.].

[177] Vgl. DV 11 [I 191,11 f.]; ebd. [I 191,17 f., 24]; vgl. hierzu auch H.J. Verweyen, Anselm von Canterbury, Vier Traktate. Wahrheit und Freiheit, 18: »Er (sc. Anselm) grenzt dort Wahrheit als eine mit dem Geist erfaßbare Rechtheit von der ›rectitudo‹ im Sinne der geometrischen Geradheit eines Stabs bzw. einer Linie ab, die auch das Auge erfassen könnte.«

de Erkenntnis der Geradheit körperlicher Entitäten ist zwar eine Funktion der *ratio* und nicht der körperlichen Sinnesorgane; gleichwohl ist die Geradheit körperlicher Entitäten *auch* sinnlich wahrnehmbar und unterscheidet sich darin von den nur geistig erfaßbaren und nicht auch sinnlich wahrnehmbaren Rechtheiten aller zuvor behandelten Entitäten und deren Handlungen. Dieses Merkmal allein geistiger Erfaßbarkeit trifft auf alle in den Kapiteln 2–10 von *De veritate* abgehandelten Rechtheiten zu; denn diese bestehen allesamt in der Erfüllung eines ihnen immanenten Sollens als einer göttlichen Willensbestimmung. Die Erfüllung einer göttlichen Willensbestimmung aber kann genausowenig sinnlich wahrgenommen werden wie die göttliche Willensbestimmung selbst, weil sie diese als ein konstitutives Moment ihrer selbst einschließt. Nach dieser Ausklammerung der körperlichen Geradheit vom Wahrheitsbegriff durch die Spezifizierung jener Rechtheit, die alleine für die Definition der Wahrheit in Frage kommt, mit dem Kriterium der allein geistigen Erfaßbarkeit steht Anselms feststellender Definition der Wahrheit *als mit dem Geist alleine erfaßbarer Rechtheit*[178] nichts mehr im Wege. Das Abgrenzungskriterium der als Rechtheit bestimmten Wahrheit, nämlich *sola mente perceptibilis*, von der nicht als Wahrheit verstandenen Geradheit körperlicher Entitäten, für die im Lateinischen der gleiche Ausdruck *rectitudo* steht, entspringt letztlich Anselms grundlegender Absicht, die Wahrheit (qua Rechtheit) als mit Gott identisch bestimmen zu können: Denn nur eine alleine geistig und nicht auch sinnlich erfaßbare Rechtheit kann mit Gott identisch sein, so daß alleine der Geist zur Erkenntnis der Wahrheit fähig

[178] Vg. DV 11 [I 191,19f., Hervorhebung v. Vf.]: Possumus igitur, nisi fallor, *definire quia veritas est rectitudo mente sola perceptibilis*; zur augustinisch-boethianischen Tradition des Gedankens, daß alleine die *mens* das Instrument zur Wahrheitserkenntnis ist, vgl. K. Flasch, Zum Begriff der Wahrheit, 332–335.

ist.[179] Das Subjekt dieser Definition, *mens*, ist daher auch nicht auf die vernunftbegabte Kreatur eingeschränkt;[180] es bezieht sich gleichfalls auf die *mens divina*, die sich – als *summa veritas* – selbst *sola mente* erkennt.[181] Anselm betont eigens die formale Vollständigkeit der gefundenen Definition des Begriffs der Wahrheit, die mit der Angabe seines *genus proximum*, der *rectitudo*, und der spezifischen Differenz dieses Gattungsbegriffs in dem attributiven Zusatz *sola mente perceptibilis* gegeben ist.[182] Da es offensichtlich keine weitere *rectitudo* außer den genannten mehr gibt, so daß keine weitere begriffliche Unterteilung mehr nötig ist, hält Anselm diese Definition der Wahrheit auch für wissenschaftlich korrekt und damit für täuschungsfrei.[183]

179 Zu einer Gotteserkenntnis kann von allen Kreaturen alleine der vernünftige Geist der geschaffenen Natur, und zwar durch sich selbst, durch seine Selbsterkenntnis, aufsteigen, vgl. Mon 66 [I 77,17–21, Hervorhebung v. Vf.]: sicut *sola est mens rationalis* inter omnes creaturas, quae ad eius investigationem assurgere valeat, ita nihilominus *eadem sola est*, per quam maxime ipsamet ad eiusdem inventionem proficere queat. Nam iam cognitum est, quia haec illi maxime per naturalis essentiae propinquat similitudinem.

180 Diese falsche Annahme liegt K. Flaschs transzendentalphilosophischer, subjektzentrierter Interpretation des *sola mente perceptibilis* wie überhaupt der ganzen Wahrheitstheorie Anselms zugrunde: Sie verkehrt das Wahre in das für den menschlichen Geist Denknotwendige und entsprechend die Wahrheit in die Denknotwendigkeit für den Menschen und damit in eine Funktion des menschlichen Wissens, vgl. ders., Zum Begriff der Wahrheit, 332 ff., 344 f.: »Wahr ist alles, was von uns nicht anders gedacht werden kann, [...] . Die mens humana ist der letzte Maßstab alles unseres Wissens. [...] daher kann einzig »sola mente« die Wahrheit, d. i. die Notwendigkeit einer Sache, erfaßt werden.« Damit stellt Flasch die Grundrichtung des theologisch motivierten, weil von der Wahrheit als einem schriftbegründeten Wesensprädikat Gottes ausgehenden Wahrheitsverständnisses Anselms auf den Kopf.

181 Vgl. Mon 32 [I 51,7–14].

182 Vgl. DV 11 [I 191,21–24]; vgl. hierzu Vf., Wahrheit und Notwendigkeit, 501, Anm. 11.

183 Vgl. DV 11 [I 191,21].

12. Das zwölfte Kapitel: Die schrittweise Entfaltung der vollständigen Definition der Gerechtigkeit

Welche Funktion hat die Definition der Gerechtigkeit, die Anselm in diesem Kapitel vornimmt, für die begriffliche Bestimmung der Wahrheit als – alleine mit dem Geist erfaßbarer – Rechtheit und somit mittelbar für die Aufgabenstellung der ganzen Schrift? Der Anschein einer begrifflichen Identität zwischen dem, was recht, und dem, was gerecht ist,[184] läßt die Frage nach der genauen Verhältnisbestimmung beider Begriffe, der Rechtheit und der Gerechtigkeit, zueinander und damit die Frage nach der begrifflichen Bestimmung der Gerechtigkeit als dringlich erscheinen. Denn wenn beide Begriffe inhaltlich identisch wären, so könnte in der Definition der Wahrheit der Begriff der Rechtheit durch den der Gerechtigkeit ersetzt und damit die Wahrheit als – alleine mit dem Geist erfaßbare – Gerechtigkeit verstanden werden. Zugleich suggeriert dieser Anschein zumindest eine große inhaltliche Nähe beider Begriffe zueinander, die schon um der begrifflichen Eindeutigkeit der gefundenen Wahrheits-Definition willen geklärt werden muß. Für eine begriffliche Identität von Rechtheit und Gerechtigkeit spricht insbesondere der Umstand, daß in Gott als der »höchsten und einfachen Natur« Rechtheit und Gerechtigkeit identisch sein müssen, weil die wesenhafte Einfachheit Gottes keine realen Unterschiede in ihr selbst zuläßt:[185] Da nämlich Gott als *summa veritas* gemäß der gegebenen Definition nichts anderes als *rectitudo sola mente perceptibilis* ist, so müßte folglich auch die Gerechtigkeit nichts anderes sein als mit dem Geist alleine erfaßbare Rechtheit.[186] Jedenfalls stellt die Definition der

[184] Vgl. DV 12 [I 191,27–192,3].

[185] Vgl. DV 12 [I 192,3–5]; zur wesenhaften Einfachheit Gottes vgl. auch Mon 17 und Prosl 18 [I 114,22–24].

[186] Vgl. DV 12 [I 192,6 f.].

Wahrheit ein erstes Definiens der Definition der Gerechtigkeit dar, ist also Wahrheit eine Grundbestimmung der Gerechtigkeit, so daß auch die Gerechtigkeit eine mit dem Geist alleine erfaßbare Rechtheit ist,[187] auch wenn sie sich in dieser Definition nicht erschöpft. Dieser Umstand, daß die Definition der Wahrheit in der der Gerechtigkeit enthalten, daß also Wahrheit ein konstitutives Element des Begriffs der Gerechtigkeit ist, dürfte Anselm zu der Überzeugung geführt haben, daß man aus jeweils zweien der drei Begriffe *rectitudo*, *veritas* und *iustitia* (Rechtheit, Wahrheit und Gerechtigkeit) den dritten mit Notwendigkeit schließen könne.[188] Diese Annahme eines wechselseitigen Implikationsverhältnisses der drei genannten Begriffe muß jedoch insofern eingeschränkt werden, als zwar *rectitudo* der Ober- bzw. Gattungsbegriff unmittelbar für den Begriff der Wahrheit und mittelbar auch für den der Gerechtigkeit ist, daß aber die spezifischen Differenzen beider Begriffe gegenüber *rectitudo* in diesem als solchem noch nicht enthalten sind und daher auch nicht aus ihm allein gefolgert werden können; es kommt hinzu, daß die Begriffe Wahrheit und Gerechtigkeit ihrem Umfang nach nicht gleichrangig sind, sondern daß die Wahrheit als die mit dem Geist allein erfaßbare Rechtheit ihrerseits den nächsten, unmittelbaren Gattungsbegriff für die Gerechtigkeit darstellt, so daß zwar der intensionale Gehalt von Wahrheit und Rechtheit im Begriff der Gerechtigkeit enthalten ist, nicht jedoch umgekehrt. Als der nächste Gattungsbegriff der Gerechtigkeit ist also die Wahrheit das erste Definitionselement der Gerechtigkeit.

Das zweite Definitionselement im Begriff der Gerechtigkeit, das diesen gegenüber dem ersten Definitionselement,

187 Vgl. hierzu die Feststellung in DV 13 [I 196,28–30, Hervorhebung v. Vf.]: Redeamus ad rectitudinem seu veritatem, quibus duobus nominibus, *quoniam de rectitudine mente sola perceptibilis loquimur, una res significatur quae genus est iustitiae.*

188 Vgl. DV 12 [I 192,7–10].

nämlich der Wahrheit als der mit dem Geist alleine erfaßbaren Rechtheit, bereits spezifiziert, ist das eigene, freie Wollen dessen, was recht ist, d. h. des Gesollten.[189] Denn nur jenes Handeln kann angemessen als gerecht bezeichnet werden, dem ein eigenes, selbstursprüngliches, mithin freies (*sponte*) Wollen der gesollten Handlung zugrundeliegt. Daß sich in dem freien, nicht von außen determinierten Wollen dessen, was man tun soll, die gesuchte Definition der Gerechtigkeit noch nicht erschöpft, zeigt Anselm an einem Beispiel für das willentliche Tun des Gesollten, das nicht zugleich gerecht ist, nämlich dem Weiden des Pferdes: Dem Pferd schuldet man für sein Weiden kein Lob, weil es die Rechtheit nicht wissentlich will, weil es kein bewußtes Wollen dessen besitzt, was recht ist. Die Gerechtigkeit kann folglich prinzipiell nur einer vernünftigen Natur zugesprochen werden, weil nur eine vernunftbegabte Natur die Fähigkeit zur Erkenntnis der Rechtheit besitzt.[190] Im Wissen dessen, was man wollen soll, liegt daher das dritte Definitionsmerkmal der Gerechtigkeit. Anschließend fragt Anselm nach jener Seinsbestimmung bzw. jenem Vermögen im Menschen als einem vernunftbegabten Lebewesen, auf welches sich die Prädikation des Gerechtseins im eigentlichen Sinne bezieht.[191] Daß die Gerechtigkeit entweder nur im vernünftigen Willen oder im Wissen oder im Tun des Menschen liegen kann,[192] ergibt sich bereits aus der bisherigen Analyse des Begriffs der Gerechtigkeit. Denn auch die richtige Handlung des Menschen scheint alleine auf Grund der empirischen Tatsache ein möglicher Kandidat für den seinsmäßigen »Ort« der Gerechtigkeit im Menschen zu sein, daß nach allgemeinem Sprachgebrauch

[189] Vgl. DV 12 [I 192,11–21]; zur Rekonstruktion des Gedankengangs vgl. ausführlich Vf., Wahrheit und Notwendigkeit, 505–507.

[190] Vgl. DV 12 [I 193,1 f.]; zu diesem dritten Definitionsmerkmal der Gerechtigkeit vgl. Vf., Wahrheit und Notwendigkeit, 507–509.

[191] Vgl. DV 12 [I 193,7].

[192] Vgl. DV 12 [I 193,8].

menschliche Taten sowohl gerecht als auch ungerecht genannt werden. Doch von dem Handeln und von dem Wissen der Rechtheit bzw. des Gesollten kann das Gerecht-Sein nur dann zu Recht ausgesagt werden, wenn sie in Verbindung mit einem rechten (vernünftigen) Willen stehen. Daher kann der gesuchte Ort der Gerechtigkeit nicht das Wissen des Gesollten oder das willentliche Tun des Gesollten bzw. die rechte Handlung (einer vernunftbegabten Natur) für sich, sondern nur das vernünftige Wollen der Rechtheit sein,[193] zumal die Rechtheit des Willens das Wissen der Rechtheit bzw. dessen, was (jeweils) gesollt und damit von Gott gewollt ist, notwendigerweise einschließt, während das Wissen des Gesollten nicht notwendigerweise das Wollen des gewußten Gesollten, mithin die Rechtheit des Willens, impliziert. Moralisch qualifikationsfähig im Menschen ist daher alleine sein (vernünftiger) Wille: Die Rechtheit des Willens ist der »Ort« der Gerechtigkeit.[194] Der rechte Wille aber muß, um gerecht sein zu können, ein Wissen um sein richtiges, sein von ihm zu wollen gesolltes Bezugsobjekt besitzen.[195]

Doch auch das wissentliche Wollen des jeweils richtigen, gesollten Objekts – in den meisten Fällen eine bestimmte Handlung – schöpft den Begriff der Gerechtigkeit noch nicht aus: Denn wenn das wissentliche Wollen des jeweils konkret gesollten oder richtigen Gegenstandes des Willens immer gerecht wäre, dann müßte die Gerechtigkeit als die Rechtheit desjenigen Willens, der sein jeweils gesolltes Objekt wissentlich will, definiert werden. Daß dies aber nicht zutrifft, daß also das wissentliche Wollen des jeweils konkret Gesollten nicht in jedem Falle bzw. prinzipiell gerecht ist und damit noch nicht für die Definition der Gerechtigkeit ausreicht, daß vielmehr auch das wissentliche Wollen der Rechtheit des je-

193 Vgl. DV 12 [I 193,12 f.].

194 Vgl. hierzu ausführlich Vf., Wahrheit und Notwendigkeit, 510–512.

195 Vgl. hierzu Vf., Wahrheit und Notwendigkeit, 512.

weils gesollten Bezugsobjektes zur gerechten Rechtheit des Willens und damit – als deren viertes Definitionsmerkmal – zur Gerechtigkeit gehört, daß also der Fall eintreten kann, daß jemand zwar mit Wissen will, was er wollen soll, aber nicht (auch) will, daß er es wollen soll,[196] zeigt Anselm mit Hilfe des folgenden Beispiels auf: Wenn ein gefangener Räuber gezwungen wird, sein geraubtes Geld zurückzugeben, so will er zwar faktisch, was er wollen soll – in diesem Fall eine bestimmte Handlung, nämlich die von ihm geschuldete Zurückgabe des von ihm geraubten Geldes – , aber er will nicht, daß er dies wollen soll, daß er also das von ihm geraubte Geld zurückerstatten wollen soll; denn er läßt sich nur gezwungenermaßen und nicht aus eigenem Antrieb bzw. freiwillig zu dem, was er wollen soll, d. h. zu dem Willen, das von ihm geraubte Geld zurückzugeben, bewegen (vgl. DV 12 [I 193,25–27]). Wird aber jemand zu dem Wollen des Gesollten gezwungen, so will er als Folge dieses Zwangs zwar faktisch das, was er wollen soll, er setzt einen Willensakt mit dem gesollten Objekt; aber er will nicht, daß er überhaupt diese Handlung vornehmen soll, d. h. er will nicht, daß diese Handlung recht, daß sie (von ihm) gesollt bzw. geschuldet ist, m. a. W.: Er will nicht die Rechtheit dieser Handlung. Doch auch dieses vierte Definitionselement der Gerechtigkeit, nämlich das wissentliche Wollen der Rechtheit des richtigen bzw. gesollten Bezugsobjekts des vernünftigen Willens, vervollständigt noch nicht die gesuchte Definition der Gerechtigkeit, wie Anselm an dem Beispiel der Speisung eines Armen aus eitler Ruhmsucht deutlich macht.[197] Denn das Wollen desjenigen, der einen Armen um des eitlen Ruhmes willen speist, erfüllt zwar das vierte Definitionselement des wis-

[196] Vgl. DV 12 [I 193,24]: Potest contingere ut intelligens velit quod debet, et nolit se debere.

[197] Vgl. DV 12 [I 193,28–30]; hierzu vgl. Vf., Wahrheit und Notwendigkeit, 515.

sentlichen Wollens der Rechtheit der gesollten Handlung und damit der Rechtheit überhaupt: Der Wohltäter will nicht nur, was er wollen soll, nämlich die Speisung eines Bedürftigen, sondern auch, daß er dies wollen soll. Und doch ist sein Wille keineswegs lobwürdig und deshalb auch nicht gerecht (vgl. DV 12 [I 193,31 f.]). Die Begründung dieses Defizits »verlangt jedoch Aufschluß über die innere Struktur des gerechten Willensaktes.«[198] Denn das Defizit dieses Willensaktes muß in der Bestimmung dessen liegen, worumwillen der Wohltäter die Rechtheit des richtigen Gegenstandes seines Willens, nämlich (die Rechtheit) der richtigen Handlung der Speisung eines Armen, will.

Die beiden für das Zustandekommen eines rationalen Willensaktes konstitutiven Formalobjekte (des vernünftigen Willens) sind das (jeweils) bestimmte, unmittelbare Objekt, das *quid*, des Willens und der bestimmte Grund oder Zweck, der den Willen dazu bewegt, sein unmittelbares Objekt zu wollen, d. h. das *propter quid*, des vernunftbegabten Willens (vgl. DV 12 [I 193,33–194,1]). Beide Formalobjekte des vernünftigen Willens sind meist inhaltlich verschieden, können prinzipiell aber auch miteinander identisch sein, und zwar genau dann, wenn etwas um seiner selbst willen gewollt wird. Daher unterscheidet Anselm auch grundsätzlich zwischen jenen Willensstrebungen, deren *quid* und deren *propter quid* inhaltlich identisch sind, und solchen Willensstrebungen, bei denen diese beiden Formalobjekte auch inhaltlich different sind.[199] Diese Unterscheidung aller Willensstrebungen nach dem Kriterium inhaltlicher Identität oder Differenz ihrer (beiden) Formalobjekte schränkt daher keineswegs die Allgemeingültigkeit der formalen Unterscheidung eines *quid* und eines *propter quid* des Willens für alle Willensstrebungen vernunftbegabter (geschaffener) Naturen ein, sondern setzt diese viel-

198 H. Küllung, Wahrheit als Richtigkeit, 232.
199 Vgl. DLA 5 [I 215,2–5].

mehr als gültig voraus. Daher nimmt Anselm in bezug auf solche Willensakte, die zum zweiten der beiden in DLA 5 unterschiedenen Typen von Willensakten gehören, d. h. deren Formalobjekte inhaltlich verschieden sind, eine klare Gewichtung ihrer beiden Formalobjekte hinsichtlich der Stärke oder Intensität vor, mit der sie der vernünftige Wille will: Jener Wille, der etwas wegen eines *anderen* will, will im eigentlichen Sinne nicht das *quid*, sondern das *propter quid* seiner Willensstrebung (vgl. DCD 13 [I 256,18–21]). Er will das *quid* nur als Mittel oder Instrument zum Erreichen des von ihm eigentlich, d. h. als Ziel oder Zweck, intendierten *propter quid* (vgl. DCD 13 [I 256,15–17]). Ein rationaler Willensakt ist also genau dann gerecht, wenn seine beiden Formalobjekte, d. h. sein *quid* und sein *propter quid*, inhaltlich richtig bzw. gesollt sind, unabhängig davon, ob sie inhaltlich identisch sind oder nicht.

Dieses neu hinzugekommene, fünfte Definitionsmerkmal der Gerechtigkeit, die Rechtheit des *propter quid*, wird auf seine Suffizienz für die gesuchte vollständige Definition der Gerechtigkeit mit Hilfe des Beispiels des ungerechten Räubers, der zu dem Willen, das von ihm geraubte Geld zurückzugeben, von außen gezwungen wird, überprüft: Der Wille des Räubers wie derjenige eines jeden, der nur gezwungenermaßen das richtige *quid* will, ist deshalb nicht gerecht, weil er das richtige *quid* – im Falle des Räubers die Zurückgabe des geraubten Geldes – nicht um der Rechtheit dieses richtigen *quid* selbst willen (freiwillig bzw. selbstbestimmt) will, also die Rechtheit nicht um ihrer selbst willen, sondern um eines anderen, in diesem Beispiel höchst wahrscheinlich um seines eigenen, eingebildeten Vorteils und Nutzens willen will. Das *propter quid* seines daher ungerechten Willens ist also nicht die Rechtheit als solche bzw. selbst; daran zeigt sich im Umkehrschluß, daß nur derjenige vernünftige Wille gerecht ist, der sowohl auf das richtige unmittelbare Objekt (das *quid*) seines Willens als auch ausschließlich auf die

Rechtheit (*rectitudo*) als letzten Grund (als *propter quid*, als Worumwillen) seines Willensaktes gerichtet ist. Die Vollständigkeitsprüfung der Rechtheit auch des *propter quid* als des fünften und letzten Definitionselements eines gerechten Willens hat daher unter der Voraussetzung der Gültigkeit aller anderen schon gewonnenen Definitionselemente dessen Suffizienz für die gesuchte Definition der Gerechtigkeit erwiesen, so daß nur derjenige Wille als gerecht definiert werden kann, der seine Rechtheit alleine um der Rechtheit selbst willen bewahrt (vgl. DV 12 [I 194,23f.]). Entsprechend kann nur derjenige Mensch als gerecht bezeichnet werden, der das, was er wollen soll, wegen nichts anderem will als wegen der Rechtheit selber (vgl. DV 12 [I 194,18–20]). Die gesuchte Gerechtigkeit ist also per definitionem die Rechtheit des Willens, bewahrt um ihrer selbst willen.[200]

Wollte man aus Anselms Definition der Gerechtigkeit als der um ihrer selbst willen bewahrten Rechtheit des Willens einen kategorischen Imperativ ableiten, so müßte dieser im Sinne Anselms die folgende formale Gestalt haben: Wolle stets das, was du wollen sollst, alleine aus dem Grund, weil es recht ist (= alleine um der Rechtheit selbst willen). Die inhaltliche bzw. materiale Fassung dieses kategorischen Imperativs müßte nach Anselm lauten: Wolle stets das, wovon Gott will, daß du es wollest, alleine aus dem Grund, um dadurch Gottes Willen zu erfüllen (und damit alleine um Gottes selbst willen)![201]

Die gefundene Definition der Gerechtigkeit ist sowohl vollständig als auch korrekt. Dies zeigt Anselm durch eine Rekapitulation ihrer einzelnen Elemente, und zwar in der

[200] Vgl. DV 12 [I 194,26f., Hervorhebung v. Vf.]: M. *Iustitia igitur est rectitudo voluntatis propter se servata.* D. Vere haec est definitio iustitiae quam quaerebam.

[201] Ihrem sachlichen Gehalt nach entsprechen die Ausführungen Anselms in Ep. 414 [IV 360,24–33] dieser materialen Fassung des kategorischen Imperativs, wie er nach Anselm formuliert werden müßte.

Reihenfolge, wie sie durch den Wortlaut der Definition vorgegeben sind, d. h. nach dem Grad abnehmender Allgemeinheit:

Jede Gerechtigkeit ist Rechtheit, m. a. W.: Rechtheit ist der Gattungsbegriff der Gerechtigkeit (vgl. DV 12 [I 194,30]). Die spezifische Differenz, die der Gerechtigkeit gegenüber ihrem Gattungsbegriff eignet, besteht darin, die Rechtheit des Willens zu sein (vgl. DV 12 [I 194,30 f.]). Daß die Gerechtigkeit die Rechtheit alleine des Willens ist, liegt darin begründet, daß sich die Rechtheit des Handelns, die im gewöhnlichen Sprachgebrauch ebenfalls als Gerechtigkeit bezeichnet wird, zurückführen läßt auf die Rechtheit des sie motivierenden Willens, weil nur der Wille der vernunftbegabten Natur moralisch qualifikationsfähig und deshalb »Träger« der Gerechtigkeit ist. Daraus, daß alleine der Wille einer vernunftbegabten Natur moralisch qualifikationsfähig ist, folgt, daß seine Rechtheit nicht von seiner Verwirklichung in einer sichtbaren Handlung abhängig sein kann, so daß auch jener rechte Wille gerecht ist und bleibt, der dasjenige nicht zur Ausführung bringen kann, was er tun will.[202]

Gegen die Bestimmung der Gerechtigkeit, die »bewahrte« (*servata*) Rechtheit des Willens zu sein, formuliert der Lehrer gleichsam einen Selbsteinwand, der zu einer präzisen Erläuterung der Bedeutung dieser Bestimmung führen soll: Wenn nur diejenige Rechtheit des Willens Gerechtigkeit ist, welche »bewahrt« ist, dann kann die von den Menschen gerade empfangene und soeben erst gehabte Rechtheit des Willens noch nicht Gerechtigkeit sein; dann bewirken wir durch unser Bewahren der empfangenen Rechtheit des Willens, daß diese allererst zur Gerechtigkeit wird (vgl. DV 12 [I 195,1–4]). Das eigentlich Provozierende dieser These liegt darin, daß ihr zufolge der Mensch die Gerechtigkeit durch eigene Aktivität

[202] Vgl. DV 12 [I 194,32–34]; daher muß der Mensch stets auf die Bestimmung seines Willens achten, vgl. hierzu und zum Ganzen Ep. 414 [IV 360,13–23].

allererst hervorbringe, diese also in ihrem Sein von ihm abhängig sei. Die Antwort des Lehrers auf seinen Selbsteinwand intendiert einen Beweis dafür, daß die von der vernunftbegabten Natur empfangene Rechtheit des Willens von Anfang an nichts anderes als die Gerechtigkeit ist. Diesen Beweis versucht der Lehrer durch einen Aufweis der Gleichzeitigkeit des Empfangens, Habens und Bewahrens der Rechtheit des Willens durch die Annahme der sachlich-inhaltlichen Identität dieser Akte zu erbringen. Der Aufweis dieser Identität wird vollzogen durch die einheitliche Bestimmung dieser drei Akte als ein Wollen (der Rechtheit). Die reale Identität des Habens und des Bewahrens der Rechtheit des Willens mit ihrem Empfangen aber ist der Grund dafür, daß jede menschliche Gerechtigkeit eine empfangene, daß also die Gerechtigkeit des Menschen ein Geschenk Gottes, daß der vernunftbegabten Kreatur ihr gerechter Wille von Gott gegeben ist.[203] Schließlich korrigiert Anselm das dem Selbsteinwand zugrundeliegende Mißverständnis der Verbalform *servata* (»bewahrt«) innerhalb der Definition der Gerechtigkeit als eines Partizip Perfekt Passiv durch den Hinweis darauf, daß die lateinische Sprache für das Verb *servare* kein Partizip Passiv des Präsens bilden, dafür aber das Partizip Passiv der Vergangenheit gebraucht werden kann (vgl. DV 12 [I 196,10–12]). Die Verbalform *servata* in der ersten Formulierung der Definition der Gerechtigkeit ist also nicht im Sinne der Vorzeitigkeit, sondern der Gleichzeitigkeit zu verstehen. Beide Formulierungen der Definition der Gerechtigkeit sind also völlig synonym.[204]

203 Vgl. DV 12 [I 195,24–27; zur Rekonstruktion aller Argumentationsschritte des Selbsteinwands und seiner Widerlegung im einzelnen vgl. Vf., Wahrheit und Notwendigkeit, 522–525.

204 Die erste Formulierung in DV 12 [I 194,26 f., Hervorhebung v. Vf.]: Iustitia igitur est rectitudo voluntatis propter se *servata*; die zweite Formulierung lautet (vgl. DV 12 [I 196,9 f., Hervorhebung v. Vf.]): [...] iustitia est rectitudo voluntatis, quae rectitudo propter se *servatur*.

Von der letzten Bestimmung innerhalb der Definition der Gerechtigkeit – daß die Rechtheit des Willens bewahrt wird »um ihrer selbst willen« (*propter se*) –, wird noch einmal ihre Notwendigkeit für die Definition der Gerechtigkeit hervorgehoben (vgl. DV 12 [I 195,28–30]).

Zum Erweis der Gültigkeit der gefundenen Definition der Gerechtigkeit muß schließlich noch ihre Anwendbarkeit auf Gott verifiziert werden. Denn Gott ist, wie Anselm schon in Mon 16 gezeigt hatte, die Gerechtigkeit selbst, ist mit der Gerechtigkeit substantiell identisch, weil er durch sich selbst ist, was er ist (vgl. Mon 16 [I 30,13–19, 25–31]; ebd. [I 31,3f.]); daher muß die gefundene Definition der Gerechtigkeit, wenn sie richtig ist, auch auf Gott, und sogar in höchstem Maße auf ihn, anwendbar sein,[205] auch wenn sich dieser Frage die sachliche Schwierigkeit entgegenstellt, daß von Gott nichts oder kaum etwas im eigentlichen Sinne ausgesagt werden kann (vgl. DV 12 [I 195, 31–33]). Der Besitz der Rechtheit des Willens bzw. der Besitz eines rechten Willens muß Gott zugeschrieben werden, obwohl es in Gott keine realen Differenzen gibt, so daß in ihm der Wille und die Rechtheit nicht verschieden sein können (vgl. DV 12 [I 196,1–5]). Diese Notwendigkeit dürfte nach Anselm letztlich darin begründet liegen, daß nach Prosl 5 [I 104,15–17] von Gott als demjenigen, über das hinaus Größeres nicht gedacht werden kann, alles, dessen Sein besser ist als sein Nicht-Sein, prädiziert werden muß; besser aber ist es, die Rechtheit des Willens (selbst) zu sein als sie nicht zu sein. Das andere wichtige Definitionselement der Gerechtigkeit, daß sie die *um ihrer selbst willen* bewahrte Rechtheit (des Willens) ist, »kann von keiner anderen Rechtheit« als von jener, die Gott selbst ist, »so angemessen ausge-

[205] Im Unterschied zu Gott ist der gerechte Mensch nicht die Gerechtigkeit selbst, weil er sie nicht durch sich besitzt, sondern durch die *summa natura*; er hat vielmehr nur die Gerechtigkeit, d.h. er hat an ihr teil, vgl. Mon 16 [I 30,20–22].

sagt werden«[206], weil Gott die Rechtheit selbst bzw. die Rechtheit Gottes ein Identitätsbegriff ist, der Gottes absolute, unwandelbare Selbstaffirmation expliziert.[207] In dieser wesenhaften Identität Gottes mit der Gerechtigkeit liegt der eigentliche Grund dafür, daß die Definition der Gerechtigkeit als der um ihrer selbst willen bewahrten Rechtheit des Willens vollkommen nur von Gott als der höchsten Gerechtigkeit bzw. der Gerechtigkeit selbst erfüllt wird.[208]

Am Ende des zwölften Kapitels stellt Anselm die Übereinstimmung des philosophisch bzw. rein rational gewonnenen Begriffs der Gerechtigkeit als der um ihrer selbst willen bewahrten Rechtheit des Willens mit dem biblischen Verständnis der Gerechtigkeit anhand zweier exemplarisch ausgewählter Schriftstellen fest, an denen die Gerechten als »Rechte« bzw. als »Rechte im Herzen« bezeichnet werden, – Ausdrücke, die Anselm sowohl hier als auch andernorts dezidiert auf die Rechtheit des (vernunftbegabten) Willens bezieht.[209]

[206] Vgl. DV 12 [I 196,5 f.]: Si vero illam rectitudinem dicimus propter se servari, de nulla alia rectitudine sic convenienter dici posse videtur. Hierzu vgl. Ph. Delhaye, Quelques aspects de la morale de S. Anselme, 405: »Anselme contrôle sa définition en l'appliquant à Dieu lui-même que est plus libre que personne. Cette transposition ne soulève aucune difficulté: Dieu observe sa volonté pour elle-même piusqu'il s'identifie avec elle. Vérité, Rectitude, Justice, sont parfaitement utilisées en lui.«

[207] Vgl. hierzu Vf., Wahrheit und Notwendigkeit, 463–468.

[208] Vgl. hierzu ausführlich Vf., Wahrheit und Notwendigkeit, 528 f.

[209] Vgl. DV 12 [I 196,20–24]; zu weiteren Stellen und deren Interpretation vgl. Vf., Wahrheit und Notwendigkeit, 531–533.

13. Das dreizehnte Kapitel: Die Einheit und Einzigkeit der Wahrheit

Das letzte Kapitel von *De veritate* »kommt auf die am Beginn der Untersuchung gestellte Frage zurück«[210], ob jede Wahrheit Gott und damit Gott die Wahrheit selbst ist (vgl. DV 1 [I 176,4–6]); nach dem Durchgang durch alle »Örter« der Wahrheit und nach der Definition der Wahrheit als der alleine geistig erfaßbaren Rechtheit stellt sich diese die Aufgabenstellung der ganzen Schrift formulierende Frage nun konkret in der folgenden Form:

Gibt es nur eine einzige, mithin identische Wahrheit in allen unterschiedenen Trägern von Wahrheit oder gibt es de facto so viele verschiedene Wahrheiten, wie es Wahrheitsträger, d. h. Entitäten und deren Handlungen gibt, von denen »Wahrheit« überhaupt prädiziert werden kann? Diese Frage nach der Einheit und Einzigkeit der Wahrheit in allen »Örtern«, Trägern oder Erscheinungsformen von »Wahrheit« muß nun abschließend gestellt und mit zwingenden Beweisgründen affirmativ beantwortet werden, wenn der von der ganzen Schrift intendierte rational-philosophische Beweis der Richtigkeit des Glaubenssatzes, daß Gott selbst die und damit jede Wahrheit ist, gelingen soll.

Für den in diesem 13. Kapitel beabsichtigten Beweis der Identität und Einzigkeit der Wahrheit in allen Wahrheitsträgern wird die in DV 11 formulierte Definition der Wahrheit als – alleine mit dem Geist erfaßbare – Rechtheit als gültig vorausgesetzt.[211] Die Einzigkeit der Wahrheit bzw. Rechtheit aber kann zwingend nur durch eine Widerlegung des kontradiktorischen Gegensatzes, nämlich der Annahme einer Vielfalt von Wahrheiten bzw. Rechtheiten, bewiesen werden. Diese zu widerlegende Annahme einer Pluralität von Wahrheiten bzw. Rechtheiten geht von deren seinsmäßiger Abhän-

210 F. S. Schmitt (Hg.), De veritate. Über die Wahrheit, lat.-deutsch, 21.
211 Vgl. DV 13 [I 196,28–30]; ebd. [I 197,4 f., 7 f.].

gigkeit von den ihrerseits verschiedenartigen Entitäten und ihren Handlungen aus, denen sie innewohnen; die einzelnen Rechtheiten werden von diesem Selbsteinwand daher als akzidentelle Bestimmungen jener Entitäten verstanden, von denen sie ausgesagt werden (vgl. DV 13 [I 197,10–13,16–18]). Diese These einer seinsmäßigen Abhängigkeit der Wahrheiten bzw. Rechtheiten von den Wahrheitsträgern widerlegt Anselm, indem er auf das Sollen als auf ein Element rekurriert, das gänzlich unabhängig ist vom Sein derjenigen Entitäten, auf die es sich bezieht und von denen es prädiziert wird: Denn das Sollen, dem geschaffene Entitäten und ihre Handlungen unterworfen sind, ist unabhängig vom Sein dieser Entitäten, weil dieses Sollen – als eine Bestimmung des göttlichen Willens – mit dem Willen und somit mit dem gänzlich unabhängigen Sein Gottes identisch ist. Indem Anselm in seiner Antwort auf diesen Selbsteinwand auf das reine Sollen bzw. auf dessen Seinsunabhängigkeit und Vorgängigkeit gegenüber allen endlichen Entitäten und ihren Handlungen, die ihm unterworfen sind, rekurriert, verwendet er den Begriff der Rechtheit in einem absoluten Sinne und damit de facto als einen Identitätsbegriff, der, wie wir sahen, die Unwandelbarkeit des göttlichen Willens, genauer die Übereinstimmung des göttlichen Willens und Handelns mit Gott selbst, expliziert. Er nutzt folglich die gekennzeichnete Ambiguität, die im Begriff der Rechtheit liegt, aus, um den Einwand, der sich nur gegen die adäquationsbegriffliche Bestimmung der Rechtheit als Erfüllung eines Sollens richtet und richten kann, mit der identitätsbegrifflichen Bestimmung der Rechtheit als eines reinen Sollens, d. h. als einer göttlichen Willensbestimmung, auf welche der Einwand nicht zutrifft, zu widerlegen. Die Unabhängigkeit der Wahrheit bzw. Rechtheit vom Sein des Wahrheitsträgers weist Anselm am Beispiel der Rechtheit der Anzeige nach:

Selbst der hypothetische Fall eines Aufgehobenseins der Rechtheit der Anzeige setzt das Bestehen dieser Rechtheit

voraus und ist daher selbstwidersprüchlich. Die Rechtheit der Anzeige ist also einem Sollen unterworfen, das mit ihr selbst, mit ihrer eigenen »Forderung« identisch ist, m. a. W.: Die Rechtheit der Anzeige besitzt gleichsam eine »Selbstbindung«, die ihr Vergehen ausschließt, die sie unvergänglich sein läßt – daran zeigt sich, daß Anselm diese Rechtheit nicht in einem adäquationstheoretischen, sondern in einem identitätsbegrifflichen Sinne, d. h. als eine Gottesprädikation, versteht und für seinen Beweis der Einzigkeit der Wahrheit bzw. Rechtheit als gegeben voraussetzt (vgl. DV 13 [I 197,31–198,1]). An diesen Aufweis der Unabhängigkeit der Rechtheit der Anzeige von dem Sein der richtigen Anzeige schließt sich – im Hinblick auf das Beweisziel dieses Kapitels und damit auch der ganzen Schrift folgerichtig – der Beweis der Einzigkeit jener Rechtheit an, die die Anzeige allererst recht macht (vgl. DV 13 [I 198,2 f.]).

Die hypothetische Annahme, daß eine Anzeige durch eine andere Rechtheit, und zwar durch eine vergängliche Rechtheit recht sein könnte, als durch die, die bestehen bleibt, auch wenn die rechte Anzeige verschwindet, wird ad absurdum geführt durch den Hinweis auf ihre Konsequenz: Denn dann bliebe die Anzeige recht, auch wenn diese andere, vergängliche Rechtheit vergehen würde, weil die Forderung der Rechtheit nach dem Vollzug der rechten Anzeige in jedem Falle bestehen bleibt, mithin unvergänglich ist, weil eine Anzeige nur dann recht ist, wenn sie anzeigt, was die Rechtheit fordert bzw. was recht ist, angezeigt zu werden. Da eine Anzeige aber nur durch eine Rechtheit, verstanden in einem form- bzw. exemplarursächlichen Sinne, recht sein kann, kann sie folglich nicht durch eine vergängliche, sondern nur durch eine unvergängliche Rechtheit recht sein, durch eine solche also, die bestehen bleibt, auch wenn die rechte Anzeige nicht mehr vorhanden ist.[212]

[212] Vgl. DV 13 [I 198,4–9].

Die Unabhängigkeit der Rechtheit der Anzeige vom Sein der rechten Anzeige bzw. die Unwandelbarkeit der Rechtheit aber hat zur Folge, daß das Vorhandensein und das Fehlen der Rechtheit einer Anzeige nicht auf die Rechtheit selbst zurückgeführt werden darf, sondern durch die Anzeige selbst bedingt sein muß: Eine Anzeige wird erst dann zu einer rechten Anzeige, wenn sie der Rechtheit, die unvergänglich ist, entspricht; eine Anzeige wird zu einer falschen Anzeige, wenn sie entweder nicht einmal das Sein einer Anzeige erlangt hat und daher überhaupt keine Bezeichnungsfunktion ausüben konnte oder, wenn sie dies konnte, eine falsche Bezeichnung eines Sachverhalts vorgenommen hat, weil sie sich nicht an die unwandelbare Rechtheit angeglichen hat.[213] Die Rechtheit der Anzeige ist also in ihrem Sein wie in ihrer unwandelbaren Beständigkeit gänzlich unabhängig von der rechten Anzeige, auch wenn diese sich verändert (vgl. DV 13 [I 198,18–20]). Daher verhält sich die Rechtheit zu der Entität, von der sie prädiziert wird, nicht wie die Farbe zum Körper, d. h. wie ein Akzidens (vgl. DV 13 [I 198,22–24]). Die Bestimmungen der seinsmäßigen Unabhängigkeit und der (wesenhaften) Unwandelbarkeit aber treffen auf alle Rechtheiten gleichermaßen zu.[214] Erst an diesem Punkt der Erörterung sind die inhaltlichen Voraussetzungen dafür geschaffen, die Frage nach der Einzigkeit der Wahrheit qua Rechtheit überhaupt abschließend zu beantworten. Denn der von dem Selbsteinwand Anselms angenommene Grund einer Pluralität von Rechtheiten, nämlich ihre seinsmäßige Abhängigkeit von jenen Entitäten bzw. deren Handlungen, von denen

213 Vgl. DV 13 [I 198,11–16].

214 Vgl. DV 13 [I 198,25–28]; hierzu vgl. auch G. Kapriev, [...] ipsa vita et veritas, 140: »Die Rechtheit selbst bleibt unveränderlich. Sie ist unabhängig davon, ob die Sachen gemäß der Rechtheit existieren oder nicht. Daraus folgt, daß es nicht mehrere Rechtheiten gibt, sondern nur eine einzige Rechtheit besteht.«

sie prädiziert werden, ist widerlegt worden; damit ist zugleich die wesenhafte Unwandelbarkeit jeder Rechtheit erwiesen (vgl. DV 13 [I 198,31–34]). Einen anderen vernünftig erscheinenden Grund für eine Vielheit von Wahrheiten außer dem der seinsmäßigen Abhängigkeit der Rechtheiten bzw. Wahrheiten von ihren Wahrheits-trägern gibt es offensichtlich nicht (vgl. DV 13 [I 199,1–4]). Damit ist die Selbigkeit aller Rechtheiten erwiesen.[215] Daraus aber folgt der Schluß, daß die Rechtheiten aller rechten Entitäten und ihrer rechten Handlungen, die in der Übereinstimmung ihres Seins bzw. ihres Handelns mit ihrem Sollen liegt, nur eine einzige sein kann (vgl. DV 13 [I 199,7–10]). Die in allen »Örtern« bzw. Trägern von Wahrheit anwesende Wahrheit ist daher nur ein und dieselbe.[216] Durch den Aufweis der Identität aller Rechtheiten bzw. der Einzigkeit der Wahrheit wird die gängige Redeweise des alltäglichen Sprachgebrauchs, die von der Wahrheit dieser oder jener Entität wie etwa der Wahrheit der Anzeige und der Wahrheit des Denkens spricht, die also die Wahrheit grammatikalisch als eine akzidentelle Bestimmung der jeweiligen Wahrheitsträger, denen sie innewohnt, zum Ausdruck bringt, als eine uneigentliche Ausdrucksweise deutlich; an der vermutlich noch häufigeren, aus dem gleichen Grund ebenfalls uneigentlichen Redeweise von der Zeit eines bestimmten Gegenstands wird aus pädagogischen Gründen der uneigentliche Charakter dieser Redeweise des alltäglichen Sprachgebrauchs veranschaulicht. Denn wie die Zeit keiner Entität als eine Eigenschaft derselben angehört, so gehört auch die höchste, durch sich bestehende Wahrheit keiner Entität nach Art einer akzidentellen Bestimmung an. Die Redeweise von der Wahrheit oder Rechtheit dieser oder jener Entität bringt daher im eigentlichen Sinne nur die An-

[215] Vgl. DV 13 [I 199,5 f.]: Una igitur et eadem est omnium rectitudo.

[216] Vgl. DV 13 [I 199,11 f.]: M. Una igitur est in illis omnibus veritas. D. Et hoc negari impossibile est.

geglichenheit dieser Entität an die höchste Wahrheit, die Gott selbst ist, zum Ausdruck.[217]

Am Ende unserer Rekonstruktion des inhaltlichen und methodischen Aufbaus von *De veritate* muß allerdings kritisch angemerkt werden, daß Anselms Beweis der substantiellen Identität aller von endlich-kontingenten Entitäten sowie deren Handlungen aussagbaren Wahrheiten mit der Wahrheit, die Gott selbst ist, streng genommen den Charakter einer *petitio principii* und damit eine zirkuläre Struktur besitzt: Denn daß alle endlichen Entitäten und ihre Handlungen durch ein Sollen, d. h. durch einen sie normierenden göttlichen Willen, bestimmt werden, wird zumindest in *De veritate* nicht mehr rational begründet, sondern mit dem christlichen Glauben bereits vorausgesetzt.

14. Univozität oder Analogizität des Begriffs der Wahrheit als rectitudo sola mente perceptibilis?

Die bereits gestellte Frage nach der genauen Verhältnisbestimmung zwischen der mit dem Geist alleine erfaßbaren Rechtheit (*rectitudo sola mente perceptibilis*) als einem Adäquationsbegriff, der die jeweilige Erfüllung eines (jeweiligen) Sollens von seiten der genannten endlich-kontingenten Wahrheitsträger expliziert, und als einem Identitätsbegriff, der die Selbstübereinstimmung Gottes als der *summa veritas* in seinem Wollen und Handeln zum Ausdruck bringt, muß nun abschließend erörtert werden, um die Korrektheit der Vorgehensweise Anselms beurteilen zu können. Wir sahen, daß die gesamte in *De veritate* vorgetragene Argumentation, d. h. der Beweis der Identität Gottes mit der Wahrheit überhaupt, nur unter Anwendung der *propositio maxima* schlüs-

[217] Vgl. DV 13 [I 199,17–29]; hierzu vgl. Vf., Wahrheit und Notwendigkeit, 544–546.

sig ist, daß dasjenige, dessen Definition identisch ist, auch substantiell identisch ist. Daß Anselm diese »maximale Proposition« in *De veritate* zwar nicht explizit, wohl aber implizit in Anspruch nimmt bzw. nehmen muß, dürfte deutlich geworden sein. Die Anwendung dieser *propositio maxima* setzt die Gleichheit der Definition und damit die substantielle Identität aller Wahrheiten voraus, d. h. die substantielle Identität jeder Wahrheit bzw. von Wahrheit überhaupt mit dem Gott des christlichen Glaubens. Hat Anselm diese substantielle Identität jeder Wahrheit aber wirklich bewiesen? Wie verhalten sich die adäquationsbegriffliche Bestimmung der Rechtheit als Tun des Gesollten und die absolute Bedeutung von Rechtheit als das unwandelbare, mit Gott übereinstimmende Wollen Gottes zueinander?

Die für den Schluß auf die Identität der Wahrheit überhaupt mit Gott erforderliche Anwendung der genannten *propositio maxima*, daß Entitäten, deren Definitionen identisch sind, auch substantiell miteinander identisch sein müssen, impliziert, daß die adäquationsbegriffliche Bestimmung der Rechtheit als Erfüllung eines Sollens mit der identitätsbegrifflichen Bestimmung der Rechtheit als des reinen Sollens, d. h. als der Unwandelbarkeit des göttlichen Willens, hinsichtlich der Substanz ihres Signifikats miteinander identisch sind, m. a. W.: Gott selbst, die *summa veritas*, müßte demnach nicht nur das reine Sollen als solches, sondern er müßte auch die Erfüllung, das Tun dieses Sollens von seiten endlicher Entitäten und deren Handlungen sein, ohne daß dies einen Pantheismus bedeuten dürfte. Diese These wird bereits als richtig vorausgesetzt, wenn mit Anselm angenommen wird, daß die Redeweise von der »Rechtheit dieser oder jener Entität«, d. h. von dem Tun des Gesollten bzw. Geschuldeten seitens dieser oder jener Entität, eine uneigentliche ist, die daher die Rechtheit dieser Entitäten nicht *per proprietatem suam*, sondern *per aliud*, und zwar als eine akzidentelle Bestimmung dieser Entitäten, zum Ausdruck bringt. Denn

die Rechtheit hat, wie Anselm ausdrücklich sagt,[218] nicht in den oder durch die oder aus den Entitäten, denen immanent zu sein von ihr ausgesagt wird, ihr Sein, sie ist also seinsunabhängig von diesen Entitäten. Im eigentlichen Sinne bedeutet nach Anselm diese uneigentliche Ausdrucksweise nichts anderes, als daß wahre Entitäten (bzw. ihre wahren Handlungen) der Wahrheit bzw. dem unwandelbaren Willen Gottes, der ihnen wesensmäßig stets gegenwärtig ist, entsprechen, so daß sie sind, wie sie sein sollen.[219] Diese den ganzen Dialog abschließenden Ausführungen Anselms legen die Annahme nahe, Anselm habe den Begriff der Wahrheit qua Rechtheit in einem univoken Sinne verstehen wollen. Dieser Annahme widerspricht allerdings die Tatsache, daß Anselm, wie wir sahen, in *De veritate* 10 ausdrücklich zwischen den Wahrheiten qua Rechtheiten aller endlich-kontingenten Entitäten als einem Adäquationsbegriff, der die Angeglichenheit dieser Entitäten an ihr jeweiliges Sollen als einer göttlichen Willensbestimmung bezeichnet, und der nur von der *summa veritas* aussagbaren Wahrheit qua Rechtheit als einem Identitätsbegriff, der die vollkommene Übereinstimmung der *summa veritas* in ihrem Wollen und Handeln mit ihr selbst zum Ausdruck bringt, unterscheidet (vgl. DV 10 [I 190,1–4]). Ihr widerspricht ferner die Tatsache, daß Anselm in *De veritate* 10 die *summa veritas* als *causa*, und zwar genauer, wie wir sahen, als Form- bzw. Exemplarursache aller anderen Wahrheiten, bestimmt. Denn Anselm schließt, wie gezeigt wurde, jede der von ihm unterschiedenen Formen des Verursachtseins von der *summa veritas* kategorisch aus. Das *esse per se* Gottes wird von Anselm vielmehr als dessen singuläre, analogielose,

218 Vgl. DV 13 [I 199,17–19]: Improprie ›huius vel illius rei‹ dicitur, quoniam illa non in ipsis rebus aut ex ipsis aut per ipsas in quibus esse dicitur habet suum esse.

219 Vgl. DV 13 [I 199,19–21]: Sed cum res ipsae secundum illam (sc. rectitudinem) sunt, quae semper praesto est iis quae sunt sicut debent: tunc dicitur ›huius vel illius rei veritas‹, ut veritas voluntatis, actionis.

absolute Selbstbegründung verstanden.[220] Würde Anselm den Begriff der Wahrheit als alleine mit dem Geist erfaßbarer Rechtheit generell in einem univoken Sinne verstehen und verwenden, so würde er sich daher in einen Widerspruch zu seinen eigenen Bestimmungen setzen. Deshalb ist davon auszugehen, daß Anselm ein analoges Verständnis des Begriffs der Wahrheit als alleine geistig erfaßbarer Rechtheit besitzt, wenn er ihn sowohl von Gott als auch von den genannten endlich-kontingenten Entitäten prädiziert. Darüber hinaus läßt sich die spezifische, von Anselm intendierte Form dieser Analogizität unter Zugrundelegung der erzielten Interpretationsergebnisse genau bestimmen:

Die für die von Anselm zum Beweis des christlichen Glaubenssatzes, daß Gott die Wahrheit ist, vorgenommene einheitliche Definition des Wahrheitsbegriffs notwendige Annahme der substantiellen Identität der von endlich-kontingenten Entitäten prädizierbaren Wahrheiten mit Gott als der *summa veritas* schließt bereits die Möglichkeit eines proportionalitätsanalogen Verständnisses des Begriffs der Wahrheit aus. Die konkrete Gestalt des dann alleine möglichen attributionsanalogen Verständnisses des Begriffs der Wahrheit zeigt das 13. Kapitel von *De veritate* mit aller wünschenswerten Deutlichkeit: Anselms Annahme der objektiven Einheit und Einzigkeit der Wahrheit als der alleine geistig erfaßbaren Rechtheit setzt ausdrücklich »die höchste, durch sich bestehende Wahrheit« mit jeder Wahrheit qua Rechtheit gleich,[221] so daß, wie wir sahen, von allen anderen Wahrheitsträgern, d. h. von endlich-kontingenten Entitäten, »Wahrheit« nur in einem uneigentlichen Sinne und alleine von der *summa veritas* in einem eigentlichen Sinne ausgesagt werden kann. Der

220 Vgl. hierzu Vf., Wahrheit und Notwendigkeit, 484–490.

221 Vgl. DV 13 [I 199,27–29]: ita summa veritas per se subsistens nullius rei est; sed cum aliquid secundum illam est, tunc eius dicitur veritas vel rectitudo.

Seinsgehalt der Wahrheit ist also nicht in beiden Analogaten, d. h. in diesem Falle nicht sowohl in den endlich-kontingenten Wahrheitsträgern als auch in der *summa veritas*, sondern nur in der *summa veritas* und damit nur in einem der beiden Analogate formaliter verwirklicht. Die genannten endlich-kontingenten Entitäten sind nur durch die begründende Immanenz der *summa veritas* in ihnen »Wahrheitsträger« und damit nur insofern »Wahrheitsträger«, als ihre Wahrheit von der höchsten Wahrheit form- bzw. exemplarursächlich hervorgebracht wird. Damit aber ist im Verhältnis der *summa veritas* zu allen anderen Wahrheiten der geradezu klassische Fall einer Attributionsanalogie gegeben.

Die hier vorgelegte Interpretation des von Anselm in *De veritate* versuchten Beweises einer substantiellen Identität jeder aussagbaren Wahrheit mit Gott selbst als auch der attributiven Analogizität des Begriffs der Wahrheit als der alleine geistig erfaßbaren Rechtheit läßt sich auch an Anselms Verhältnisbestimmung zwischen der Wahrheit, der Rechtheit und Gott außerhalb von *De veritate*, d. h. an seinem literarischen Gesamtwerk, verifizieren.[222]

B. Editorische Hinweise

Der lateinische Text von *De veritate* ist entnommen der kritischen Edition dieser Schrift in: F. S. Schmitt (Hg.), S. Anselmi Cantuariensis Archiepiscopi Opera Omnia, Volumen Primum, Stuttgart-Bad Cannstatt 1968, 171–199. Auf den Abdruck des kritischen Apparates unter dem Text dieser Edition mußte leider verzichtet werden, weil der Verfasser hierfür nicht die erforderliche Druckerlaubnis des Frommann-Holzboog-Verlages, der noch im Besitz der Rechte über den kritischen Apparat ist, erhielt.

222 Hierzu vgl. Vf., Wahrheit und Notwendigkeit, 557–584.

Für seine Übersetzung ins Deutsche hat sich der Vf. dem Ideal der größtmöglichen Nähe zum Original bei gleichzeitiger guter Lesbarkeit und Verständlichkeit der deutschen Übertragung verpflichtet gefühlt. In einfache Klammern sind die im Deutschen um der sprachlichen Vollständigkeit willen zu ergänzenden Ausdrücke gesetzt, für die es im lateinischen Text keine äquivalenten Ausdrücke gibt; die zu einer besseren Verständlichkeit des Sinngehalts hinzugefügten erklärenden Zusätze, für die es im lateinischen Text keine Entsprechungen gibt, sind in der deutschen Übersetzung ebenfalls in einfache Klammern gesetzt, aber meist mit einem ›sc.‹ für ›scilicet‹ eingeleitet.

Dankbar herangezogen zum Vergleich wurden die folgenden Übersetzungen:

F. S. Schmitt (Hg.), Anselm von Canterbury, De veritate. Über die Wahrheit. Lateinisch-deutsche Ausgabe von P. Franciscus Salesius Schmitt O.S.B., Stuttgart-Bad Cannstatt 1966.

J. Hopkins / H. Richardson (Hgg.), Truth, Freedom, and Evil: Three Philosophical Dialogues by Anselm of Canterbury, New York 1967, 89–120.

H.-J. Verweyen (Hg.), Anselm von Canterbury. Wahrheit und Freiheit. Über die Wahrheit. Über die Freiheit des Willens. Vom Fall des Teufels. Über die Vereinbarkeit des Vorherwissens, der Vorherbestimmung und der Gnade Gottes mit dem freien Willen, Christliche Meister, Bd. 15, Einsiedeln 1982, 37–68.

ANSELM VON CANTERBURY

Über die Wahrheit

PRAEFATIO

Tres tractatus pertinentes ad studium sacrae scripturae quondam feci diversis temporibus, consimiles in hoc quia facti sunt per interrogationem et responsionem, et persona interrogantis nomine notatur ›discipuli‹, respondentis vero nomine ›magistri‹. Quartum enim quem simili modo edidi, non inutilem ut puto introducendis ad dialecticam, cuius initium est *De grammatico:* quoniam ad diversum ab his tribus studium pertinet, istis nolo conumerare.

Unus horum trium est *De veritate: quid* scilicet sit veritas, et in quibus rebus soleat dici; et quid sit iustitia. Alius vero *De libertate arbitrii:* quid sit, et utrum eam semper habeat homo, et quot sint eius diversitates in habendo vel non habendo rectitudinem voluntatis, ad quam servandam est data creaturae rationali. In quo naturalem tantum fortitudinem voluntatis ad servandam acceptam rectitudinem, non quomodo necessarium ad hoc ipsum illi sit ut gratia subsequatur ostendi. Tertius autem est de quaestione qua quaeritur, quid peccavit diabolus quia non stetit in veritate, cum deus non dederit ei perseverantiam, quam nisi eo dante habere non potuit; quoniam si deus dedisset ille habuisset, sicut boni an-

VORWORT[1]

Einst[2] habe ich zu verschiedenen Zeiten drei Abhandlungen verfaßt, die das Studium der Heiligen Schrift betreffen[3]; diese sind darin einander ähnlich, daß sie in Form von Frage und Antwort verfaßt sind und die Person des Fragenden mit dem Namen »Schüler«, die des Antwortenden aber mit dem Namen »Lehrer« bezeichnet wird.[4] Denn eine vierte Abhandlung, die ich in ähnlicher Form herausgegeben habe, und die, wie ich glaube, nicht unnütz ist für diejenigen, die in die Dialektik eingeführt werden sollen, und deren Titel »Über den Grammatiker« lautet,[5] will ich nicht zu diesen (erstgenannten) hinzuzählen, weil sie ein Sachgebiet betrifft, das von diesen dreien verschieden ist.

Eine dieser drei (Abhandlungen) ist »Über die Wahrheit«: was nämlich die Wahrheit ist und von welchen Gegenständen ausgesagt zu werden pflegt, daß in ihnen Wahrheit sei; und was die Gerechtigkeit ist. Eine andere Abhandlung ist »Über die Freiheit des Willens«: Was sie ist und ob sie der Mensch immer hat und wieviele verschiedene Arten es von ihr gibt im Besitzen oder Nichtbesitzen der Rechtheit des Willens, zu deren Bewahrung sie dem vernunftbegabten Geschöpf gegeben worden ist. In ihr (dieser Abhandlung) habe ich nur die natürliche Stärke des Willens zur Bewahrung der empfangenen Rechtheit aufgezeigt, nicht, inwiefern es für ihn dazu notwendig ist, daß die Gnade folge. Die dritte (Abhandlung) aber handelt über die Frage, inwiefern der Teufel gesündigt habe, da er »nicht in der Wahrheit standhielt«[6], weil Gott ihm nicht die Beharrlichkeit gab, die dieser (der Teufel) nur haben konnte, wenn er (Gott) sie ihm (dem Teufel) gegeben hätte; denn wenn Gott sie gegeben hätte, hätte jener (der Teufel) sie

geli illam habuerunt, quia deus illis dedit. Quem tractatum, quamvis ibi de confirmatione bonorum angelorum dixerim, *De casu diaboli* titulavi: quoniam illud contingens fuit quod dixi de bonis angelis, quod autem scripsi de malis ex proposito fuit quaestionis.

Qui videlicet tractatus quamvis nulla continuatione dictaminis cohaereant, materia tamen eorum et similitudo disputationis exigit, ut simul eo quo illos commernoravi ordine conscribantur. Licet itaque a quibusdam festinantibus alio sint ordine transcripti, antequam perfecti essent: sic tamen eos ut hic posui volo ordinari.

gehabt, wie die guten Engel sie besaßen, weil Gott sie ihnen gegeben hat. Diese Abhandlung habe ich, obwohl ich dort über die Festigung der guten Engel gesprochen habe, »Über den Fall des Teufels« überschrieben, weil das, was ich über die guten Engel sagte, beiläufig war, was ich aber über die bösen Engel schrieb, zum eigentlichen Thema der Untersuchung gehörte.

Obwohl nun diese Abhandlungen nicht durch einen fortlaufenden Text zusammenhängen, erfordern ihr Inhalt und die Ähnlichkeit der Erörterung jedoch, daß sie auf einmal und in der Reihenfolge, in der ich sie genannt habe, gemeinsam abgeschrieben werden. Wenn sie also auch von einigen in einer anderen Reihenfolge abgeschrieben wurden, bevor sie vollendet waren, so will ich dennoch, daß sie so, wie ich sie hier festgelegt habe, angeordnet werden.[7]

CAPITULA

DIE KAPITEL

1. Daß die Wahrheit nicht Anfang oder Ende hat.
2. Über die Wahrheit der Anzeige[8] und über die beiden Wahrheiten der Aussage.
3. Über die Wahrheit des Gedankens.[9]
4. Über die Wahrheit des Willens.
5. Über die Wahrheit des naturhaften und des nicht naturhaften Handelns.
6. Über die Wahrheit der Sinne.
7. Über die Wahrheit des Wesens der Dinge.
8. Über die verschiedenen Bedeutungen von ›sollen‹ und ›nicht sollen‹, ›können‹ und ›nicht können‹.
9. Daß jede Handlung Wahres oder Falsches bezeichnet.
10. Über die höchste Wahrheit.
11. Über die Definition der Wahrheit.
12. Über die Definition der Gerechtigkeit.
13. Daß eine Wahrheit in allem Wahren ist.

CAPITULUM I
Quod veritas non habeat principium vel finem

DISCIPULUS. Quoniam deum veritatem esse credimus, et veritatem in multis aliis dicimus esse, vellem scire an ubicumque veritas dicitur, deum eam esse fateri debeamus. Nam tu quoque in *Monologio* tuo per veritatem orationis probas summam veritatem non habere principium vel finem, dicens: ›Cogitet qui potest, quando incepit aut quando non fuit hoc verum: scilicet quia futurum erat aliquid; aut quando desinet et non erit hoc verum: videlicet quia praeteritum erit aliquid. Quodsi neutrum horum cogitari potest, et utrumque hoc verum sine veritate esse non potest: impossibile est vel cogitare, quod veritas principium aut finem habeat. Denique si veritas habuit principium aut habebit finem: antequam ipsa inciperet, verum erat tunc quia non erat veritas; et postquam finita erit, verum erit tunc quia non erit veritas. Atqui verum non potest esse sine veritate. Erat igitur veritas, antequam esset veritas; et erit veritas, postquam finita erit veritas; quod inconvenientissimum est. Sive igitur dicatur veritas habere, sive intelligatur non habere principium vel finem:

1. KAPITEL

Daß die Wahrheit nicht Anfang oder Ende hat

SCHÜLER: Weil wir glauben[10], daß Gott die Wahrheit ist,[11] und weil wir sagen, daß die Wahrheit in vielen anderen Dingen ist, möchte ich wissen, ob wir, wo immer Wahrheit ausgesagt wird, zugeben müssen, daß sie Gott (selbst) sei. Denn auch du beweist in deinem *Monologion* durch die Wahrheit der Rede, daß die höchste Wahrheit weder Anfang noch Ende habe, indem du sagst:

»Wer es kann, der möge sich denken, wann dies begonnen hat, wahr zu sein, oder wann es nicht (wahr) gewesen ist: Daß nämlich etwas zukünftig gewesen ist; oder wann dies aufhören und nicht wahr sein wird: Daß nämlich etwas vergangen sein wird. Wenn nun keine dieser beiden Aussagen gedacht werden kann, und wenn diese beiden wahren Aussagen ohne Wahrheit nicht (wahr) sein können, dann ist es unmöglich, auch nur zu denken, daß die Wahrheit einen Anfang oder ein Ende habe.

Schließlich, wenn die Wahrheit einen Anfang gehabt hat oder ein Ende haben wird, dann war es damals, bevor sie begann (zu existieren), wahr, daß es keine Wahrheit gab; und nachdem sie (zu existieren) aufgehört haben wird, wird es wahr sein, daß es keine Wahrheit (mehr) geben wird. Wahres kann aber nicht ohne die Wahrheit existieren. Es gab also die Wahrheit, bevor es die Wahrheit gab; und es wird die Wahrheit geben, nachdem die Wahrheit (zu existieren) aufgehört haben wird, was höchst widersinnig ist. Ob also gesagt wird, die Wahrheit habe Anfang oder Ende, oder ob eingesehen wird, daß sie diese nicht hat: Die Wahr-

nullo claudi potest veritas principio vel fine‹. Haec tu in *Monologio* tuo. Quapropter veritatis definitionem a te discere exspecto.

MAGISTER. Non memini me invenisse definitionem veritatis; sed si vis quaeramus per rerum diversitates in quibus veritatem dicimus esse, quid sit veritas.

D. Si aliud non potero, vel audiendo adiuvabo.

CAPITULUM II
De significationis veritate et de duabus veritatibus enuntiationis

M. Quaeramus ergo primum quid sit veritas in enuntiatione, quoniam hanc saepius dicimus veram vel falsam.

D. Quaere tu, et quidquid inveneris ego servabo.

M. Quando est enuntiatio vera?

D. Quando est quod enuntiat, sive affirmando sive negando. Dico enim quod enuntiat, etiam quando negat esse quod non est; quia sic enuntiat quemadmodum res est.

M. An ergo tibi videtur quod res enuntiata sit veritas enuntiationis?

D. Non.

M. Quare?

D. Quia nihil est verum nisi participando veritatem; et ideo veri veritas in ipso vero est, res vero enuntiata non est in

heit kann von keinem Anfang oder Ende eingeschlossen werden.«

So du in deinem *Monologion*. Deshalb erwarte ich, von dir eine Definition der Wahrheit zu erfahren.

LEHRER: Ich erinnere mich nicht, (bislang) eine Definition der Wahrheit gefunden zu haben; aber wenn du willst, wollen wir durch die verschiedenen Gegenstände, von denen wir sagen, daß in ihnen Wahrheit ist, hindurch untersuchen, was die Wahrheit sei.

S.: Wenn ich nichts anderes kann, will ich wenigstens durch Zuhören helfen.

2. KAPITEL
Über die Wahrheit der Anzeige[12] und die beiden Wahrheiten der Aussage[13]

L.: Wir wollen also zuerst fragen, was die Wahrheit in der Aussage ist, weil wir von ihr häufiger sagen, sie sei wahr oder falsch.

S.: Frage du, und was auch immer du findest, werde ich bewahren.

L.: Wann ist eine Aussage wahr?

S.: Wenn das (der Fall) ist, was sie, sei es bejahend, sei es verneinend, aussagt. Ich sage nämlich, was sie aussagt, auch wenn sie verneint[14], daß (der Fall) ist, was nicht (der Fall) ist; weil sie auf diese Weise aussagt, wie sich der Sachverhalt (auch tatsächlich) verhält.

L.: Scheint dir also, daß die ausgesagte Sache die Wahrheit der Aussage ist?

S.: Nein.

L.: Warum?

S.: Weil nichts wahr ist außer durch Teilhabe an der Wahrheit; und deshalb ist die Wahrheit des Wahren im Wahren selbst, der ausgesagte Sachverhalt aber ist nicht in der wahren Aussage. Daher ist er (der ausgesagte Sachverhalt) nicht

enuntiatione vera. Unde non eius veritas, sed causa veritatis eius dicenda est. Quapropter non nisi in ipsa oratione quaerenda mihi videtur eius veritas.

M. Vide ergo an ipsa oratio aut eius significatio aut aliquid eorum quae sunt in definitione enuntiationis, sit quod quaeris.

D. Non puto.

M. Quare?

D. Quia si hoc esset, semper esset vera, quoniam eadem manent omnia quae sunt in enuntiationis definitione, et cum est quod enuntiat, et cum non est. Eadem enim est oratio et eadem significatio et cetera similiter.

M. Quid igitur tibi videtur ibi veritas?

D. Nihil aliud scio nisi quia cum significat esse quod est, tunc est in ea veritas et est vera.

M. Ad quid facta est affirmatio?

D. Ad significandum esse quod est.

M. Hoc ergo debet.

D. Certum est.

M. Cum ergo significat esse quod est, significat quod debet.

D. Palam est.

M. At cum significat quod debet, recte significat.

D. Ita est.

M. Cum autem recte significat, recta est significatio.

D. Non est dubium.

M. Cum ergo significat esse quod est, recta est significatio.

ihre (der wahren Aussage) Wahrheit, sondern er muß die Ursache ihrer Wahrheit genannt werden. Deshalb scheint mir, daß ihre Wahrheit nur in der Rede selbst gesucht werden müsse.

L.: Sieh also zu, ob die Rede[15] selbst oder ihre Anzeige[16] oder etwas von dem, was in der Definition der Aussage liegt, das ist, was du suchst.

S.: Ich glaube nicht.

L.: Warum?

S.: Weil sie (die Aussage), wenn dies der Fall wäre, immer wahr wäre, da alles, was in der Definition der Aussage liegt, dasselbe bleibt, sowohl, wenn es (der Fall) ist, was sie aussagt, als auch, wenn es nicht (der Fall) ist. Die Rede ist nämlich dieselbe, die Anzeige (der Aussage) ist dieselbe[17] und das übrige in ähnlicher Weise.

L.: Was also scheint dir dort (bei der Aussage) die Wahrheit zu sein?

S.: Ich weiß nur: Wenn sie (die Aussage)[18] anzeigt,[19] daß (der Fall) ist, was (der Fall) ist, dann ist in ihr Wahrheit und sie (die Aussage) ist wahr.

L.: Wozu ist die Bejahung geschaffen?[20]

S.: Um anzuzeigen, daß (der Fall) ist, was (der Fall) ist.

L.: Dies also soll sie.

S.: Das ist gewiß.

L.: Wenn sie also anzeigt, daß (der Fall) ist, was (der Fall) ist, zeigt sie an, was sie soll.

S.: Das ist offensichtlich.

L.: Wenn sie aber anzeigt, was sie (anzeigen) soll, zeigt sie in rechter Weise[21] an.

S.: So ist es.

L.: Wenn sie aber in rechter Weise anzeigt, ist die Anzeige recht.

S.: Das ist nicht zweifelhaft.

L.: Wenn sie also anzeigt, daß (der Fall) ist, was (der Fall) ist, ist die Anzeige recht.

D. Ita sequitur,

M. Item cum significat esse quod est, vera est significatio.

D. Vere et recta et vera est, cum significat esse quod est.

M. Idem igitur est illi et rectam et veram esse, id est significare esse quod est.

D. Vere idem.

M. Ergo non est illi aliud veritas quam rectitudo.

D. Aperte nunc video veritatem hanc esse rectitudinem.

M. Similiter est, cum enuntiatio significat non esse quod non est.

D. Video quod dicis. Sed doce me quid respondere possim, si quis dicat quia, etiam cum oratio significat esse quod non est, significat quod debet. Pariter namque accepit significare esse, et quod est et quod non est. Nam si non accepisset significare esse etiam quod non est, non id significaret. Quare etiam cum significat esse quod non est, significat quod debet. At si quod debet significando recta et vera est, sicut ostendisti: vera est oratio, etiam cum enuntiat esse quod non est.

M. Vera quidem non solet dici cum significat esse quod non est; veritatem tamen et rectitudinem habet, quia facit quod debet. Sed cum significat esse quod est, dupliciter facit quod debet; quoniam significat et quod accepit significare, et ad quod facta est. Sed secundum hanc rectitudinem et veritatem

S.: Das folgt.

L.: Ebenso, wenn sie anzeigt, daß (der Fall) ist, was (der Fall) ist, ist die Anzeige wahr.

S.: Wahrhaftig ist sie sowohl recht als auch wahr, wenn sie anzeigt, daß (der Fall) ist, was (der Fall) ist.

L.: Dasselbe also ist für sie, recht (zu sein) und wahr zu sein, d.h. anzuzeigen, daß (der Fall) ist, was (der Fall) ist.

S.: Wahrhaftig dasselbe.

L.: Also ist für sie die Wahrheit nichts anderes als die Rechtheit.

S.: Deutlich sehe ich jetzt, daß die Wahrheit diese Rechtheit ist.

L.: In ähnlicher Weise verhält es sich, wenn die Aussage anzeigt, daß nicht (der Fall) ist, was nicht (der Fall) ist.

S.: Ich verstehe[22], was du sagst. Aber lehre mich, was ich antworten könnte, wenn jemand sagt, daß, auch wenn die Rede anzeigt, daß (der Fall) ist, was nicht (der Fall) ist, sie (sc. die Rede) anzeigt, was sie (anzeigen) soll. Denn in gleicher Weise hat sie empfangen anzuzeigen, daß (der Fall) ist, sowohl was (der Fall) ist als auch was nicht (der Fall) ist. Denn wenn sie nicht empfangen hätte, anzuzeigen, daß auch das (der Fall) ist, was nicht (der Fall) ist, würde sie dies nicht anzeigen. Deshalb zeigt sie, auch wenn sie anzeigt, daß (der Fall) ist, was nicht (der Fall) ist, das an, was sie (anzeigen) soll. Aber wenn sie im Anzeigen dessen, was sie (anzeigen) soll, recht und wahr ist, wie du gezeigt hast, ist die Rede wahr, auch wenn sie aussagt, daß (der Fall) ist, was nicht (der Fall) ist.

L.: Zwar pflegt sie (üblicherweise) nicht wahr genannt zu werden, wenn sie anzeigt, daß (der Fall) ist, was nicht (der Fall) ist; dennoch hat sie Wahrheit und Rechtheit, weil sie tut, was sie (tun) soll. Wenn sie aber anzeigt, daß (der Fall) ist, was (der Fall) ist, tut sie in zweifacher Weise, was sie (tun) soll; denn sie zeigt sowohl das an, was anzuzeigen sie empfangen hat, als auch das, wozu sie geschaffen[23] ist. Aber dieser

qua significat esse quod est, usu recta et vera dicitur enuntiatio; non secundum illam qua significat esse etiam quod non est. Plus enim debet propter quod accepit significationem, quam propter quod non accepit. Non enim accepit significare esse rem cum non est, vel non esse cum est, nisi quia non potuit illi dari tunc solummodo significare esse quando est, vel non esse quando non est. Alia igitur est rectitudo et veritas enuntiationis, quia significat ad quod significandum facta est; alia vero, quia significat quod accepit significare. Quippe ista immutabilis est ipsi orationi, illa vero mutabilis. Hanc namque semper habet, illam vero non semper. Istam enim naturaliter habet, illam vero accidentaliter et secundum usum. Nam cum dico: dies est, ad significandum esse quod est, recte utor huius orationis significatione, quia ad hoc facta est; et ideo tunc recte dicitur significare. Cum vero eadem oratione significo esse quod non est, non ea recte utor, quia non ad hoc facta est; et idcirco non recta tunc eius significatio dicitur. Quamvis in quibusdam enuntiationibus inseparabiles sint istae duae rectitudines seu veritates; ut cum dicimus: homo animal est, aut: homo lapis non est. Semper enim haec affirmatio significat esse quod est, et haec negatio non esse quod

Rechtheit und Wahrheit gemäß, durch die sie (sc. die Rede) anzeigt, daß (der Fall) ist, was (der Fall) ist, wird sie im Sprachgebrauch[24] eine rechte und wahre Aussage genannt; nicht jener (Rechtheit und Wahrheit) gemäß, durch die sie anzeigt, daß auch (der Fall) ist, was nicht (der Fall) ist. Denn mehr schuldet sie das, um dessentwillen sie die Anzeige empfangen hat, als das, um dessentwillen sie sie nicht empfangen hat. Sie hat nämlich nicht empfangen, anzuzeigen, daß ein Sachverhalt (der Fall) ist, wenn er nicht (der Fall) ist, oder daß er (sc. der Sachverhalt) nicht (der Fall) ist, wenn er (der Fall) ist, es sei denn, daß ihr nicht gegeben werden konnte, nur dann anzuzeigen, daß er (der Fall) ist, wenn er (der Fall) ist, oder daß er nicht (der Fall) ist, wenn er nicht (der Fall) ist.[25]

Es gibt also eine Rechtheit und Wahrheit der Aussage, die anzeigt, was anzuzeigen sie geschaffen ist; es gibt aber auch eine andere (Rechtheit und Wahrheit der Aussage), die anzeigt, was anzuzeigen sie empfangen hat. Denn diese (letztere) wohnt der Rede selbst in unveränderlicher Weise inne, jene (erstere) dagegen in veränderlicher Weise.[26] Diese (sc. die von ihr empfangene Rechtheit) nämlich hat sie immer, jene (sc. für die sie geschaffen ist) aber nicht immer. Denn diese (sc. von ihr empfangene Rechtheit) hat sie von Natur, jene aber von Fall zu Fall[27] und gemäß dem Sprachgebrauch.[28] Denn wenn ich sage: »Es ist Tag«, um anzuzeigen, daß (der Fall) ist, was (der Fall) ist, gebrauche ich die Anzeige dieser Rede in rechter Weise, weil sie dazu geschaffen ist; und deshalb sagt man dann, daß sie in rechter Weise anzeige. Wenn ich aber mit derselben Rede anzeige, daß (der Fall) ist, was nicht (der Fall) ist, gebrauche ich sie nicht in rechter Weise, weil sie nicht dazu geschaffen ist; und deshalb sagt man dann, daß ihre Anzeige nicht recht ist. In manchen Aussagen jedoch sind diese beiden Rechtheiten oder Wahrheiten untrennbar, wie wenn wir sagen: »Der Mensch ist ein Lebewesen«, oder: »Der Mensch ist kein Stein«. Denn immer zeigt diese Bejahung an, daß (der Fall) ist, was (der Fall) ist, und

non est; nec illa possumus uti ad significandum esse quod non est – semper enim homo animal est -, nec ista ad significandum non esse quod est, quia homo numquam lapis est. De illa igitur veritate quam habet oratio secundum quod aliquis ea recte utitur, incepimus quaerere, quoniam secundum hanc veram eam iudicat usus communis locutionis: De illa autem veritate quam non habere non potest, postea dicemus.

D. Redi igitur ad id quod incepisti, quoniam sufficienter mihi inter dual veritates orationis discrevisti; si tamen aliquam eam veritatem ostenderis habere cum mentitur, sicut dicis.

M. De veritate significationis de qua incepimus, interim ista sufficiant. Eadem enim ratio veritatis quam in propositione vocis perspeximus, consideranda est in omnibus signis quae fiunt ad significandum aliquid esse vel non esse, ut sunt scripturae vel loquela digitorum.

D. Ergo transi ad alia.

CAPITULUM III
De opinionis veritate

M. Cogitationem quoque dicimus veram, cum est quod aut ratione aut aliquo modo putamus esse; et falsam, cum non est.

(immer zeigt) diese Verneinung (an), daß nicht (der Fall) ist, was nicht (der Fall) ist; und wir können jene (sc. die bejahende Aussage: »Der Mensch ist ein Lebewesen«) nicht gebrauchen, um anzuzeigen, daß (der Fall) ist, was nicht (der Fall) ist – denn immer ist der Mensch ein Lebewesen –, noch (können wir) diese (sc. die verneinende Aussage: »Der Mensch ist kein Stein«) (gebrauchen), um anzuzeigen, daß nicht (der Fall) ist, was nicht (der Fall) ist, weil der Mensch niemals ein Stein ist.

Über jene Wahrheit also, welche die Rede hat, wenn jemand sie in rechter Weise gebraucht, haben wir zu forschen begonnen, weil ihr zufolge der allgemeine Sprachgebrauch sie (sc. die Rede) als wahr beurteilt. Über jene Wahrheit aber, die sie (sc. die in rechter Weise gebrauchte Rede) nicht haben kann, werden wir später sprechen.[29]

S.: Kehre also zurück zu dem, mit dem du begonnen hast, weil du mir den Unterschied zwischen den beiden Wahrheiten der Rede genügend verdeutlicht hast, wenn du nur noch – wie angekündigt – zeigst, daß diese (die Rede) eine gewisse Wahrheit hat, wenn sie lügt.

L.: Zur Wahrheit der Anzeige, mit der wir begonnen haben, möge dies inzwischen genügen. Denn derselbe Begriff von Wahrheit, den wir im gesprochenen Wort (sc. in der Rede) erkannt haben, muß bei allen Zeichen erwogen werden, die gebildet werden, um anzuzeigen, daß etwas (der Fall) ist oder nicht (der Fall) ist, wie bei den Schriftzeichen oder der Fingersprache.[30]

S.: Gehe also über zu anderem.

3. KAPITEL
Über die Wahrheit des Gedankens[31]

L.: Auch einen Gedanken nennen wir wahr, wenn es (der Fall) ist, von dem wir entweder mit der Vernunft oder auf irgendeine (andere) Weise meinen, daß es (der Fall) ist.

D. Ita habet usus.

M. Quid ergo tibi videtur veritas in cogitatione?

D. Secundum rationem quam de propositione vidimus, nihil rectius dicitur veritas cogitationis quam rectitudo eius. Ad hoc namque nobis datum est posse cogitare esse vel non esse aliquid, ut cogitemus esse quod est, et non esse quod non est. Quapropter qui putat esse quod est, putat quod debet, atque ideo recta est cogitatio. Si ergo vera est et recta cogitatio non ob aliud quam quia putamus esse quod est, aut non esse quod non est: non est aliud eius veritas quam rectitudo.

M. Recte consideras.

CAPITULUM IV
De voluntatis veritate

Sed et in voluntate dicit veritas ipsa veritatem esse, cum dicit diabolum non stetisse »in veritate«. Non enim erat in veritate neque deseruit veritatem nisi in voluntate.

D. Ita credo. Si enim semper voluisset quod debuit, numquam peccasset qui non nisi peccando veritatem deseruit.

M. Dic ergo quid ibi intelligas veritatem.

D. Non nisi rectitudinem. Nam si quamdiu voluit quod debuit, ad quod scilicet voluntatem acceperat, in rectitudine et in veritate fuit, et cum voluit quod non debuit, rectitudinem et veritatem deseruit: non aliud ibi potest intelligi veritas

S.: So hält es (damit) der Sprachgebrauch.

L.: Was scheint dir also die Wahrheit in einem Gedanken zu sein?

S.: Gemäß dem Begriff (von Wahrheit), den wir bei der Aussage erkannt haben, wird nichts richtiger die Wahrheit eines Gedankens genannt als seine Rechtheit.[32] Dazu nämlich ist uns gegeben, denken[33] zu können, daß etwas (der Fall) ist oder (daß etwas) nicht (der Fall) ist, damit wir denken, daß (der Fall) ist, was (der Fall) ist, und (denken,) daß nicht (der Fall) ist, was nicht (der Fall) ist. Wer deshalb meint, daß (der Fall) ist, was (der Fall) ist, meint, was er (meinen) soll, und daher ist sein Gedanke recht. Wenn also ein Gedanke nur deshalb wahr und recht ist, weil wir meinen, daß (der Fall) ist, was (der Fall) ist, oder daß nicht (der Fall) ist, was nicht (der Fall) ist, dann ist seine Wahrheit nichts anderes als Rechtheit.

L.: Du erwägst in rechter Weise.

4. KAPITEL
Über die Wahrheit des Willens

Aber die Wahrheit selbst[34] sagt, auch im Willen sei Wahrheit[35], wenn sie sagt, der Teufel »habe nicht in der Wahrheit verharrt«[36]. Denn er war nicht in der Wahrheit und hat die Wahrheit nicht verlassen, außer im Willen.[37]

S.: So glaube ich es. Denn wenn er immer gewollt hätte, was er (wollen) sollte, hätte er niemals gesündigt, er, der nur durch Sündigen[38] die Wahrheit verlassen hat.

L.: Sag also, was du dort als Wahrheit erkennst.

S.: Nichts (anderes) als die Rechtheit. Denn wenn er, solange er wollte, was er (wollen) sollte, – wozu er ja den Willen empfangen hatte –, in Rechtheit und in Wahrheit war, und (wenn) er, als er wollte, was er nicht (wollen) sollte, die Rechtheit und Wahrheit verließ: so kann dort (sc. beim Wil-

quam rectitudo, quoniam sive veritas sive rectitudo non aliud in eius voluntate fuit quam velle quod debuit.

M. Bene intelligis.

CAPITULUM V

De actionis naturalis et non naturalis veritate

Verum in actione quoque nihilominus veritas credenda est, sicut dominus dicit quia »qui male agit, odit lucem«; et »qui facit veritatem, venit ad lucem«.

D. Video quod dicis.

M. Considera igitur quid ibi sit veritas, si potes.

D. Ni fallor, eadem ratione qua supra veritatem in aliis cognovimus, in actione quoque contemplanda est.

M. Ita est. Nam si male agere et veritatem facere opposita sunt, sicut ostendit dominus cum dicit: »qui male agit, odit lucem«; et: »qui facit veritatem, venit ad lucem«: idem est veritatem facere quod est bene facere. Bene namque facere ad male facere contrarium est. Quapropter si veritatem facere et bene facere idem sunt in oppositione, non sunt diversa in significatione. Sed sententia est omnium quia qui facit quod debet, bene facit et rectitudinem facit. Unde sequitur quia rectitudinem facere est facere veritatem. Constat namque facere veritatem esse bene facere, et bene facere esse rectitudinem facere. Quare nihil apertius quam veritatem actionis esse rectitudinem.

len) unter der Wahrheit nichts anderes verstanden werden als die Rechtheit, weil Wahrheit oder Rechtheit in seinem Willen nichts anderes war als zu wollen, was er (wollen) sollte.

L.: Du siehst gut ein.

5. KAPITEL
Über die Wahrheit des naturhaften und des nicht naturhaften Handelns

Aber nichtsdestoweniger muß geglaubt werden, daß auch in der Handlung Wahrheit ist, wie der Herr sagt: »Wer böse handelt, haßt das Licht«; und: »Wer die Wahrheit tut, kommt an das Licht.«

S.: Ich sehe, was du sagst.

L.: Überlege also, was dort die Wahrheit ist, wenn du kannst.

S.: Wenn ich mich nicht täusche, muß sie (sc. die Wahrheit) in derselben Weise, wie wir die Wahrheit oben in den anderen Dingen erkannt haben, auch in der Handlung betrachtet werden.[39]

L.: So ist es. Denn wenn ›böse handeln‹ und ›die Wahrheit tun‹ einander entgegengesetzt sind, wie der Herr es zeigt, wenn er spricht: »wer böse handelt, haßt das Licht«; und: »Wer die Wahrheit tut, kommt an das Licht«: (dann) ist ›die Wahrheit tun‹ und ›gut handeln‹[40] dasselbe. Denn ›gut handeln‹ ist ›böse handeln‹ entgegengesetzt. Wenn daher ›die Wahrheit tun‹ und ›gut handeln‹ dasselbe sind im Gegensatz (zu etwas anderem), (dann) sind sie in ihrer Bedeutung[41] nicht (voneinander) verschieden. Es ist aber allgemeine Ansicht, daß, wer tut, was er (tun) soll, gut handelt und die Rechtheit tut. Daher folgt, daß ›die Rechtheit tun‹ ›die Wahrheit tun‹ ist. Denn es steht fest, daß ›die Wahrheit tun‹ ›gut handeln‹ ist und daß ›gut handeln‹ ›die Rechtheit tun‹ ist. Deshalb ist nichts offenkundiger, als daß die Wahrheit der Handlung Rechtheit ist.

D. In nullo video titubare considerationem tuam.

M. Inspice an omnis actio quae facit quod debet, veritatem facere convenienter dicatur. Est quippe actio rationalis, ut dare eleemosynam; et est irrationalis actio, ut actio ignis qui calefacit. Vide ergo an convenienter dicamus ignem facere veritatem.

D. Si ignis ab eo a quo habet esse accepit calefacere: cum calefacit, facit quod debet. Igitur non video quae inconvenientia sit ignem facere veritatem et rectitudinem, cum facit quod debet.

M. Mihi quoque non aliter videtur. Unde animadverti potest rectitudinem seu veritatem actionis aliam esse necessariam, aliam non necessariam. Ex necessitate namque ignis facit rectitudinem et veritatem, cum calefacit; et non ex necessitate facit homo rectitudinem et veritatem, cum bene facit. Facere autem non solum pro eo quod proprie dicitur facere, sed pro omni verbo dominus voluit intelligere, cum dixit quoniam »qui facit veritatem, venit ad lucem«. Non enim separat illum ab hac veritate sive luce, qui patitur persecutionem »propter iustitiam«; aut qui est quando et ubi debet esse; aut qui stat vel sedet quando debet; et similia. Nullus namque dicit tales non bene facere. Et cum apostolus dicit quia recipiet unusquisque »prout gessit«, intelligendum ibi est quidquid solemus dicere bene facere vel male facere.

D. Usus quoque communis locutionis hoc habet, ut et pati et multa alia dicat facere, quae non sunt facere. Quare rectam

S.: Ich sehe, daß deine Überlegung in nichts wankt.

L.: Prüfe, ob man von jeder Handlung, die (das) tut, was sie (tun) soll, angemessen sagt, sie tue die Wahrheit. Es gibt ja ein vernunftgemäßes Handeln[42], wie das Geben von Almosen; und es gibt ein vernunftloses Handeln, wie das Handeln des Feuers, das wärmt. Sieh also zu, ob wir in angemessener Weise sagen, das Feuer tue die Wahrheit.

S.: Wenn das Feuer von dem, von dem es das Sein hat, (das Vermögen) empfangen hat zu wärmen: dann tut es, wenn es wärmt, (das,) was es (tun) soll. Daher sehe ich keine Ungereimtheit darin, daß das Feuer die Wahrheit und die Rechtheit tut, wenn es tut, was es (tun) soll.

L.: Auch mir erscheint es nicht in anderer Weise. Es kann daher wahrgenommen werden, daß die eine Rechtheit oder Wahrheit der Handlung notwendig ist, die andere (aber) nicht notwendig ist. Denn mit Notwendigkeit tut das Feuer die Rechtheit und die Wahrheit, wenn es wärmt; und nicht mit Notwendigkeit tut der Mensch die Rechtheit und die Wahrheit, wenn er gut handelt. »Tun« aber wollte der Herr nicht nur (als Ausdruck) für das verstehen, was im eigentlichen Sinne »tun« genannt wird,[43] sondern (als Ausdruck) für jedes Verb, als er sagte: »Wer die Wahrheit tut, kommt an das Licht.« Denn es trennt den nicht von dieser Wahrheit bzw. von diesem Licht, der Verfolgung erleidet »um der Gerechtigkeit willen«[44]; oder (es trennt den nicht von dieser Wahrheit bzw. von diesem Licht,) der (da) ist, wann und wo er (da) sein soll; oder (es trennt den nicht von dieser Wahrheit bzw. von diesem Licht,) der steht oder sitzt, wann er (stehen oder sitzen) soll,[45] und dergleichen. Denn niemand sagt, daß solche nicht gut handeln. Und wenn der Apostel sagt, daß ein jeder empfangen wird »nach seinem Tun«[46], so ist darunter alles das zu verstehen, was wir ›gut tun‹ oder ›böse tun‹ zu nennen pflegen.

S.: Auch der allgemeine Sprachgebrauch hat dies, daß er sowohl ›leiden‹ als auch vieles andere ›tun‹ nennt, welches nicht ein Tun ist. Deshalb können wir auch den rechten Wil-

quoque voluntatem de cuius veritate ante veritatem actionis supra contemplati sumus, inter rectas actiones, ni fallor, computare possumus.

M. Non falleris. Nam qui vult quod debet, recte et bene facere dicitur, nec ab iis qui veritatem faciunt excluditur. Sed quoniam de veritate investigando illam loquimur, et dominus de illa veritate quae in voluntate est specialiter dicere videtur, cum dicit de diabolo quia »in veritate non stetit«: ideo separatim quid in voluntate veritas esset considerare volui.

D. Placet mihi ita factum esse.

M. Cum ergo constet actionis veritatem aliam esse naturalem, aliam non naturalem: sub naturali ponenda est illa veritas orationis, quam supra vidimus ab illa non posse separari. Sicut enim ignis cum calefacit veritatem facit, quia ab eo accepit a quo habet esse: ita et haec oratio, scilicet ›dies est‹, veritatem facit, cum significat diem esse, sive dies sit sive non sit; quoniam hoc naturaliter accepit facere.

D. Nunc primum video in falsa oratione veritatem.

CAPITULUM VI
De sensuum veritate

M. Putasne nos praeter summam veritatem omnes sedes invenisse veritatis?

D. Reminiscor nunc cuiusdam veritatis, quam in his de quibus tractasti non invenio.

M. Quae est illa?

D. Est quidem in sensibus corporis veritas, sed non semper.

len, über dessen Wahrheit wir vor der Wahrheit der Handlung oben nachgedacht haben, unter die rechten Handlungen rechnen, wenn ich mich nicht täusche.

L.: Du täuschst dich nicht. Denn von dem, der will, was er (wollen) soll, sagt man, daß er recht und gut handle, und er wird von denen, »die die Wahrheit tun«, nicht ausgeschlossen. Aber weil wir bei der Untersuchung der Wahrheit von jener (sc. der Wahrheit)[47] sprechen, und der Herr von jener Wahrheit, die im Willen ist, in besonderer Weise zu sprechen scheint, wenn er vom Teufel sagt, daß er »in der Wahrheit nicht verharrte«: deshalb wollte ich gesondert erwägen, was die Wahrheit im Willen ist.

S.: Ich finde es gut, daß es so geschehen ist.

L.: Da also feststeht, daß die eine Wahrheit der Handlung naturhaft, die andere nicht naturhaft ist, so ist unter die naturhafte jene Wahrheit der Rede zu rechnen, von der wir oben[48] sahen, daß sie von ihr (sc. der Rede) nicht getrennt werden kann. Denn wie das Feuer, wenn es wärmt, die Wahrheit tut, weil es das von dem (sc. Gott) empfing, von dem es das Sein hat, so tut auch diese Rede: »es ist Tag« die Wahrheit, wenn sie aussagt, daß es Tag ist, sei es, daß es (wirklich) Tag ist, sei es, daß es nicht Tag ist, weil sie dies (sc. überhaupt etwas auszusagen) zu tun natürlicherweise empfangen hat.

S.: Jetzt sehe ich zum ersten Mal die Wahrheit in einer falschen Rede.

6. KAPITEL
Von der Wahrheit der Sinne

L.: Meinst du, daß wir, von der höchsten Wahrheit abgesehen, alle Sitze der Wahrheit gefunden haben?[49]

S.: Ich erinnere mich jetzt einer Wahrheit, die ich unter denen, die du behandelt hast, nicht finde.

L.: Welche ist das?

S.: Es ist zwar in den Sinnen des Körpers[50] Wahrheit[51],

Nam fallunt nos aliquando. Nam cum video aliquando per medium vitrum aliquid, fallit me visus, quia aliquando renuntiat mihi corpus, quod video ultra vitrum, eiusdem esse coloris cuius est et vitrum, cum alterius sit coloris; aliquando vero facit me putare vitrum habere colorem rei quam ultra video, cum non habeat. Multa sunt alia, in quibus visus et alii sensus fallunt.

M. Non mihi videtur haec veritas vel falsitas in sensibus esse, sed in opinione. Ipse namque sensus interior se fallit, non illi mentitur exterior. Quod aliquando facile cognoscitur, aliquando difficile. Cum enim puer timet sculptum draconem aperto ore, facile cognoscitur quia non hoc facit visus, qui nihil aliud puero renuntiat quam senibus, sed puerilis sensus interior, qui nondum bene scit discernere inter rem et rei similitudinem. Tale est cum videntes hominem alicui similem putamus illum esse cui similis est; aut cum audiens quis non hominis vocem putat esse vocem hominis. Nam et hoc facit sensus interior.

Quod autem dicis de vitro, ideo est, quia cum visus transit per corpus aliquod aerii coloris, non aliter impeditur assumere similitudinem coloris quem ultra videt, quam cum transit per aera; nisi inquantum illud corpus quod transit spissius aut obscurius est aere. Ut cum transit per vitrum sui coloris, id est cui nullus alius admixtus est color; aut per purissimam aquam aut per crystallum aut per aliquid similem habens co-

aber nicht immer. Denn sie täuschen uns manchmal. Denn wenn ich manchmal etwas mitten durch ein Glas sehe, täuscht mich die Sehkraft, weil sie mir manchmal meldet, daß der Körper, den ich jenseits des Glases sehe, dieselbe Farbe besitzt wie auch das Glas, obwohl er eine andere Farbe hat; manchmal aber läßt sie (sc. die Sehkraft) mich glauben, daß das Glas die Farbe des Gegenstandes hat, den ich jenseits (des Glases) sehe, obwohl es (sc. das Glas) sie (sc. die Farbe des Gegenstandes) nicht hat. Es gibt noch vieles andere, bei dem die Sehkraft und die anderen Sinne täuschen.

L.: Diese Wahrheit oder Falschheit scheint mir nicht in den Sinnen zu liegen, sondern in der Annahme.[52] Denn der innere Sinn selbst täuscht sich[53], der äußere (Sinn)[54] belügt ihn nicht. Das ist manchmal leicht zu erkennen, manchmal schwer (zu erkennen). Denn wenn sich ein Kind vor einem geschnitzten Drachen mit offenem Rachen fürchtet, so erkennt man leicht, daß dies nicht die Sehkraft macht, die dem Kind nichts anderes meldet als den Erwachsenen, sondern der innere Sinn des Kindes, der noch nicht gut zu unterscheiden versteht zwischen einem Gegenstand und dem Abbild des Gegenstandes. So ist es auch, wenn wir einen Menschen sehen, der irgendeinem (anderen) ähnlich ist, und glauben, es sei der, dem er ähnlich ist; oder wenn einer die Stimme, die nicht die eines Menschen ist, hört und glaubt, es sei die Stimme eines Menschen. Denn auch das tut der innere Sinn.

Was du aber vom Glase sagst, besteht deshalb, weil die Sehkraft, wenn sie durch irgendeinen luftfarbenen Körper hindurchgeht, ebensowenig daran gehindert wird, die Ähnlichkeit[55] der Farbe, die sie jenseits sieht, aufzunehmen, als wenn sie durch die Luft hindurchgeht; es sei denn, daß jener Körper, durch den sie geht, dichter und dunkler als die Luft ist. So etwa, wenn sie (sc. die Sehkraft bzw. ihr Sehstrahl) durch ein Glas (hindurch) geht, dessen eigener Farbe keine andere Farbe beigemischt ist,[56] oder (wenn sie) durch reinstes Wasser oder durch einen Kristall oder durch irgend etwas

lorem. Cum vero transit idem visus per alium colorem, ut per vitrum non sui coloris, sed cui alius color est additus: ipsum colorem qui prius occurrit accipit. Quapropter quoniam post unum acceptum colorem, secundum quod illo affectus est, alium quicumque occurrat aut nullatenus aut minus integre suscipit: ideo illum quem prius cepit, aut solum aut cum eo qui post occurrit renuntiat. Si enim visus quantum capax est coloris, tantum afficitur priori colore, non potest alium simul sentire colorem. Si autem minus quam colorem sentire possit priori afficitur, potest alium sentire. Ut si transit per aliquod corpus, velut per vitrum, quod ita sit perfecte rubicundum, ut omnino ipse visus afficiatur eius rubore, nequit diverso simul affici colore. Si autem non tam perfectum invenit ruborem qui prior occurrit, quantum coloris capax est: quasi nondum plenus adhuc alium valet assumere colorem, inquantum eius capacitas priori colore non est satiata. Qui ergo hoc nescit, putat visum renuntiare quia omnia quae post prius assumptum colorem sentit, aut omnino aut aliquatenus eiusdem sint coloris. Unde contingit, ut sensus interior culpam suam imputet sensui exteriori.

Similiter cum fustis integer, cuius pars est intra aquam et pars extra, putatur fractus; aut cum putamus quod visus noster vultus nostros inveniat in speculo; et cum multa alia nobis aliter videntur visus et alii sensus nuntiare quam sint:

(geht), das eine ähnliche Farbe besitzt. Wenn aber dieselbe Sehkraft durch eine andere Farbe (hindurch) geht, – wie etwa durch ein Glas, das nicht seine eigene Farbe besitzt, sondern dem eine andere Farbe hinzugefügt ist: (dann) empfängt sie die Farbe, die ihr zuerst begegnet. Weil sie daher nach dem Empfang einer Farbe, je nach dem Grad, mit dem sie von ihr erfüllt ist, eine andere (Farbe), die ihr begegnet, entweder überhaupt nicht oder weniger unversehrt aufnimmt: deshalb gibt sie die (Farbe), die sie zuerst empfangen hat, entweder allein oder (zusammen) mit der, der sie danach begegnet ist, wieder. Wenn nämlich die Sehkraft so viel mit der früheren Farbe erfüllt ist, als sie für Farbe (überhaupt) aufnahmefähig ist, kann sie nicht zugleich eine andere Farbe wahrnehmen. Wenn sie aber weniger, als sie Farbe (überhaupt) wahrnehmen kann, mit der früheren (Farbe) erfüllt ist, kann sie eine andere wahrnehmen. Wenn sie etwa durch irgendeinen Körper geht, z. B. durch Glas, der so vollkommen rot ist, daß die Sehkraft selbst mit dessen (sc. dem des Körpers) Rot gänzlich erfüllt ist, (dann) kann sie nicht zugleich mit einer verschiedenen Farbe affiziert werden. Wenn sie aber ein nicht so vollkommenes, wie sie für Farbe (überhaupt) aufnahmefähig ist, Rot vorfindet, das ihr zuerst begegnet: (dann) kann sie, die gleichsam noch nicht voll ist, noch eine andere Farbe aufnehmen, soweit ihre Aufnahmefähigkeit durch die frühere Farbe (noch) nicht gesättigt ist. Wer dies nicht weiß, meint deshalb, die Sehkraft melde, daß alles, was sie nach der zuerst aufgenommenen Farbe wahrnimmt, entweder ganz oder zum Teil dieselbe Farbe habe. Daher kommt es, daß der innere Sinn seine Schuld dem äußeren Sinn zurechnet.

Wenn in ähnlicher Weise ein gerader Stock, von dem ein Teil sich innerhalb, ein (anderer) Teil sich außerhalb des Wassers befindet, für gebrochen gehalten wird; oder wenn wir glauben, daß unsere Sehkraft unser Gesicht im Spiegel findet; und wenn uns die Sehkraft und die anderen Sinne vieles andere in anderer Weise zu melden scheinen, als es sich ver-

non culpa sensuum est qui renuntiant quod possunt, quoniam ita posse acceperunt, sed iudicio animae imputandum est, quod non bene discernit quid illi possint aut quid debeant. Quod ostendere quoniam laboriosum magis est quam fructuosum ad hoc quod intendimus, in hoc modo tempus insumendum non arbitror. Hoc tantum sufficiat dicere quia sensus, quidquid renuntiare videantur, sive ex sui natura hoc faciant sive ex alia aliqua causa: hoc faciunt quod debent, et ideo rectitudinem et veritatem faciunt; et continetur haec veritas sub illa veritate, quae est in actione.

D. Satisfecisti mihi tua responsione, et nolo te amplius morari in hac de sensibus quaestione.

CAPITULUM VII
De veritate essentiae rerum

M. Iam considera an praeter summam veritatem in aliqua re veritas sit intelligenda, exceptis iis quae supra conspecta sunt.

D. Quid illud esse potest?

M. An putas aliquid esse aliquando aut alicubi quod non sit in summa veritate, et quod inde non acceperit quod est inquantum est, aut quod possit aliud esse quam quod ibi est?

D. Non est putandum.

M. Quidquid igitur est, vere est, inquantum est hoc quod ibi est.

D. Absolute concludere potes quia omne quod est vere est, quoniam non est aliud quam quod ibi est.

hält: so ist das nicht die Schuld der Sinne, die melden, was sie (melden) können, weil sie es so zu können empfangen haben, sondern es ist dem Urteil der Seele zuzurechnen, das nicht gut unterscheidet, was jene (sc. die Sinne) können oder was sie sollen.[57]

Um das aufzuzeigen, glaube ich nicht in dieser Weise Zeit aufwenden zu sollen, weil es eher mühsam als fruchtbar ist für das Ziel, das wir anstreben. Nur dies zu bemerken möge genügen, daß die Sinne, was auch immer sie zu melden scheinen, sei es, daß sie das aus ihrer Natur heraus tun, sei es aus irgendeiner anderen Ursache: tun, was sie (tun) sollen, und deshalb tun sie Rechtheit und Wahrheit; und diese Wahrheit ist in jener Wahrheit enthalten, die in der Handlung liegt.

S.: Du hast mir mit deiner Antwort Genüge getan, und ich will nicht, daß du dich weiter bei dieser Frage über die Sinne aufhältst.

7. KAPITEL

Über die Wahrheit des Wesens[58] der Dinge[59]

L.: Überlege nun, ob außer der höchsten Wahrheit noch in irgendeinem anderen Ding Wahrheit erkannt werden muß, mit Ausnahme der Dinge, die oben (bereits) untersucht worden sind.

S.: Was könnte dies sein?

L.: Glaubst du etwa, daß es irgendwann oder irgendwo etwas gibt,[60] das nicht in der höchsten Wahrheit ist[61] und das nicht von dorther empfangen hat,[62] was es ist,[63] insofern es ist, oder das etwas anderes sein könnte, als was es dort ist?[64]

S.: Dies ist nicht anzunehmen.

L.: Was immer es also gibt, existiert in wahrheitsgemäßer Weise,[65] insofern es das ist, was es dort ist.

S.: Du kannst unbedingt schließen, daß alles, was ist, in wahrheitsgemäßer Weise existiert, weil es nichts anderes ist, als was es dort ist.

M. Est igitur veritas in omnium quae sunt essentia, quia hoc sunt quod in summa veritate sunt.

D. Video ita ibi esse veritatem, ut nulla ibi possit esse falsitas; quoniam quod falso est, non est.

M. Bene dicis. Sed dic an aliquid debeat aliud esse, quam quod est in summa veritate.

D. Non.

M. Si ergo omnia hoc sunt quod ibi sunt, sine dubio hoc sunt quod debent.

D. Vere hoc sunt, quod debent.

M. Quidquid vero est quod debet esse, recte est.

D. Aliter non potest.

M. Igitur omne quod est, recte est.

D. Nihil consequentius.

M. Si ergo et veritas et rectitudo idcirco sunt in rerum essentia, quia hoc sunt quod sunt in summa veritate: certum est veritatem rerum esse rectitudinem.

D. Nihil planius quantum ad consequentiam argumentationis.

CAPITULUM VIII

De diversis intellectibus ›debere‹ et ›non debere‹, ›posse‹ et ›non posse‹

Sed secundum rei veritatem quomodo possumus dicere, quia quidquid est debet esse, cum sint multa opera mala, quae certum est esse non debere?

M. Quid mirum, si eadem res debet esse et non esse?

D. Quomodo potest hoc esse?

M. Scio te non dubitare quia nihil omnino est, nisi deo aut faciente aut permittente.

D. Nihil mihi certius.

L.: Es ist also Wahrheit im Wesen aller Dinge, die sind, weil sie das sind, was sie in der höchsten Wahrheit sind.

S.: Ich sehe, daß die Wahrheit dort so ist, daß dort keine Falschheit sein kann; denn was fälschlich ist, ist nicht.[66]

L.: Gut sprichst du. Aber sag: Soll irgendetwas etwas anderes sein, als was es in der höchsten Wahrheit ist?

S.: Nein.

L.: Wenn also alle Dinge das sind, was sie dort sind, (dann) sind sie ohne Zweifel das, was sie (sein) sollen.

S.: Wahrhaft sind sie das, was sie (sein) sollen.

L.: Was aber ist, was es sein soll, ist in rechter Weise.

S.: Anders kann es nicht sein.

L.: Also ist alles, was ist, in rechter Weise.

S.: Nichts ist folgerichtiger.

L.: Wenn also sowohl Wahrheit als auch Rechtheit deshalb im Wesen der Dinge sind, weil sie (sc. die geschaffenen Dinge) das sind, was sie in der höchsten Wahrheit sind, (dann) ist gewiß, daß die Wahrheit der Dinge die Rechtheit ist.

S.: Nichts ist klarer, was die Folgerichtigkeit der Argumentation betrifft.

8. KAPITEL

Über die verschiedenen Bedeutungen von ›sollen‹ und ›nicht sollen‹, ›können‹ und ›nicht können‹

Aber wie können wir der Wahrheit der Sache gemäß behaupten, daß alles, was ist, sein soll, obwohl es viele schlechte Werke gibt, die sicherlich nicht sein sollen?[67]

L.: Was Wunder, wenn dieselbe Sache sein und nicht sein soll?

S.: Wie kann das sein?

L.: Ich weiß, daß du nicht zweifelst, daß überhaupt nichts geschieht außer dem, was Gott entweder tut oder zuläßt.

S.: Nichts ist mir gewisser.

M. An audebis dicere quia deus aliquid faciat aut permittat non sapienter aut non bene?

D. Immo assero quia nihil nisi bene et sapienter.

M. An iudicabis non debere esse, quod tanta bonitas et tanta sapientia facit aut permittit?

D. Quis intelligens hoc audeat cogitare?

M. Debet igitur esse pariter et quod faciente et quod permittente deo fit.

D. Patet quod dicis.

M. Dic etiam an putes esse debere malae voluntatis effectum.

D. Idem est ac si dicas an debeat esse malum opus, quod nullus sensatus concedet.

M. Permittit tamen deus aliquos male facere quod male volunt.

D. Utinam non tam saepe permitteret.

M. Idem igitur debet esse et non esse. Debet enim esse, quia bene et sapienter ab eo, quo non permittente fieri non posset permittitur; et non debet esse quantum ad illum cuius iniqua voluntate concipitur. Hoc igitur modo dominus IESUS, quia solus innocens erat, non debuit mortem pati, nec ullus eam illi debuit inferre; et tamen debuit eam pati, quia ipse sapienter et benigne et utiliter voluit eam sufferre. Multis enim modis eadem res suscipit diversis considerationibus contraria. Quod in actione saepe contingit, ut in percussione. Percussio namque et agentis est et patientis. Unde et actio dici potest et passio. Quamvis secundum ipsum nomen actio vel percussio

L.: Wirst du etwa zu behaupten wagen, daß Gott etwas nicht weise oder nicht gut tut oder zuläßt?

S.: Im Gegenteil behaupte ich: Nichts (tut er oder läßt er zu), außer dem, daß er etwas weise oder gut zuläßt.

L.: Wirst du etwa urteilen, daß nicht sein soll, was die so große Güte und so große Weisheit (Gottes) tut oder zuläßt?

S.: Welcher Einsichtige dürfte wagen, das zu denken?

L.: Es soll also in gleicher Weise sein, sowohl das, was durch das Tun, als auch das, was durch die Zulassung[68] Gottes geschieht.

S.: Es liegt offen zutage, was du sagst.

L.: Sage auch, ob du meinst, daß die Wirkung des bösen Willens sein soll.

S.: Das ist dasselbe, als wenn du sagen würdest, ob das böse Werk sein soll, was niemand zugeben wird, der bei Sinnen ist.

L.: Gott läßt jedoch zu, daß einige in böser Weise tun, was sie in böser Weise wollen.

S.: Daß er (sc. Gott) das doch nicht so oft zuließe!

L.: Dasselbe soll also sein und (soll) nicht sein. Es soll nämlich sein, weil es gut und weise von dem (sc. Gott) zugelassen wird, ohne dessen Zulassung es nicht geschehen könnte; und es soll nicht sein im Hinblick auf den, durch dessen bösen Willen es geplant wird. Auf diese Weise also sollte der Herr Jesus den Tod nicht erleiden, weil er allein unschuldig war, noch sollte ihn (sc. den Tod) jemand ihm (sc. dem Herrn Jesus) zufügen; und dennoch sollte er ihn erleiden, weil er selbst ihn weise, gütig und nutzbringend erdulden wollte. Denn auf viele Arten läßt derselbe Sachverhalt unter verschiedenen Rücksichten einander widersprechende Beurteilungen zu. Dies trifft oft zu bei einer Handlung, wie bei einem Schlag. Ein Schlag ist nämlich sowohl Sache des Handelnden als auch (Sache) des Erleidenden. Deshalb kann er sowohl eine Handlung als auch ein Erleiden genannt werden. Obzwar dem Wort selbst nach die Handlung oder der Schlag

et quae similiter dicta a passivis in activa significatione dicuntur, magis videantur esse patientis quam agentis. Quippe secundum id quod agit, magis proprie videtur dici agentia vel percutientia; et secundum id quod patitur, actio et percussio. Nam agentia et percutientia ab agente et percutiente dicitur, sicut providentia a providente et continentia a continente, quae scilicet agens et percutiens, providens et continens activa sunt; actio vero et percussio ab acto et percusso quae passiva sunt derivantur. Sed quoniam - ut in uno dicam quod in ceteris intelligas -, sicut percutiens non est sine percusso nec percussus absque percutiente, ita percutientia et percussio sine invicem esse nequeunt, immo una et eadem res est diversis nominibus secundum diversas partes significata: idcirco percussio et percutientis et percussi esse dicitur.

Quapropter secundum quod agens vel patiens eidem subiacent iudicio vel contrariis, ipsa quoque actio ex utraque parte similiter iudicabitur aut contrarie. Cum ergo et qui percutit recte percutit, et qui percutitur recte percutitur, ut cum peccans ab eo ad quem pertinet corrigitur: ex utraque parte recta est, quia ex utraque parte debet esse percussio. E contrario quando iustus ab iniquo percutitur: quia nec iste percuti nec ille percutere debet, ex utraque parte non recta

und was in ähnlicher Weise von passiven Formen in aktiver Bedeutung ausgesagt wird, mehr dem Erleidenden als dem Handelnden zuzugehören scheinen. Denn gemäß dem, der handelt, scheint es in eigentlicherem Sinne ein Handeln oder ein Schlagen genannt zu werden; und gemäß dem, was erleidet, (scheint es in eigentlicherem Sinne) Handlung und Schlag (genannt zu werden).[69] Denn das Handeln und Schlagen wird sprachlich vom Handelnden und Schlagenden abgeleitet, wie die Vorhersehung vom Vorhersehenden und die Enthaltsamkeit von dem sich Enthaltenden, – dies, nämlich der Handelnde und der Schlagende, der Vorhersehende und der sich Enthaltende, sind Worte, die eine aktive Bedeutung besitzen; die Handlung aber und der Schlag werden vom Getanen und vom Geschlagenen abgeleitet, d.h. von Worten mit einer passiven Bedeutung. Aber – um mit diesem einen Beispiel das zu sagen, was du in den übrigen (Fällen) verstehen mögest –, wie es einen Schlagenden nicht ohne einen Geschlagenen gibt noch einen Geschlagenen ohne einen Schlagenden, so können das Schlagen und der Schlag ohne Wechselseitigkeit nicht sein, ja sogar ein- und dieselbe Sache ist durch verschiedene Namen nach verschiedenen Seiten hin bezeichnet: deshalb sagt man, daß der Schlag sowohl dem Schlagenden als auch dem Geschlagenen zukommt.

Je nachdem deshalb der Handelnde oder der Erleidende demselben oder einem je entgegengesetzten Urteil unterliegen, wird auch die Handlung von beiden Seiten her ähnlich oder gegensätzlich beurteilt werden. Wenn also sowohl wer schlägt, zu Recht schlägt, als auch wer geschlagen wird, zu Recht geschlagen wird, – so wie wenn der, der sündigt, von dem, dem es zusteht, zurechtgewiesen wird –: so ist die Handlung von beiden Seiten her recht, weil der Schlag von beiden Seiten her sein soll. Der entgegengesetzte Fall liegt vor, wenn ein Gerechter von einem Ungerechten geschlagen wird: weil weder dieser geschlagen werden noch jener schlagen soll, ist von beiden Seiten her gesehen der Schlag nicht recht, weil er

est, quia ex neutra parte debet esse percussio. Cum vero peccans ab eo ad quem non pertinet percutitur: quoniam et iste debet percuti et ille non debet percutere, debet et non debet esse percussio; et ideo recta et non recta negari non potest. Quod si ad supernae sapientiae bonitatisque consideres iudicium, sive ex altera tantum sive ex utraque parte, agentis scilicet et patientis, esse non debeat percussio: quis audebit negare debere esse quod tanta sapientia et bonitate permittitur?

D. Neget qui audet; ego vero non audeo.

M. Quid etiam si secundum rerum naturam consideres, ut cum clavi ferrei impressi sunt in corpus domini: an dices fragilem carnem non debuisse penetrari, aut acuto ferro penetratam non debuisse dolere?

D. Contra naturam dicerem.

M. Potest igitur contingere ut debeat esse secundum naturam actio vel passio, quae secundum agentem vel patientem esse non debet, quoniam nec ille agere nec iste debet pati.

D. Nihil horum negare possum.

M. Vides ergo saepissime posse contingere ut eadem actio debeat esse et non debeat esse diversis considerationibus?

D. Ita aperte hoc ostendis ut non possim non videre.

M. Verum inter haec te scire volo quia debere et non debere dicitur aliquando improprie; ut cum dico quia debeo

von keiner Seite her sein soll. Wenn aber einer, der sündigt, von dem, dem es nicht zusteht, geschlagen wird, (dann) soll der Schlag sowohl sein als auch nicht sein, weil sowohl dieser geschlagen werden als auch jener nicht schlagen soll; und deshalb kann nicht geleugnet werden, daß er (sc. der Schlag) recht und nicht recht war. Aber wenn du auf das Urteil der himmlischen Weisheit und Güte schaust, sei es, daß der Schlag nur von einer Seite her, sei es, daß er von beiden Seiten her, nämlich von seiten des Handelnden und des Erleidenden, nicht sein soll: wer wird zu bestreiten wagen, daß sein soll, was durch die so große Güte und Weisheit zugelassen wird?

S.: Bestreite es, wer es wagt; ich aber wage es nicht.

L.: Was aber, wenn du der Natur der Dinge gemäß betrachtest, daß die eisernen Nägel in den Leib des Herrn eingedrückt wurden, wirst du sagen, (etwa) daß das zerbrechliche Fleisch nicht durchdrungen werden sollte, oder daß es, als es mit dem spitzen Eisen durchdrungen wurde, nicht Schmerz empfinden sollte?

S.: Ich würde gegen die Natur sprechen.

L.: Es kann also geschehen, daß der Natur nach ein Handeln oder Erleiden sein soll, welches im Hinblick auf den Handelnden oder den Erleidenden nicht sein soll, weil es weder jener tun noch dieser erleiden soll.

S.: Nichts von dem kann ich bestreiten.

L.: Siehst du also, daß es sehr oft geschehen kann, daß dieselbe Handlung in verschiedenen Hinsichten sein soll und nicht sein soll?

S.: So klar zeigst du es, daß ich es nicht imstande bin, es nicht zu sehen.

L.: Jedoch will ich es dich nebenbei wissen lassen, daß ›sollen‹ und ›nicht sollen‹ manchmal in einem uneigentlichen Sinne ausgesagt werden; so etwa, wenn ich sage, daß ich von dir geliebt werden soll. Denn wenn ich wirklich etwas soll, (dann) bin ich ein Schuldner darin, das zu erstatten, was ich

amari a te. Si enim vere debeo, debitor sum reddere quod debeo, et in culpa sum si non amor a te.

D. Ita sequitur.

M. Sed cum debeo amari a te, non est, a me exigendum sed a te.

D. Fateri me ita esse oportet.

M. Cum ergo dico quia debeo amari a te, non ita dicitur quasi ego aliquid debeam, sed quia tu debes amare me. Similiter cum dico quia non debeo amari a te, non aliud intelligitur quam quia tu non debes amare me. Qui modus loquendi est etiam in potentia et in impotentia. Ut cum dicitur: Hector potuit vinci ab Achille, et Achilles non potuit vinci ab Hectore. Non enim fuit potentia in illo qui vinci potuit, sed in illo qui vincere potuit; nec impotentia in illo qui vinci non potuit, sed in illo qui vincere non potuit.

D. Placet mihi quod dicis. Quippe utile puto hoc cognoscere.

M. Recte putas.

CAPITULUM IX

Quod omnis actio significet verum aut falsum

Sed redeamus ad veritatem significationis, a qua ideo incepi, ut te a notioribus ad ignotiora perducerem. Omnes enim de veritate significationis loquuntur; veritatem vero quae est in rerum essentia, pauci considerant.

D. Profuit mihi quia hoc ordine me duxisti.

M. Videamus ergo quam lata sit veritas significationis.

schulde,[70] und ich bin in Schuld, wenn ich nicht von dir geliebt werde.

S.: Das folgt.

L.: Aber wenn ich von dir geliebt werden soll, dann darf dies nicht von mir, sondern es muß von dir verlangt werden.

S.: Ich muß gestehen, daß dies so ist.

L.: Wenn ich also sage, daß ich von dir geliebt werden soll, (dann) bedeutet dies nicht, daß ich etwas schulde, sondern (es bedeutet), daß du mich lieben sollst. Genauso wenn ich sage, daß ich von dir nicht geliebt werden soll, (dann) bedeutet dies nur, daß du mich nicht lieben sollst.

Diese (sc. uneigentliche) Redeweise gibt es auch in bezug auf ›Können‹ und ›Unvermögen‹. Wenn es etwa heißt: »Hektor konnte von Achill besiegt werden« und (wenn es etwa heißt) »Achill konnte nicht von Hektor besiegt werden«. Das Können lag nämlich nicht in dem, der besiegt werden konnte, sondern in dem, der siegen konnte; noch lag das Unvermögen in dem, der nicht besiegt werden konnte, sondern in dem, der nicht siegen konnte.[71]

S.: Es gefällt mir, was du sagst. Denn ich meine, daß es nützlich ist, dies einzusehen.

L.: Zu Recht meinst du dies.

9. KAPITEL

Daß jede Handlung Wahres oder Falsches anzeigt

Aber kehren wir zurück zur Wahrheit der Anzeige, von der ich deshalb ausgegangen war, um dich von dem Bekannteren zum Unbekannteren zu führen. Alle sprechen nämlich von der Wahrheit der Anzeige; die Wahrheit aber, die im Wesen der Dinge liegt, bedenken (nur) wenige.[72]

S.: Es hat mir genützt, daß du mich in dieser Reihenfolge geführt hast.

L.: Laßt uns also sehen, wie weit die Wahrheit der Anzeige

Namque non solum in iis quae signa solemus dicere, sed et in aliis omnibus quae diximus est significatio vera vel falsa. Quoniam namque non est ab aliquo faciendum nisi quod quis debet facere, eo ipso quod aliquis aliquid facit, dicit et significat hoc se debere facere. Quod si debet facere quod facit, verum dicit. Si autem non debet, mentitur.

D. Quamvis mihi videar intelligere, tamen quia mihi inauditum hactenus fuit, apertius ostende quod dicis.

M. Si esses in loco ubi scires esse salubres herbas et mortiferas, sed nescires eas discernere; et esset ibi aliquis de quo non dubitares quia illas discernere sciret, tibique interroganti quae salubres essent et quae mortiferae, alias verbo diceret salubres esse et alias comederet: cui magis crederes, verbo an actioni eius?

D. Non tantum crederem verbo quantum operi.

M. Plus ergo tibi diceret quae salubres essent opere quam verbo.

D. Ita est.

M. Sic itaque si nescires non esse mentiendum et mentiretur aliquis coram te: etiam si tibi diceret ipse non se debere mentiri, plus ipse tibi diceret opere se mentiri debere quam verbo non debere. Similiter cum cogitat aliquis aut vult aliquid, si nescires an deberet id velle sive cogitare: si voluntatem eius et cogitationem videres, significaret tibi ipso opere quia hoc deberet cogitare et velle. Quod si ita deberet, verum diceret. Sin autem, mentiretur. In rerum quoque existentia

ist. Denn nicht allein in den Dingen, die wir Zeichen zu nennen pflegen, sondern auch in allen anderen, von denen wir gesprochen haben, ist die Anzeige wahr oder falsch.[73] Da nämlich von jemandem nur das zu tun ist, was er tun soll, sagt und zeigt jemand dadurch, daß er etwas tut, an, daß er das tun soll. Wenn er tun soll, was er tut, sagt er (gleichsam) Wahres. Wenn er es aber nicht (tun) soll, lügt er.[74]

S.: Obwohl ich glaube, es einzusehen, zeige dennoch klarer, was du sagst, weil ich zum ersten Mal davon höre.[75]

L.: Wenn du an einem Orte wärest, von dem du wüßtest, daß sich dort heil- und todbringende Kräuter befänden, du sie aber nicht zu unterscheiden wüßtest, und es wäre dort jemand, von dem du nicht zweifeln würdest, daß er jene (Kräuter) zu unterscheiden weiß und dir auf die Frage, welche heilbringend seien und welche todbringend, die einen mit Worten als heilbringend bezeichnen und die anderen essen würde: wem würdest du mehr glauben, seinem Wort oder seiner Handlung?

S.: Ich würde nicht so sehr dem Wort als der Tat glauben.

L.: Er würde dir also mehr durch die Tat als durch das Wort sagen, welche (Kräuter) heilbringend sind.

S.: So ist es.

L.: So auch, wenn du nicht wüßtest, daß man nicht lügen darf, und jemand würde dir ins Angesicht[76] lügen (und du würdest merken, daß er lügt): würde er selbst dir, auch wenn er selbst dir sagte, daß er nicht lügen dürfe, mehr durch die Tat sagen, daß er lügen dürfe, als durch das Wort, daß er nicht lügen dürfe. Wenn in ähnlicher Weise einer etwas denkt oder will, und wenn du nicht wüßtest, ob er dies wollen oder denken soll: wenn du seinen Willen und sein Denken sähest, dann würde er dir durch die Tat selbst anzeigen, daß er es denken und wollen soll. Wenn er es so (tun) sollte (sc. wie er es durch seine Tat selbst anzeigt), würde er die Wahrheit sagen. Wenn er es aber nicht (so tun sollte, wie er es durch seine Tat selbst anzeigt), dann würde er lügen.[77] Auch in der

est similiter vera vel falsa significatio, quoniam eo ipso quia est, dicit se debere esse.

D. Video nunc aperte quod hactenus non animadverti.

M. Progrediamur ad ea quae restant.

D. Praecede et sequar.

CAPITULUM X
De summa veritate

M. Summam autem veritatem non negabis rectitudinem esse.

D. Immo nihil aliud illam possum fateri.

M. Considera quia, cum omnes supradictae rectitudines ideo sint rectitudines, quia illa in quibus sunt aut sunt aut faciunt quod debent: summa veritas non ideo est rectitudo quia debet aliquid. Omnia enim illi debent, ipsa vero nulli quicquam debet; nec ulla ratione est quod est, nisi quia est.

D. Intelligo.

M. Vides etiam quomodo ista rectitudo causa sit omnium aliarum veritatum et rectitudinum, et nihil sit causa illius?

D. Video et animadverto in aliis quasdam esse tantum effecta, quasdam vero esse causas et effecta. Ut cum veritas quae est in rerum existentia sit effectum summae veritatis, ipsa quoque causa est veritatis quae cogitationis est, et eius quae est in propositione; et istae duae veritates nullius sunt causa veritatis.

M. Bene consideras. Unde iam intelligere potes quomodo

Existenz der Dinge ist in ähnlicher Weise die Anzeige wahr oder falsch, weil sie dadurch, daß sie ist, sagt, daß sie sein soll.[78]

S.: Ich sehe jetzt deutlich, was ich bisher nicht bemerkt habe.

L.: Schreiten wir fort zu dem, was übrig bleibt.

S.: Gehe du voran, und ich will folgen.

10. KAPITEL
Über die höchste Wahrheit

L.: Du wirst nicht leugnen,[79] daß die höchste Wahrheit Rechtheit ist.

S.: Im Gegenteil, ich kann sie als nichts anderes bekennen.

L.: Erwäge nun folgendes: Während alle oben genannten Rechtheiten deshalb Rechtheiten sind, weil die Dinge, in denen sie sind, entweder sind oder tun, was sie (sein oder tun) sollen, ist die höchste Wahrheit nicht deshalb Rechtheit, weil sie etwas (sein oder tun) soll. Denn alles (sc. Geschaffene) steht zu ihr in einem Schuldverhältnis,[80] sie selbst aber schuldet niemandem etwas[81] und ist aus keinem anderen Grund das, was sie ist, außer daß sie ist.[82]

S.: Ich verstehe.

L.: Siehst du auch, wie diese Rechtheit die Ursache aller anderen Wahrheiten und Rechtheiten ist und nichts ihre Ursache ist?[83]

S.: Ich sehe und stelle fest, daß unter den anderen einige nur Wirkungen, andere aber Ursachen und Wirkungen sind. So ist etwa die Wahrheit, die in der Existenz der Dinge liegt, Wirkung der höchsten Wahrheit,[84] selbst (aber) auch Ursache der Wahrheit, die im Gedanken liegt, und (Ursache) derjenigen Wahrheit, die in der Aussage liegt;[85] und diese beiden Wahrheiten sind keiner Wahrheit Ursache.[86]

L.: Du erwägst das gut. Von daher kannst du jetzt verste-

summam veritatem in meo *Monologio* probavi non habere principium vel finem per veritatem orationis. Cum enim dixi ›quando non fuit verum quia futurum erat aliquid‹, non ita dixi, ac si absque principio ista oratio fuisset quae assereret futurum esse aliquid, aut ista veritas esset deus; sed quoniam non potest intelligi quando, si oratio ista esset, veritas illi deesset. Ut per hoc quia non intelligitur, quando ista veritas esse non potuerit, si esset oratio in qua esse posset, intelligatur illa veritas sine principio fuisse, quae prima causa est huius veritatis. Quippe veritas orationis non semper posset esse, si eius causa non semper esset. Etenim non est vera oratio quae dicit futurum esse aliquid, nisi reipsa sit aliquid futurum; neque aliquid est futurum, si non est in summa veritate. Similiter de illa intelligendum est oratione, quae dicit quia praeteritum est aliquid. Nam si nullo intellectu veritas orationi huic si facta fuerit deesse poterit, necesse est ut eius veritatis quae summa causa est istius, nullus finis intelligi possit. Idcirco namque vere dicitur praeteritum esse aliquid, quia ita est in re; et ideo est aliquid praeteritum, quia sic est in summa veritate. Quapropter si numquam potuit non esse verum futurum esse aliquid, et numquam poterit non esse verum praeteritum esse aliquid: impossibile est principium summae veritatis fuisse aut finem futurum esse.

D. Nihil tuae rationi obici posse video.

hen, wie ich in meinem *Monologion* durch die Wahrheit der Rede bewiesen habe, daß die höchste Wahrheit nicht Anfang oder Ende hat.[87] Denn wenn ich gesagt habe: »... wann nicht wahr gewesen ist, daß etwas zukünftig war«, habe ich es nicht so gesagt, als ob diese Rede ohne Anfang gewesen wäre, die behauptet hatte, daß etwa zukünftig sei oder daß diese Wahrheit Gott wäre; sondern weil nicht gedacht werden kann, daß, wenn diese Rede existierte, ihr irgendwann die Wahrheit fehlen würde. So daß dadurch, daß nicht eingesehen wird, wann diese Wahrheit nicht hätte sein können, wenn die Rede existierte, in der sie sein könnte, eingesehen wird, daß jene Wahrheit ohne Anfang gewesen sei, die die erste Ursache dieser Wahrheit (sc. der Rede) ist. Denn die Wahrheit der Rede könnte nicht immer sein, wenn ihre Ursache nicht immer wäre. Es ist ja die Rede nicht wahr, die sagt, daß etwas zukünftig sei, wenn nicht in Wirklichkeit etwas zukünftig ist; noch ist etwas zukünftig, wenn es nicht in der höchsten Wahrheit ist.

In gleicher Weise ist es zu verstehen von jener Rede, die behauptet, daß etwas vergangen ist. Denn wenn in keinem Sinne dieser Rede, wenn sie vollzogen worden ist, die Wahrheit wird fehlen können, (dann) ist es notwendig, daß von derjenigen Wahrheit, die die höchste Ursache dieser Wahrheit (sc. der Rede) ist, kein Ende gedacht werden kann. Deshalb wird nämlich wahr behauptet, daß etwas vergangen ist, weil es so in Wirklichkeit ist; und deshalb ist etwas vergangen, weil es so in der höchsten Wahrheit ist. Wenn es daher niemals nicht wahr sein konnte, daß etwas zukünftig ist, und (wenn es) niemals nicht wahr sein können wird, daß etwas vergangen ist, (dann) ist es unmöglich, daß die höchste Wahrheit einen Anfang gehabt hat oder ein Ende haben wird.[88]

S.: Ich sehe, daß man gegen deine Begründung nichts einwenden kann.

CAPITULUM XI
De definitione veritatis

M. Redeamus ad veritatis indagationem quam incepimus.

D. Totum hoc pertinet ad indagandam veritatem; verumtamen redi ad quod vis.

M. Dic ergo mihi an tibi videatur esse aliqua alia rectitudo praeter has quas contemplati sumus.

D. Non alia praeter has nisi illa quae est in rebus corporeis, quae multum est aliena ab istis, ut rectitudo virgae.

M. In quo illa tibi videtur differre ab istis?

D. Quia illa visu corporeo cognosci potest, istas rationis capit contemplatio.

M. Nonne rectitudo illa corporum ratione intelligitur praeter subiectum et cognoscitur? Aut si de alicuius corporis absentis linea dubitetur an recta sit, et monstrari potest quia in nullam partem flectitur: nonne ratione colligitur quia rectam illam esse necesse est?

D. Etiam. Sed eadem quae sic ratione intelligitur, visu sentitur in subiecto. Illae vero non nisi sola mente percipi possunt.

M. Possumus igitur, nisi fallor, definire quia veritas est rectitudo mente sola perceptibilis.

D. Nullo modo hoc dicentem falli video. Nempe nec plus nec minus continet ista definitio veritatis quam expediat,

11. KAPITEL
Über die Definition der Wahrheit

L.: Laßt uns zur Erforschung der Wahrheit zurückkehren, mit der wir begonnen haben.

S.: Dieses Ganze gehört zur Erforschung der Wahrheit; jedoch kehre zurück zu dem, was du willst.

L.: Sag mir also, ob es dir (noch) irgendeine andere Rechtheit zu geben scheint außer denen, die wir betrachtet haben.

S.: (sc. Es gibt) keine andere außer diesen, es sei denn jene, die in den körperlichen Dingen ist, die sich aber sehr von diesen (sc. erörterten Rechtheiten) unterscheidet, wie die Geradheit des Stabes.[89]

L.: Worin scheint dir jene (sc. Geradheit des Stabes) sich von diesen (sc. oben untersuchten Rechtheiten) zu unterscheiden?

S.: Weil jene (sc. Geradheit des Stabes) durch den körperlichen Gesichtssinn erkannt werden kann, diese (sc. oben untersuchten Rechtheiten) die Schau der Vernunft erfaßt.

L.: Wird nicht jene Rechtheit der Körper außerhalb des zugrundeliegenden Gegenstandes[90] mit der Vernunft eingesehen und erkannt? Oder wenn in bezug auf die Linie irgendeines abwesenden Körpers gezweifelt wird, ob sie gerade ist, und bewiesen werden kann, daß sie nach keiner Seite abbiegt: wird da nicht mit der Vernunft gefolgert, daß es notwendig ist, daß sie gerade ist?

S.: Schon. Aber dieselbe (sc. Geradheit), die so mit der Vernunft erkannt wird, wird am Gegenstand mit dem Gesichtssinn wahrgenommen. Jene (sc. Rechtheiten) aber können nur mit dem Geist allein erfaßt werden.

L.: Wir können also, wenn ich mich nicht täusche, definieren, daß die Wahrheit ist: mit dem Geist allein erfaßbare Rechtheit.[91]

S.: Ich sehe, daß, wer dies sagt, sich auf keine Weise täuscht. Denn weder mehr noch weniger enthält diese Definition der

quoniam nomen rectitudinis dividit eam ab omni re quae rectitudo non vocatur; quod vero sola mente percipi dicitur, separat eam a rectitudine visibili.

CAPITULUM XII
De iustitiae definitione

Sed quoniam docuisti me omnem veritatem esse rectitudinem, et rectitudo mihi videtur idem esse quod iustitia: iustitiam quoque me doce quid esse intelligam. Videtur namque quia omne quod rectum est esse, iustum etiam est esse; et conversim quia quod iustum est esse, rectum est esse. Iustum enim et rectum videtur ignem calidum esse et unumquemque hominem diligentem se diligere. Nam si quidquid debet esse recte et iuste est, nec aliud recte et iuste est nisi quod debet esse, sicut puto: non potest aliud esse iustitia quam rectitudo. In summa namque et simplici natura, quamvis non ideo sit iusta et recta quia debeat aliquid, dubium tamen non est idem esse rectitudinem et iustitiam.

M. Habes igitur definitionem iustitiae, si iustitia non est aliud quam rectitudo. Et quoniam de rectitudine mente sola perceptibili loquimur, invicem sese definiunt veritas et rectitudo et iustitia. Ut qui unam earum noverit et alias nescierit, per notam ad ignotarum scientiam pertingere possit; immo qui noverit unam, alias nescire non possit.

D. Quid ergo? An dicemus lapidem iustum cum a superioribus inferiora petit, quia hoc facit quod debet, quemadmodum dicimus hominem iustum cum facit quod debet?

Wahrheit, als erforderlich ist, weil der Name »Rechtheit« sie von jedem Gegenstand, der nicht »Rechtheit« genannt wird, unterscheidet; daß sie aber mit dem Geist alleine erfaßbar genannt wird, scheidet sie von der sichtbaren Rechtheit.

12. KAPITEL
Über die Definition der Gerechtigkeit

Aber da du mich gelehrt hast, daß jede Wahrheit Rechtheit ist und Rechtheit mir dasselbe zu sein scheint wie Gerechtigkeit, so lehre mich auch, was ich unter Gerechtigkeit verstehen soll. Es scheint nämlich, daß alles, was zu sein recht ist, auch zu sein gerecht ist; und umgekehrt (scheint mir), daß das, was zu sein gerecht ist, auch zu sein recht ist. Denn gerecht und recht scheint es, daß das Feuer warm ist und daß ein jeder Mensch den liebt, der ihn liebt. Denn wenn alles, was sein soll, recht und gerecht ist, und (wenn) nichts anderes recht und gerecht ist, außer was sein soll, wie ich glaube: (so) kann die Gerechtigkeit nichts anderes sein als Rechtheit. Denn es besteht kein Zweifel, daß in der höchsten und einfachen Natur Rechtheit und Gerechtigkeit dasselbe sind, obwohl sie nicht deshalb recht und gerecht ist, weil sie etwas soll.[92]

L.: Du hast also die Definition der Gerechtigkeit, wenn die Gerechtigkeit nichts anderes ist als Rechtheit. Und da wir von der mit dem Geist allein erfaßbaren Rechtheit sprechen, definieren sich Wahrheit und Rechtheit und Gerechtigkeit gegenseitig. So daß, wer eine von ihnen kennt und von den anderen nichts weiß, durch die bekannte zum Wissen der unbekannten gelangen kann; ja, wer eine kennt, es nicht vermag, die anderen nicht zu kennen.

S.: Was nun? Werden wir etwa einen Stein gerecht nennen, wenn er von oben nach unten strebt, weil er das tut, was er (tun) soll, wie wir einen Menschen gerecht nennen, wenn er tut, was er (tun) soll?[93]

M. Non solemus huiusmodi iustitia iustum dicere.

D. Cur ergo magis homo iustus quam lapis iustus est, si uterque iuste facit?

M. Tu ipse an non putas facere hominis a facere lapidis aliquo modo differre?

D. Scio quia homo sponte, lapis naturaliter et non sponte facit.

M. Idcirco lapis non dicitur iustus, quia non est iustus qui facit quod debet, si non vult quod facit.

D. Dicemus ergo iustum esse equum cum vult pascere, quia volens facit quod debet?

M. Non dixi iustum esse illum qui facit volens quod debet; sed dixi non esse iustum qui non facit volens quod debet.

D. Dic ergo quis sit iustus.

M, Quaeris ut video definitionem iustitiae cui laus debetur; sicut contrario eius, scilicet iniustitiae, debetur vituperatio.

D. Illam quaero.

M. Constat quia illa iustitia non est in ulla natura quae rectitudinem non agnoscit. Quidquid enim non vult rectitudinem, etiam si eam tenet, non meretur laudari quia tenet rectitudinem. Velle autem illam non valet qui nescit eam.

D. Verum est.

M. Rectitudo igitur quae tenenti se laudem acquirit, non est nisi in rationali natura, quae sola rectitudinem de qua loquimur percipit.

D. Ita sequitur.

M. Ergo quoniam omnis iustitia est rectitudo, nullatenus

L.: Eine Gerechtigkeit dieser Art pflegen wir nicht »gerecht« zu nennen.

S.: Warum ist also mehr der Mensch gerecht als der Stein gerecht ist, wenn jeder von ihnen in gerechter Weise handelt?

L.: Glaubst du selbst etwa nicht, daß sich das Tun des Menschen von dem Tun des Steines in irgendeiner Weise unterscheidet?

S.: Ich weiß, daß der Mensch aus eigenem Antrieb handelt und daß der Stein naturhaft und nicht aus eigenem Antrieb handelt.[94]

L.: Deshalb wird ein Stein nicht gerecht genannt, weil nicht gerecht ist, wer tut, was er (tun) soll, wenn er nicht will, was er tut.

S.: Werden wir also sagen, daß das Pferd gerecht ist, wenn es weiden will, weil es willentlich tut, was es (tun) soll?

L.: Ich habe nicht gesagt, daß jener gerecht ist, der willentlich tut, was er (tun) soll; sondern ich habe gesagt, daß nicht gerecht ist, wer nicht willentlich tut, was er (tun) soll.

S.: Sag also, wer gerecht ist.

L.: Du suchst, wie ich sehe, die Definition der Gerechtigkeit, der Lob geschuldet wird; wie ihrem Gegenteil, nämlich der Ungerechtigkeit, Tadel geschuldet wird.

S.: Diese suche ich.

L.: Es steht fest, daß jene Gerechtigkeit in keiner Natur ist, welche die Rechtheit nicht erkennt. Denn was auch immer die Rechtheit nicht will, auch wenn es sie besitzt, verdient nicht gelobt zu werden, daß es die Rechtheit besitzt. Sie zu wollen, vermag aber nicht, wer sie nicht kennt.[95]

S.: Das ist wahr.

L.: Die Rechtheit also, die dem, der sie besitzt, Lob erwirbt, befindet sich nur in einer vernünftigen Natur, die allein die Rechtheit, von der wir sprechen, erfaßt.

S.: Das folgt daraus.

L.: Weil also jede Gerechtigkeit Rechtheit ist, ist die Ge-

est iustitia quae servantem se facit laudabilem, nisi in rationalibus.

D. Non potest aliter esse.

M. Ubi igitur tibi videtur ista iustitia in homine qui rationalis est?

D. Non est nisi aut in voluntate aut in scientia aut in opere.

M. Quid si quis recte intelligit aut recte operatur, non autem recte velit: laudabit eum quisquam de iustitia?

D. Non.

M. Ergo non est ista iustitia rectitudo scientiae aut rectitudo actionis, sed rectitudo voluntatis.

D. Aut hoc erit aut nihil.

M. Videtur tibi sufficienter esse definita iustitia quam quaerimus?

D. Tu vide.

M. Quicumque vult quod debet, putas eum recte velle et habere rectitudinem voluntatis?

D. Si quis nesciens vult quod debet, ut cum vult claudere ostium contra illum qui ipso nesciente vult in domo alium occidere: sive habeat iste sive non habeat aliquam voluntatis rectitudinem, non habet illam quam quaerimus.

M. Quid dicis de illo, qui scit se debere velle quod vult?

D. Potest contingere ut intelligens velit quod debet, et nolit se debere. Nam cum latro cogitur ablatam reddere pecuniam, palam est quia non vult se debere, quoniam ideo cogitur velle reddere quia debet. Sed hic nullatenus laudandus est hac rectitudine.

rechtigkeit, die den, der sie bewahrt, lobwürdig macht, nur in den vernunftbegabten (Naturen).[96]

S.: Es kann nicht anders sein.

L.: Wo also scheint dir diese Gerechtigkeit im Menschen, der vernunftbegabt ist,[97] (zu sein)?

S.: Sie ist nur entweder im Willen oder im Wissen oder im Werk.

L.: Was ist, wenn jemand in rechter Weise erkennt oder in rechter Weise handelt, nicht aber in rechter Weise will: wird ihn jemand wegen Gerechtigkeit loben?

S.: Nein.

L.: Also ist diese Gerechtigkeit nicht die Rechtheit des Wissens oder die Rechtheit des Handelns, sondern die Rechtheit des Willens.

S.: Entweder dies wird es sein oder nichts.

L.: Scheint dir die Gerechtigkeit, die wir suchen, hinreichend definiert zu sein?

S.: Sieh du zu!

L.: Wer immer will, was er (wollen) soll, glaubst du, daß er in rechter Weise will und die Rechtheit des Willens hat?

S.: Wenn jemand unwissentlich will, was er (wollen) soll – wie wenn er das Tor gegen den verschließen will, der ohne sein Wissen im Hause einen anderen töten will: ob dieser irgendeine Rechtheit des Willens hat oder nicht hat, er hat nicht jene, die wir suchen.

L.: Was sagst du von dem, der weiß, daß er wollen soll, was er will?

S.: Es kann geschehen, daß einer wissentlich das will, was er (wollen) soll, und (daß) er (sc. zugleich) nicht will, daß er es (wollen) soll. Denn wenn ein Räuber gezwungen wird, das geraubte Geld zurückzugeben, (dann) ist es offenbar, daß er nicht will, daß er es (wollen) soll, da er ja deshalb gezwungen wird, zurückgeben zu wollen, weil er es (zurückgeben) soll. Aber auf Grund dieser Rechtheit darf er keineswegs gelobt werden.[98]

M. Qui cibat pauperem esurientem propter inanem gloriam, vult se debere velle quod vult. Idcirco namque laudatur, quia vult facere quod debet. Quid itaque de isto iudicas?

D. Non est huius rectitudo laudanda, et ideo non sufficit ad iustitiam quam quaerimus. Sed ostende iam quae sufficiat.

M. Omnis voluntas sicut vult aliquid, ita vult propter aliquid. Nam quemadmodum considerandum est quid velit, sic videndum est cur velit. Quippe non magis recta debet esse volendo quod debet, quam volendo propter quod debet. Quapropter omnis voluntas habet quid et cur. Omnino namque nihil volumus, nisi sit cur velimus.

D. Omnes hoc in nobis cognoscimus.

M. Cur autem tibi videtur volendum unicuique quod vult, ut laudabilem habeat voluntatem? Quid enim volendum sit palam est; quoniam qui non vult quod debet, non est iustus.

D. Nec minus apertum mihi videtur quia sicut volendum est unicuique quod debet, ita volendum est ideo quia debet, ut iusta sit eius voluntas.

M. Bene intelligis haec duo esse necessaria voluntati ad iustitiam: velle scilicet quod debet, ac ideo quia debet. Sed dic an sufficiant.

D. Cur non?

M. Cum aliquis vult quod debet quia cogitur, et ideo cogitur quia hoc velle debet: nonne hic quodam modo vult quod debet, quoniam debet?

D. Non possum negare; sed alio modo iste vult, alio modo iustus.

M. Distingue ipsos modos.

L.: Wer einen hungernden Armen um des eitlen Ruhmes willen speist, will, daß er wollen soll, was er will. Denn deshalb wird er gelobt, weil er tun will, was er (tun wollen) soll. Wie urteilst du über diesen?

S.: Dessen Rechtheit darf nicht gelobt werden und genügt deshalb nicht zur Gerechtigkeit, die wir suchen.[99] Aber zeige nun, welche (Rechtheit) (sc. zur Gerechtigkeit) genügt.

L.: Wie jeder Wille etwas will, so will er wegen etwas. Denn wie man berücksichtigen muß, was er will, so muß gesehen werden, warum er (es) will. Denn er muß nicht in größerem Maße recht sein im Wollen dessen, was er (wollen) soll, als im Wollen dessen, weswegen er (es wollen) soll. Deshalb hat jeder Wille ein Was und ein Warum. Denn wir wollen überhaupt nichts, wenn es keinen Grund gibt, warum wir es wollen.

S.: Wir alle erkennen dies in uns (selbst).

L.: Warum aber scheint dir ein jeder das, was er will, wollen zu sollen, um einen lobwürdigen Willen zu haben? Denn was gewollt werden soll, liegt offen zutage, weil der, der nicht will, was er (wollen) soll, nicht gerecht ist.

S.: Nicht weniger klar scheint mir, daß, wie jeder dasjenige wollen soll, was er (wollen) soll, so es deshalb wollen soll, weil er es soll, damit sein Wille gerecht ist.

L.: Du verstehst gut, daß diese zwei Dinge für den Willen zur Gerechtigkeit notwendig sind: nämlich das zu wollen, was er (wollen) soll, und es deshalb zu wollen, weil er es wollen soll. Aber sag, ob das genügt.

S.: Warum nicht?

L.: Wenn jemand will, was er (wollen) soll, weil er gezwungen wird, und (wenn) er deshalb gezwungen wird, weil er dies wollen soll: will dieser etwa nicht auf irgendeine Weise, was er (wollen) soll, weil er es (wollen) soll?[100]

S.: Ich kann es nicht leugnen; aber dieser will auf eine andere Weise als der Gerechte.

L.: Gib den Unterschied zwischen diesen beiden Weisen an.

D. Iustus namque cum vult quod debet, servat voluntatis rectitudinem non propter aliud, inquantum iustus dicendus est, quam propter ipsam rectitudinem. Qui autem non nisi coactus aut extranea mercede conductus vult quod debet: si servare dicendus est rectitudinem, non eam servat propter ipsam sed propter aliud.

M. Voluntas ergo illa iusta est, quae sui rectitudinem servat propter ipsam rectitudinem.

D. Aut ista aut nulla voluntas iusta est.

M. Iustitia igitur est rectitudo voluntatis propter se servata.

D. Vere haec est definitio iustitiae quam quaerebam.

M. Vide tamen ne forte aliquid in ea debeat corrigi.

D. Ego nihil in ea corrigendum esse video.

M. Nec ego. Nulla namque est iustitia quae non est rectitudo, nec alia quam rectitudo voluntatis iustitia dicitur per se. Dicitur enim rectitudo actionis iustitia, sed non nisi cum iusta voluntate fit actio. Rectitudo autem voluntatis, etiamsi impossibile sit fieri quod recte volumus: tamen nequaquam nomen amittit iustitiae.

Quod autem ›servata‹ dicitur, forte dicet aliquis: Si rectitudo voluntatis non nisi cum servatur dicenda est iustitia: non mox ut habetur est iustitia, nec accipimus iustitiam cum illam accipimus, sed nos servando facimus eam esse iustitiam. Nam prius illam accipimus et habemus quam servemus. Non enim ideo illam accipimus nec idcirco illam primitus habe-

S.: Der Gerechte nämlich bewahrt, wenn er will, was er (wollen) soll, die Rechtheit des Willens wegen nichts anderem – insofern er gerecht zu nennen ist – als wegen der Rechtheit selber. Wer aber nur durch Zwang oder durch äußeren Lohn bewogen will, was er (wollen) soll: wenn gesagt werden muß, daß er die Rechtheit bewahrt, so bewahrt er sie nicht um ihrer selbst willen, sondern um eines anderen willen.

L.: Jener Wille ist also gerecht, der seine Rechtheit bewahrt um der Rechtheit selbst willen.

S.: Entweder dieser oder kein Wille ist gerecht.

L.: Gerechtigkeit ist also Rechtheit des Willens, bewahrt um ihrer selbst willen.

S.: Dies ist wahrhaft die Definition der Gerechtigkeit, die ich suchte.

L.: Sieh jedoch zu, ob vielleicht etwas an ihr verbessert werden muß.

S.: Ich sehe nichts, was an ihr verbessert werden müßte.

L.: Auch ich nicht. Denn es gibt keine Gerechtigkeit, die nicht Rechtheit ist,[101] noch wird an und für sich eine andere Rechtheit als die des Willens Gerechtigkeit genannt.[102] Denn es wird (zwar) die Rechtheit des Handelns Gerechtigkeit genannt, aber nur, wenn die Handlung mit gerechtem Willen geschieht. Die Rechtheit des Willens aber verliert dennoch keineswegs den Namen der Gerechtigkeit, auch wenn es unmöglich ist, daß geschieht, was wir in rechter Weise wollen.

Dazu aber, daß sie (sc. die Gerechtigkeit) eine »bewahrte« (Rechtheit des Willens) genannt wird, wird vielleicht jemand sagen: Wenn die Rechheit des Willens, nur wenn sie bewahrt wird, Gerechtigkeit genannt werden darf: (dann) ist sie nicht Gerechtigkeit, sobald sie besessen wird, und wir empfangen (dann) nicht die Gerechtigkeit, wenn wir jene (sc. die Rechtheit des Willens) empfangen, sondern wir bewirken dadurch, daß wir sie (sc. die Rechtheit des Willens) bewahren, daß sie Gerechtigkeit ist. Denn wir haben und empfangen jene (sc. Rechtheit des Willens) früher, als daß wir sie bewahren. Denn

mus quia servamus; sed ideo incipimus illam servare quia accepimus et habemus. Sed ad haec nos respondere possumus, quia simul accipimus illam et velle et habere. Non enim illam habemus nisi volendo; et si eam volumus, hoc ipso illam habemus. Sicut autem simul illam habemus et volumus, ita illam simul volumus et servamus; quoniam sicut eam non servamus nisi cum illam volumus, sic non est quando eam velimus et non servemus; sed quamdiu eam volumus servamus, et donec servamus volumus. Quoniam ergo eodem tempore contingit nobis illam et velle et habere, nec diverso tempore in nobis sunt et velle et servare illam: ex necessitate simul accipimus et habere illam et servare; et sicut quamdiu servamus habemus illam, ita quamdiu habemus servamus; nec ulla ex his generatur inconvenientia.

Quippe sicut eiusdem rectitudinis acceptio natura prius est quam habere aut velle illam – quoniam illam habere aut velle non est causa acceptionis, sed acceptio facit velle illam et habere –; et tamen simul sunt tempore acceptio et habere et velle – simul enim incipimus illam et accipere et habere et velle, et mox ut est accepta, est habita et volumus eam –: ita habere seu velle illam, quamvis natura prius sint quam servare, simul tamen sunt tempore. Quare a quo simul accipimus et habere et velle et servare voluntatis rectitudinem, ab illo

nicht deshalb empfangen wir jene (sc. Rechtheit des Willens) und nicht deshalb haben wir sie zuerst, weil wir sie bewahren; sondern deshalb beginnen wir sie zu bewahren, weil wir sie empfangen haben und besitzen.

Aber darauf können wir antworten, daß wir sie (sc. die Rechtheit des Willens) gleichzeitig empfangen, wollen und besitzen. Denn wir besitzen sie nur, indem wir sie wollen; und wenn wir sie wollen, (dann) besitzen wir sie eben dadurch. Wie wir sie aber zugleich haben und wollen, so wollen und bewahren wir sie zugleich; denn wie wir sie nicht bewahren, außer dadurch, daß wir sie wollen, so ist sie nicht, wenn wir sie wollen und (sie) nicht bewahren; sondern solange wir sie wollen, bewahren wir sie, und solange wir sie bewahren, wollen wir sie. Weil es sich für uns also zur gleichen Zeit ereignet, daß wir sie sowohl wollen als auch (sie) besitzen, und (weil) sie sowohl zu wollen als auch zu bewahren in uns nicht zu einer verschiedenen Zeit (vorhanden) sind: (so) empfangen wir mit Notwendigkeit zugleich es, sowohl sie (sc. die Rechtheit des Willens) zu besitzen als auch sie zu bewahren; und wie wir sie besitzen, solange wir sie bewahren, so bewahren wir sie, solange wir sie besitzen; und daraus entsteht keinerlei Ungereimtheit.

Wie nämlich der Empfang dieser Rechtheit (sc. des Willens) der Natur nach früher ist, als sie zu besitzen oder zu wollen – weil sie zu besitzen oder zu wollen nicht die Ursache des Empfangens ist, sondern das Empfangen es bewirkt, sie zu wollen und zu besitzen –; und dennoch der Zeit nach zugleich das Empfangen, das Besitzen und das Wollen sind – denn gleichzeitig beginnen wir, sie zu empfangen und sie zu besitzen und sie zu wollen, und sobald sie empfangen ist, ist sie besessen und wollen wir sie –: so sind sie zu besitzen oder sie zu wollen, obwohl sie der Natur nach früher sind als sie zu bewahren, dennoch der Zeit nach zugleich. Deshalb empfangen wir von jenem die Gerechtigkeit, von dem wir gleichzeitig sowohl das Besitzen als auch das Wollen als auch das

accipimus iustitiam; et mox ut habemus et volumus eandem rectitudinem voluntatis, iustitia dicenda est.

Quod vero addidimus ›propter se‹, ita necessarium est, ut nullo modo eadem rectitudo nisi propter se servata iustitia sit.

D. Nihil cogitare possum contra.

M. Videtur tibi quod ista definitio possit aptari summae iustitiae, secundum quod de re loqui possumus de quo nihil aut vix aliquid proprie potest dici?

D. Licet non ibi sit aliud voluntas, aliud rectitudo, tamen sicut dicimus potestatem divinitatis aut divinam potestatem sive potentem divinitatem, cum in divinitate non sit aliud potestas quam divinitas: ita non inconvenienter dicimus ibi rectitudinem voluntatis aut voluntariam rectitudinem seu rectam voluntatem. Si vero illam rectitudinem dicimus propter se servari, de nulla alia rectitudine sic convenienter dici posse videtur. Sicut enim non aliud illam sed ipsa se servat, nec per aliud sed per se: ita non propter aliud quam propter se.

M. Indubitanter igitur possumus dicere quia iustitia est rectitudo voluntatis, quae rectitudo propter se servatur. Et quoniam verbi quod hic dico ›servatur‹, non habemus participium passivum praesentis temporis: pro praesenti possumus uti passivo praeterito participio eiusdem verbi.

D. Hunc usum habemus notissimum, ut praeteritis participiis passivis utamur pro praesentibus quae Latinitas non

Bewahren der Rechtheit des Willens empfangen; und sobald wir diese Rechtheit des Willens besitzen und wollen, muß sie Gerechtigkeit genannt werden.

Daß wir aber hinzugefügt haben »um ihrer selbst willen«, ist so notwendig, daß auf keine Weise diese Rechtheit Gerechtigkeit ist, wenn sie nicht um ihrer selbst willen bewahrt worden ist.[103]

S.: Ich kann nichts dagegen denken.

L.: Scheint dir, daß diese Definition der höchsten Gerechtigkeit angepaßt werden kann, soweit wir von einer Sache reden können, von der nichts oder kaum etwas im eigentlichen Sinne ausgesagt werden kann?[104]

S.: Obwohl dort der Wille und die Rechtheit nicht verschieden sind, sprechen wir dort dennoch nicht unangemessen von Rechtheit des Willens oder von willentlicher Rechtheit oder von rechtem Willen, wie wir von der Macht der Gottheit oder von göttlicher Macht oder mächtiger Gottheit sprechen, weil in der Gottheit die Macht nichts anderes ist als die Gottheit.[105] Wenn wir aber von jener Rechtheit (des Willens) sagen, daß sie um ihrer selbst willen bewahrt wird, (so) scheint es, daß sie von keiner anderen Rechtheit so angemessen ausgesagt werden kann. Denn wie nicht etwas anderes sie, sondern sie selbst sich bewahrt, noch durch etwas anderes, sondern durch sich selbst (sich bewahrt): so nicht um eines anderen willen, sondern um ihrer selbst willen (sich bewahrt).

L.: Unbedenklich können wir also sagen, daß die Gerechtigkeit ist: Rechtheit des Willens, eine Rechtheit, die um ihrer selbst willen bewahrt wird. Und weil wir von dem Verb, welches ich hier »bewahrt wird« nenne, kein Partizip Passiv der Gegenwart haben, so können wir anstelle des Präsens das Partizip Passiv der Vergangenheit desselben Verbs gebrauchen.[106]

S.: Diesen sehr bekannten Gebrauch haben wir, daß wir die passiven Partizipien der Vergangenheit gebrauchen anstelle der (passiven Partizipien) des Präsens, die das Lateini-

habet, sicut non habet praeterita participia a verbis activis et neutris; et pro praeteritis quae non habet utitur praesentibus, ut si dicam de aliquo: Hic quod studens et legens didicit, non nisi coactus docet. Id est: quod dum studuit et legit didicit, non nisi cum cogitur docet.

M. Bene igitur diximus iustitiam esse rectitudinem voluntatis servatam propter se, id est quae servatur propter se. Et hinc est quod iusti dicuntur aliquando ›recti corde‹, id est recti voluntate; aliquando ›recti‹ sine adiectione ›cordis‹, quoniam nullus alius intelligitur rectus nisi ille qui rectam habet voluntatem. Ut est illud: »Gloriamini omnes recti corde«. Et: »Videbunt recti et laetabuntur«.

D. Satisfecisti etiam pueris de definitione iustitiae; transeamus ad alia.

CAPITULUM XIII
Quod una sit veritas in omnibus veris

M. Redeamus ad rectitudinem seu veritatem, quibus duobus nominibus, quoniam de rectitudine mente sola perceptibili loquimur, una res significatur quae genus est iustitiae; et quaeramus an sit una sola veritas in omnibus illis in quibus veritatem dicimus esse, an ita sint veritates plures, sicut plura sunt in quibus constat esse veritatem.

D. Hoc multum nosse desidero.

M. Constat quia in quacumque re sit veritas, non est aliud quam rectitudo.

sche nicht hat, wie es nicht Partizipien der Vergangenheit von aktiven und neutralen Verben hat und an Stelle der (Partizipien der) Vergangenheit, die es nicht hat, die (Partizipien der) Gegenwart gebraucht, wie wenn ich von jemandem sage: Was dieser studierend und lesend gelernt hat, (das) lehrt er nur gezwungen. Das heißt: Was er, während er studierte und las, gelernt hat, (das) lehrt er nur, wenn er gezwungen wird.

L.: Gut haben wir also gesagt, daß die Gerechtigkeit die um ihrer selbst willen bewahrte Rechtheit des Willens ist, d. h., die um ihrer selbst willen bewahrt wird. Und daher kommt es, daß die Gerechten manchmal »Rechte im Herzen«, das heißt Rechte im Willen, genannt werden; manchmal (nur) »Rechte« (genannt werden) ohne Hinzufügung »des Herzens«, weil kein anderer als Rechter verstanden wird, außer dem, der einen rechten Willen hat. Daher jenes (Wort): »Rühmt euch alle, die ihr Rechte im Herzen seid«. Und: »Es werden die Rechten sehen und sich freuen«.[107]

S.: Du hast selbst den Kindern die Definition der Gerechtigkeit hinreichend erklärt; gehen wir zu anderem über.

13. KAPITEL
Daß eine Wahrheit in allem Wahren ist

L.: Laßt uns zur Rechtheit oder Wahrheit zurückkehren, zwei Namen, mit denen eine Sache bezeichnet wird, die die Gattung der Gerechtigkeit darstellt, weil wir von der Rechtheit, die allein mit dem Geist erfaßt werden kann, sprechen; und laßt uns fragen, ob nur *eine* Wahrheit in all jenen Dingen ist, von denen wir sagen, daß Wahrheit in ihnen ist, oder ob es so viele Wahrheiten gibt, wie es Gegenstände gibt, von denen feststeht, daß Wahrheit in ihnen ist.

S.: Dies zu wissen wünsche ich sehr.

L.: Es steht fest, daß Wahrheit, in welchem Gegenstand auch immer sie ist, nichts anderes ist als Rechtheit.

D. Non hinc dubito.

M. Si ergo plures sunt veritates secundum plures res, plures quoque sunt rectitudines.

D. Hoc quoque non minus certum est.

M. Si secundum diversitates rerum necesse est esse diversas rectitudines: utique secundum res ipsas habent esse suum eaedem rectitudines; et sicut res ipsae in quibus sunt variantur, sic quoque rectitudines varias esse necesse est.

D. In una re in qua rectitudinem esse dicimus, ostende quod in ceteris intelligam.

M. Dico quia si rectitudo significationis ideo est alia quam voluntatis rectitudo, quia ista in voluntate, illa in significatione est: habet suum esse rectitudo propter significationem et secundum eam mutatur.

D. Ita est. Cum enim significatur esse quod est, aut non esse quod non est, recta est significatio, et constat esse rectitudinem sine qua significatio recta nequit esse. Si vero significetur esse quod non est, vel non esse quod est, aut si nihil omnino significetur: nulla erit rectitudo significationis, quae non nisi in significatione est. Quapropter per significationem habet esse et per eam mutatur eius rectitudo, quemadmodum color per corpus habet esse et non esse. Existente namque corpore colorem eius esse necesse est, et pereunte corpore colorem eius manere impossibile est.

M. Non similiter se habent color ad corpus et rectitudo ad significationem.

D. Ostende dissimilitudinem.

M. Si nullus aliquo significare velit signo quod significandum est: erit ulla per signa significatio?

S.: Daran zweifle ich nicht.

L.: Wenn es also mehrere Wahrheiten gibt gemäß den mehreren Gegenständen, gibt es auch mehrere Rechtheiten.

S.: Auch dies ist nicht weniger gewiß.

L.: Wenn es gemäß den Verschiedenheiten der Gegenstände verschiedene Rechtheiten geben muß: so haben diese Rechtheiten ihr Sein gemäß diesen Gegenständen; und wie die Gegenstände selbst, in denen sie sind, wechseln, so müssen auch die Rechtheiten verschiedenartig sein.

S.: Zeige an *einem* Gegenstand, von dem wir sagen, daß Rechtheit in ihm ist, was ich von den anderen einsehen soll.

L.: Ich sage, daß, wenn die Rechtheit der Anzeige deshalb eine andere ist als die Rechtheit des Willens, weil diese im Willen, jene in der Anzeige ist: die Rechtheit ihr Sein wegen der Anzeige hat und nach ihr sich ändert.

S.: So ist es. Denn wenn angezeigt wird, daß (der Fall) ist, was (der Fall) ist, oder daß nicht (der Fall) ist, was nicht (der Fall) ist, ist die Anzeige recht, und es steht fest, daß es die Rechtheit ist, ohne die die Anzeige nicht recht sein kann. Wenn aber angezeigt wird, daß (der Fall) ist, was nicht (der Fall) ist, oder daß nicht (der Fall) ist, was (der Fall) ist, oder wenn überhaupt nichts angezeigt wird: wird es keine Rechtheit der Anzeige geben, die nur in der Anzeige sein kann. Deshalb hat ihre (sc. der Anzeige) Rechtheit durch die Anzeige das Sein und wird durch sie verändert, wie die Farbe durch den Körper Sein und Nichtsein hat. Denn wenn der Körper existiert, (dann) ist es notwendig, daß seine Farbe (da) ist; und wenn der Körper zugrunde geht, (dann) ist es unmöglich, daß seine Farbe bleibt.[108]

L.: Nicht in gleicher Weise verhalten sich die Farbe zum Körper und die Rechtheit zur Anzeige.

S.: Zeige die Unähnlichkeit.

L.: Wenn niemand durch irgendein Zeichen anzeigen will, was angezeigt werden soll: wird es (dann) irgendeine Anzeige durch Zeichen geben?

D. Nulla.

M. An ideo non erit rectum, ut significetur quod significari debet?

D. Non idcirco minus erit rectum, aut minus hoc exiget rectitudo.

M. Ergo non existente significatione non perit rectitudo qua rectum est et qua exigitur, ut quod significandum est significetur.

D. Si interisset, non esset hoc rectum, nec ipsa hoc exigeret.

M. Putasne cum significatur quod significari debet, significationem tunc esse rectam propter hanc et secundum hanc ipsam rectitudinem?

D. Immo non possum aliter putare. Si enim alia rectitudine recta est significatio, pereunte ista nihil prohibet rectam esse significationem. Sed nulla est recta significatio, quae significat quod non est rectum significari, aut quod non exigit rectitudo.

M. Nulla igitur significatio est recta alia rectitudine quam illa, quae permanet pereunte significatione.

D. Palam est.

M. An ergo non vides quia non ideo est rectitudo in significatione, quia tunc incipit esse cum significatur esse quod est, vel non esse quod non est, sed quia significatio tunc fit secundum rectitudinem quae semper est; nec ob hoc abest a significatione, quia perit cum non sicut debet aut cum nulla sit significatio, sed quoniam tunc significatio deficit a non deficiente rectitudine?

S.: Nein.

L.: Wird es deshalb nicht recht sein, daß angezeigt wird, was angezeigt werden soll?

S.: Deshalb wird es nicht weniger recht sein oder (deshalb) wird dies die Rechtheit nicht weniger fordern.

L.: Wenn also die Anzeige nicht existiert, (dann) geht die Rechtheit, durch die es recht ist und durch die gefordert wird, daß angezeigt wird, was angezeigt werden soll, nicht zugrunde.

S.: Wenn sie zugrunde gegangen wäre, (dann) wäre dies nicht recht noch würde sie selbst dies fordern.

L.: Glaubst du, daß, wenn angezeigt wird, was angezeigt werden soll, die Anzeige dann recht ist wegen dieser und gemäß dieser selben Rechtheit (sc. die bestehen bleibt, auch wenn die Anzeige nicht existiert)?

S.: Ich kann sogar nicht anders denken. Denn wenn die Anzeige durch eine andere Rechtheit recht ist, (dann) würde, wenn diese (sc. andere Rechtheit) zugrunde ginge, nichts daran hindern, daß die Anzeige recht ist. Aber es gibt keine rechte Anzeige, die anzeigt, was nicht recht ist, angezeigt zu werden oder was nicht die Rechtheit fordert.

L.: Es ist also keine Anzeige recht durch eine andere Rechtheit als durch die, die bestehen bleibt, wenn die Anzeige zugrunde geht.

S.: Das ist klar.

L.: Siehst du also nicht, daß nicht deshalb Rechtheit in der Anzeige ist, weil sie dann zu sein beginnt, wenn angezeigt wird, daß (der Fall) ist, was (der Fall) ist, oder daß nicht (der Fall) ist, was nicht (der Fall) ist, sondern weil die Anzeige dann gemäß der Rechtheit zustande kommt, die immer ist; und (siehst du, daß) sie (sc. die Rechtheit) nicht deshalb der Anzeige fehlt, weil sie zugrunde geht, wenn (die Anzeige) nicht ist, wie sie (sein) soll, oder wenn überhaupt keine Anzeige vorhanden ist, sondern weil dann die Anzeige von der (selbst) nicht schwindenden Rechtheit abfällt?

D. Sic video, ut non possim non videre.

M. Rectitudo igitur qua significatio recta dicitur, non habet esse aut aliquem motum per significationem, quomodocumque ipsa moveatur significatio.

D. Nihil mihi iam clarius.

M. Potesne probare colorem similiter se habere ad corpus, quomodo rectitudo se habet ad significationem?

D. Paratior nunc sum probare quia valde dissimiliter.

M. Puto quia iam tibi notum est, quid de voluntate et eius rectitudine et de aliis quae rectitudinem debent sentiendum sit.

D. Omnino video hac ipsa ratione probari, quoquo modo ipsa sint, rectitudinem immutabilem permanere.

M. Quid ergo consequi existimas de ipsis rectitudinibus? Sunt aliae ab invicem, aut est una et eadem omnium rectitudo?

D. Supra concessi quia si ideo plures sunt rectitudines, quoniam plures sunt res in quibus considerantur: necesse est eas existere et variari secundum res ipsas; quod nequaquam fieri demonstratum est. Quapropter non ideo sunt plures rectitudines, quia plures sunt res in quibus sunt.

M. An habes aliquam aliam rationem cur tibi plures esse videantur, praeter ipsam rerum pluralitatem?

D. Sicut istam nullam esse cognosco, ita nullam aliam inveniri posse considero.

M. Una igitur et eadem est omnium rectitudo.

D. Sic mihi fateri necesse est.

S.: So sehe ich es, daß ich es nicht nicht sehen kann.

L.: Die Rechtheit also, durch die die Anzeige recht genannt wird, hat nicht das Sein oder irgendeine Veränderung durch die Anzeige, wie immer auch die Anzeige selbst sich verändert.

S.: Nichts ist mir jetzt klarer.

L.: Kannst du beweisen, daß die Farbe sich in gleicher Weise zum Körper verhält wie die Rechtheit sich zur Anzeige verhält?

S.: Ich bin jetzt mehr bereit zu beweisen, daß sie sich sehr ungleich verhält.

L.: Ich glaube, daß dir nunmehr bekannt ist, was vom Willen und seiner Rechtheit und von den anderen Dingen, die Rechtheit schulden, zu halten ist.

S.: Ich sehe vollkommen, daß durch diese selbe Begründung bewiesen wird, daß die Rechtheit unveränderlich bleibt, wie immer auch jene (sc. Gegenstände, in denen die Rechtheit sich befindet) sein mögen.

L.: Was also folgt aus diesen Rechtheiten deiner Meinung nach? Sind sie voneinander verschieden oder ist die Rechtheit aller Gegenstände ein und dieselbe?

S.: Oben habe ich eingeräumt, daß, wenn es deshalb mehrere Rechtheiten gibt, weil es mehrere Gegenstände gibt, in denen sie betrachtet werden: es notwendig ist, daß sie diesen Gegenständen gemäß bestehen und sich verändern; daß dies in keiner Weise geschieht, ist bewiesen worden. Daher gibt es nicht deshalb mehrere Rechtheiten, weil es mehrere Gegenstände gibt, in denen sie sind.

L.: Hast du etwa irgendeinen anderen Grund, warum es dir mehrere (Rechtheiten) zu geben scheint außer dieser Vielfalt der Gegenstände (sc. in denen Rechtheit ist)?

S.: Wie ich erkenne, daß dieser (Grund in Wahrheit) keiner ist, so sehe ich, daß kein anderer gefunden werden kann.

L.: Ein und dieselbe ist also die Rechtheit von allem.

S.: So muß ich es mir eingestehen.

M. Amplius: Si rectitudo non est in rebus illis quae debent rectitudinem, nisi cum sunt secundum quod debent, et hoc solum est illis rectas esse: manifestum est earum omnium unam solam esse rectitudinem.

D. Non potest negari.

M. Una igitur est in illis omnibus veritas.

D. Et hoc negari impossibile est. Sed tamen ostende mihi: cur dicimus ›huius vel illius rei‹ veritatem, velut ad distinguendas veritatum differentias, si nullam ab ipsis rebus assumunt diversitatem? Multi namque vix concedent nullam esse differentiam inter veritatem voluntatis et eam quae dicitur actionis, aut alicuius aliorum.

M. Improprie ›huius vel illius rei‹ esse dicitur, quoniam illa non in ipsis rebus aut ex ipsis aut per ipsas in quibus esse dicitur habet suum esse. Sed cum res ipsae secundum illam sunt, quae semper praesto est iis quae sunt sicut debent: tunc dicitur ›huius vel illius rei veritas‹, ut veritas voluntatis, actionis, quemadmodum dicitur ›tempus huius vel illius rei‹, cum unum et idem sit tempus omnium quae in eodem tempore simul sunt; et si non esset haec vel illa res, non minus esset idem tempus. Non enim ideo dicitur tempus huius vel illius rei, quia tempus est in ipsis rebus, sed quia ipsae sunt in tempore. Et sicut tempus per se consideratum non dicitur tempus alicuius, sed cum res quae in illo sunt consideramus, dicimus ›tempus huius vel illius rei‹: ita summa veritas per se

L.: Ferner: Wenn die Rechtheit nicht in jenen Gegenständen ist, die Rechtheit schulden, außer, wenn sie sind, wie sie (sein) sollen, und dies allein für sie bedeutet, recht zu sein: (so) ist es offensichtlich, daß die Rechtheit von diesen allen nur *eine* ist.

S.: Das kann nicht verneint werden.

L.: Eine ist also in all jenen (Gegenständen) die Wahrheit.

S.: Auch dies zu verneinen ist nicht möglich. Aber zeige mir dennoch: Warum sagen wir »die Wahrheit dieses oder jenes Gegenstandes«, wie um die Unterschiede der Wahrheiten auseinanderzuhalten, wenn sie (sc. die Wahrheiten) von diesen Gegenständen keine Verschiedenheit annehmen? Denn viele werden kaum zugeben, daß kein Unterschied besteht zwischen der Wahrheit des Willens und der (Wahrheit), die die (Wahrheit) des Handelns genannt wird, oder irgendeines der anderen Gegenstände.

L.: Man sagt (nur) im uneigentlichen Sinne, sie sei (die Wahrheit) »dieses oder jenes Gegenstandes«, weil jene (Wahrheit) nicht in den Gegenständen selbst oder aus ihnen selbst oder durch sie selbst, von denen man sagt, daß sie in ihnen sei, ihr Sein hat. Sondern wenn diese Dinge ihr gemäß sind, die immer denen gegenwärtig ist, die sind, wie sie (sein) sollen: dann sagt man »die Wahrheit dieses oder jenes Gegenstandes«, wie die Wahrheit des Willens, (die Wahrheit) des Handelns, so wie man sagt »die Zeit dieses oder jenes Gegenstandes«, obwohl es (doch) ein und dieselbe Zeit von allem ist, was in derselben Zeit zugleich ist; und wenn es nicht diesen oder jenen Gegenstand gäbe, (dann) wäre es nicht weniger dieselbe Zeit. Denn nicht deshalb sagt man »die Zeit dieses oder jenes Gegenstandes«, weil die Zeit in diesen Dingen ist, sondern weil sie in der Zeit sind. Und wie die Zeit, für sich betrachtet, nicht die Zeit von irgendetwas genannt wird, sondern wenn wir die Gegenstände, die in ihr sind, betrachten, sagen wir »die Zeit dieses oder jenes Gegenstandes«: so gehört (auch) die höchste, durch sich bestehende Wahrheit

subsistens nullius rei est; sed cum aliquid secundum illam est, tunc eius dicitur veritas vel rectitudo.

nicht irgendeinem Gegenstand an; sondern wenn etwas ihr gemäß ist, dann wird sie dessen Wahrheit oder Rechtheit genannt.[109]

ANMERKUNGEN DES HERAUSGEBERS

[1] F.S. Schmitt, S. Anselmi Cantuariensis Archiepiscopi Opera omnia, Prolegomena seu ratio editionis, 51*, Anm. 27, gibt für seine spätere Datierung der *praefatio* – nach der Entstehung der drei Dialoge *De veritate*, *De libertate arbitrii* und *De casu diaboli*, aber »noch vor der Niederschrift von *Cur deus homo*, da Anselm sonst auch diesen Dialog in der *Praefatio* hätte erwähnen müssen« – die plausible Begründung, daß in der sehr wahrscheinlich »die älteste Tradition von Bec« (ebd., 52*) aufbewahrenden Handschrift (der Bodleiana) Rawlinson A 392, die aus St. Martin in Troarn, einer Bec benachbarten Abtei, stammt, und deren Entstehung F.S. Schmitt sogar noch in Anselms Amtszeit als Abt von Bec (bis 1093) ansetzt, daß in dieser Handschrift auch die *Praefatio* – neben dem Titel und den Kapitelüberschriften von *De veritate* – fehlt, vgl. ebd., 53*, 55*. Aber auch die Zeitangaben der *Praefatio* sind ein unübersehbarer Beleg für ihre Spätdatierung: Denn Anselm sagt deutlich, daß er »einst« (*quondam*), und zwar jeweils zu verschiedenen Zeiten, die drei oben genannten Abhandlungen verfaßt habe, vgl. Praef [I 173,2 f., Hervorhebung v. Vf.]: Tres tractatus pertinentes ad studium sacrae scipturae *quondam* feci *diversis temporibus*.

[2] Zur Datierung von *De veritate* vgl. F.S. Schmitt, S. Anselmi Cant. Archiepiscopi Opera omnia, Prolegomena seu ratio editionis, 58*: »In *De veritate* wird, wie wir bereits bemerkt haben, das *Monologion* zitiert und zwar nach dem einhelligen Zeugnis der Hss. schon mit dem endgültigen Titel. Demnach wird man die Fertigstellung dieses Werkes erst nach dem Jahre 1082 ansetzen dürfen.«

[3] Das erste gemeinsame Merkmal der drei Werke *De veritate*, *De libertate arbitrii* und *De casu diaboli* ist ihr Gegenstandsbereich: Die Hl. Schrift. H. Külling, dürfte der bislang einzige Interpret von *De veritate* sein, der diese Angabe Anselms ernst genommen und zum hermeneutischen Leitfaden seiner Werkanalyse gemacht hat, vgl. ders., Wahrheit als Richtigkeit, 9; in der konkreten Durchführung seiner Interpretation berücksichtigt Külling allerdings zu

wenig die rational-philosophische Methode dieser Schrift und kehrt daher auch das von Anselm intendierte Begründungsverhältnis von Schriftzitat und Vernunftbeweis zu Lasten des letzteren öfters um.

4 Zum pädagogischen Zweck der dialogischen Struktur dieser Trilogie Anselms sowie seiner Erstlingsschrift *De grammatico* vgl. CDH I [II 48,11–13]; G. Gäde, Eine andere Barmherzigkeit, 24, charakterisiert diese dialogische Struktur zu Recht als »anonyme Dialogform«.

5 Anselm betrachtet seine Erstlingsschrift demnach als eine Einführung in die Dialektik, die er grundsätzlich als *scientia disputandi argumentandique* (PR I [I 136,24 f.]) versteht. Zu *De grammatico* vgl. den ausführlichen Kommentar von D.P. Henry, Commentary on *De Grammatico*. The Historical-Logical Dimensions of a Dialogue of St. Anselm's, Dordrecht/Boston 1974.

6 Dieses Schriftzitat bezieht sich auf Joh 8,44, eine Stelle, auf die Anselm auch schon in DV 4 [I 180,21 f.] rekurriert.

7 Anselms Insistieren auf der Reihenfolge der Abschrift der drei Schriften mit *De veritate* an erster Stelle erklärt sich durch die Scharnierfunktion, die *De veritate* zwischen den beiden frühen systematischen Schriften Anselms, dem *Monologion* und dem *Proslogion*, und den späteren systematischen Schriften Anselms besitzt, auf die erstmals E.R. Fairweather, Truth, Justice and Moral Responsibility in the thought of Saint Anselm, 386, und J. Rassam, Existence et vérité chez saint Anselme, 330, hingewiesen haben; zu dieser Schlüsselstellung von *De veritate* im Gesamtwerk Anselms vgl. auch R. Pouchet, La Rectitudo chez Saint Anselme, 62: Le *De veritate* apparaît, dès alors, comme l'œuvre charnière par excellence, le nœud vital qui rélie théologie, christologie et anthropologie anselmienne: c'est le phare qui projette sa lumière sur l'ensemble de la doctrine et permet d'en esquisser la synthèse.« Bereits E. Gilson, Sens et nature de l'argument de saint Anselme, 9, nennt *De veritate* »le fondement épistémologique de toute sa doctrine«.

8 Zur Bedeutung von *significatio* und zur Begründung unserer Übersetzung vgl. Anm. 12.

9 Die Übersetzung von *opinio* mit ›Gedanke‹ liegt in der Synonymität dieses Wortes mit *cogitatio* im Verständnis Anselms begründet, vgl. DV 3 [I 180,6,10,12,15]; zu Anselms synonymem

Gebrauch von *opinio* und *cogitatio* vgl. Vf., Wahrheit und Notwendigkeit, 143 f.; daher ist die Übersetzung von *opinio* mit ›Annahme‹ durch H.-J. Verweyen, Wahrheit und Freiheit, 39, durchaus gerechtfertigt.

[10] Daß Anselm *credere* terminologisch verwendet in der christlichen Bedeutung von »glauben« bzw. »Glauben schenken«, geht aus einer Prüfung derjenigen Stellen, die der *Index generalis personarum et rerum* unter dem Stichwort *credere* verzeichnet (vgl. Opera omnia VI, 94), eindeutig hervor; den Glaubens-Charakter der Aussage, daß Gott die Wahrheit ist, heben hervor J. Rassam, Existence et vérité, 330; R. Pouchet, La Rectitudo chez Saint Anselme, 57 f.; C. Viola, Foi et Vérité chez saint Anselme, 586; R. Heinzmann, Philosophie des Mittelalters, 169: »Ausgangspunkt ist auf der einen Seite die Glaubensüberzeugung, daß Gott die Wahrheit ist.«

[11] Dafür, daß sich Anselm hier zitierend auf Joh. 14,6 (*Dicit ei Jesus: ›Ego sum via et veritas et vita; nemo venit ad Patrem nisi per me.‹*, zitiert nach der Vulgata als der Anselm bekannten Bibel-Ausgabe) bezieht, sprechen die folgenden Gründe: Joh. 14,6 ist die einzige Schriftstelle, an der die Wahrheit ausdrücklich mit Gott selbst – und zwar als Selbstprädikation Jesu – identifiziert wird; Anselm greift in *De veritate* häufiger – insbesondere zur Einleitung in das Thema eines Kapitels – Schriftzitate aus dem Johannesevangelium auf, vgl. DV 4 [I 180,21 ff.]; DV 5 [I 181,20 f.; 182,11 f.,25 f.]; zweitens ist die vergleichsweise große Bedeutung speziell des Joh-Evangeliums als autoritative Offenbarungsquelle für Anselms Denken zu berücksichtigen, die R. Pouchet, Saint Anselme lecteur de saint Jean, verifiziert hat; schließlich hat drittens G. Kapriev, [...] ipsa vita et veritas, 132, Anm. 184, auf die Diskussion Lanfranks mit Anselm über die Heiligkeit von Elfegus nach Eadmer, Vita Anselmi I 5, hingewiesen, die eine Paraphrase von Joh 14,6 beinhalte.

[12] *Significatio* gehört nach Anselm zu den unveränderlichen Wesens- und damit auch Definitionselementen einer Aussage (vgl. DV 2 [I 177,20 f., Hervorhebung v. Vf.]: Vide ergo an *ipsa oratio* aut *eius significatio* aut aliquid eorum quae sunt in definitione enuntiationis, sit quod quaeris.); denn sie bringt die grundsätzliche Zeige- bzw. Bezeichnungsfunktion des semantischen Gehalts einer Aussage auf von ihr Verschiedenes (Sachen, Sachverhalte) zum Ausdruck. Deshalb wird zur Übersetzung von *significatio* hier der Terminus

»Anzeige« verwendet. Da aber diese Bezeichnungsfunktion jedem semantischen Gehalt einer Aussage wesentlich ist, kann *significatio* auch mit »Bedeutung« (so H.J. Verweyen, Wahrheit und Freiheit, 41, Anm. 2) wiedergegeben werden. Dennoch wählen wir die auch von F.S. Schmitt, Anselm von Canterbury, De veritate. Über die Wahrheit, 39 u. öft., bevorzugte Übersetzung mit »Anzeige«, weil das zu *significatio* gehörige Verb *significare* im Deutschen angemessener mit »anzeigen« als mit »bedeuten« wiedergegeben wird, sofern »bedeuten« im Deutschen primär den semantischen Gehalt einer Aussage, nur sekundär aber dessen Verweisfunktion auf Außersprachliches zum Ausdruck bringt, während das lateinische Verb *significare* stärker die Bezeichnungsfunktion eines semantischen Gehalts meint, was vor allem durch seine etymologische Herkunft von *signum facere* (so H.-J. Verweyen, Wahrheit und Freiheit, 18: »Anselm begreift ›significatio‹ im strengen Sinn von ›signum facere‹, ›ein Zeichen bilden für‹.«) bedingt sein dürfte. Nach Anselm bezeichnen Worte nur Sachen bzw. Sachverhalte, vgl. Vf., Wahrheit und Notwendigkeit, 126.

13 *Enuntiatio* ist neben *propositio* Anselms von Boethius übernommener terminus technicus für den Aussagesatz, der von uns einfach mit »Aussage« wiedergegeben wird, vgl. die Stellen zu *enuntiatio*, die der Sachindex (VI, 123) verzeichnet; zu Boethius vgl. De top. diff. I (1174 C): Propositio est oratio verum falsumve significans, ut si quis dicat coelum esse volubile, haec et enuntiatio et proloquium nuncupatur. Boethius, Prior Analytic. Arist. interpret. II (PL 64, 767 C): Enuntiatio vero semper esse aliquid aut non esse significat. Atque ideo sola enuntiatio est in qua veritas vel falsitas inveniri queant. Unde etiam enuntiationis nascitur diffinitio, est enim enuntiatio quae verum falsumve denuntiat. Hanc etiam proloquium vel propositionem Tullius vocat, […]. Damit ist *enuntiatio* die fünfte Art von *oratio* (als ihrem Genus), nämlich eine solche Art von »Rede«, in der (alleine) Wahrheit und Falschheit enthalten sind, die daher als einzige von allen Arten der *oratio* als Wahrheitsträger fungiert, vgl. Boethius, In lib. De interpret. Arist. ed. prima (PL 64, 296 B/C): Quinta enuntiativa, in qua verum inesse falsumque perspicitur. Huius autem duae sunt species una affirmatio, altera negatio. Ebd. (313 C/D): Enuntiativa [sc. oratio] vero non omnis, sed illa in qua verum vel falsum est, non autem omnibus inest, ut

deprecatio, oratio quidem est, sed neque vera, neque falsa. Orationis [...] multae sunt species: [...] Quinta, enuntiativa, ut dies est, dies non est. Sed in hac sola specie orationis veritas et falsitas inest. Eine einfache Definition von *enuntiatio* gibt Boethius ebd., 316 D: Est autem simplex enuntiatio, vox significativa de eo quod est aliquid, vel non est, quemadmodum tempora divisa sunt.

14 F.S. Schmitt, Anselm von Canterbury, De veritate, 39, übersetzt *negat* hier zu Unrecht mit »leugnet«, welches im Unterschied zu »verneinen« eine moralische Konnotation mit sich führt, die hier unangemessen ist.

15 Anselm übernimmt die aristotelisch-boethianische Bestimmung von λόγοη bzw. *oratio* als ein aus einem Verb und einem Nomen bestehendes Klanggebilde, dem eine Zeige- oder Bezeichnungsfunktion wesentlich eignet (*vox significativa* oder *designativa*), vgl. Boethius, De syllog. categ. I (PL 64, 797 A): Oratio est vox designativa ad placitum, cuius partes [sc. nomen et verbum] aliquid extra significant, ut dictio, non ut affirmatio; Boethius, In libr. De interpret. Arist. ed. prima (PL 64, 311 D): Oratio autem est vox significativa, cuius partium aliquid significativum est separatum, ut dictio, non ut affirmatio, vel negatio. Omne quod compositum est, eorum suscipit naturam ex quibus totum compositi ipsius corpus efficitur. Quare quoniam oratio verbis constat atque nominibus, quae significativa sunt, recte quoque oratio significativa esse difinitur. Zur boethianischen Definition von *oratio* vgl. auch ebd., 311 C: Oratio est vox significativa secundum placitum, cuius partes aliquid extra significant.

16 Gemeint ist die Bezeichnungsfunktion des semantischen Gehalts einer Rede (*oratio*) als einer aus Nomina und Verben zusammengesetzten *vox significativa*, vgl. Anm. 15; die Übersetzung von *significatio* mit »Anzeige« rückt zu Recht den referentiellen Aspekt dieses Ausdrucks in den Vordergrund; ihr Nachteil könnte darin bestehen, daß bei ihr der Bezug von *significatio* auf den semantischen Gehalt der Rede bzw. der Aussage weniger deutlich wird als in der Übersetzung von *significatio* mit »Bedeutung«, vgl. hierzu Anm. 12.

17 Mit der Selbigkeit der *significatio* ist lediglich gemeint, daß jeder Aussagesatz als solcher auch einen semantischen Gehalt (überhaupt) und damit eine Bezeichnungsfunktion dieses semanti-

schen Gehalts besitzt, nicht aber ist gemeint, daß der (jeweilige) semantische Gehalt einer Aussage (und damit seine jeweilige Bezeichnungsfunktion) mit dem (bzw. der) aller anderen Aussagen identisch sei. Gerade einem solchen Mißverständnis könnte die Übersetzung von *significatio* mit »Bedeutung« an dieser Stelle leicht Vorschub leisten.

18 Das Subjekt von *significat* ist hier nicht *oratio*, wie es die Übersetzung von F.S. Schmitt, Anselm von Canterbury, De veritate, 41, durch die in Klammern gesetzte Hinzufügung »(die Rede)« unterstellt, sondern *enuntiatio*.

19 Das Verb *significare* bringt nach Anselm ausschließlich die Bezeichnungsfunktion des semantischen Gehalts einer Aussage zum Ausdruck; diese kann im Deutschen besser mit »anzeigen« als mit »bedeuten« wiedergegeben werden (vgl. hierzu Anm. 12), zumal wenn man eine sachlich hier zwar durchaus angemessene, aber orthographisch unübliche und zudem heideggerisierend anmutende Schreibweise von »bedeuten« mit Bindestrich (»be-deuten«) vermeiden will.

20 Um zu verdeutlichen, daß an dieser Stelle Gott selbst das Subjekt von *facere* ist, wird dieses Verb hier mit »schaffen« übersetzt.

21 Die im Vergleich zu »richtig« angemessenere Übersetzung von *recte* dürfte »in rechter Weise« sein, und zwar aus folgenden Gründen: Einmal, weil im allgemeinen Sprachgebrauch die Ausdrücke »Richtigkeit« und »richtig« meist nur auf Urteils-Wahrheit restringiert sind, während Anselm, wie wir noch sehen werden, den Terminus *rectitudo* in einem viel umfassenderen Sinne gebraucht, vgl. hierzu auch F. Wiedmann, Wahrheit als Rechtheit, 179: »*Rectitudo*, so verstehen wir, bezieht sich primär auf mehr als bloße Aussage oder aussagendes Vorstellen, was seinen Ausdruck darin finden soll, daß wir anstelle von Richtigkeit ›Rechtheit‹ sagen.« Zum zweiten, um die anselmische Bestimmung dieses Begriffs auch terminologisch deutlich von ihrer begriffsgeschichtlichen Umkehrung im Deutschen Idealismus, und zwar bei G.W.F. Hegel, zu unterscheiden, die seitdem im allgemeinen Sprachgebrauch vorherrschend geworden ist: Denn während Anselms Begriff der *rectitudo* – wie wir noch sehen werden – identisch ist mit der – allein geistig erfaßbaren – sein sollenden Wahrheit, wird bei Hegel die Richtigkeit zur

bloß »formellen Übereinstimmung unserer Vorstellung mit ihrem Inhalt« (Ch. Demmerling, Art. Richtigkeit, in: HWPh., Bd. 8, Basel 1992, Sp. 1040) und damit zur Adäquation von Verstand (nicht Vernunft!) und Sachverhalt. Von dieser Richtigkeit grenzt Hegel dezidiert die *Wahrheit* ab, in deren Begriffsbestimmung er den Begriff des Sollens integriert: Denn er versteht die Wahrheit als die »Übereinstimmung des Gegenstandes oder der Objektivität (bzw. der Realität) mit dem, was er (sie) sein soll, d. h. mit seinem (ihrem) Begriff« (s. u.). Daher wird bei Hegel in begriffsgeschichtlicher Umkehrung »die Anselmsche ›rectitudo‹ [...] nun Wahrheit genannt, die Wahrheit im Sinne der Adäquation hingegen als R. bezeichnet.« (Ch. Demmerling, ebd.). Zu Hegel vgl. Enzyklopädie der philos. Wissenschaften im Grundrisse (1830), Erster Teil: Die Wissenschaft der Logik mit den mündlichen Zusätzen, in: Theorie Werkausgabe Bd. 8, Frankfurt a.M. 1970 (§172, Zus.), 323: »Richtigkeit und Wahrheit werden im gemeinen Leben sehr häufig als gleichbedeutend betrachtet, und demgemäß wird oft von der Wahrheit eines Inhalts gesprochen, wo es sich um die bloße Richtigkeit handelt. Diese betrifft überhaupt nur die formelle Übereinstimmung unserer Vorstellung mit ihrem Inhalt, wie dieser Inhalt auch sonst beschaffen sein mag. Dahingegen besteht die Wahrheit in der Übereinstimmung des Gegenstandes mit sich selbst, d. h. mit seinem Begriff. Es mag immerhin richtig sein, daß jemand krank ist oder daß jemand gestohlen hat. Solcher Inhalt ist aber nicht wahr, denn ein kranker Leib ist nicht in Übereinstimmung mit dem Begriff des Lebens, und ebenso ist der Diebstahl eine Handlung, welche dem Begriff des menschlichen Tuns nicht entspricht. Aus diesen Beispielen ist zu entnehmen, daß ein unmittelbares Urteil, in welchem von einem unmittelbar Einzelnen eine abstrakte Qualität ausgesagt wird, wie richtig dieselbe auch sein mag, doch keine Wahrheit enthalten kann, da Subjekt und Prädikat in demselben nicht in dem Verhältnis von Realität und Begriff zueinander stehen.« Ders, ebd. (§213, Zus.), 369: »Unter Wahrheit versteht man zunächst, daß ich *wisse*, wie etwas *ist*. Dies ist jedoch die Wahrheit nur in Beziehung auf das Bewußtsein oder die formelle Wahrheit, die bloße Richtigkeit. Dahingegen besteht die Wahrheit im tieferen Sinn darin, daß die Objektivität mit dem Begriff identisch ist. Dieser tiefere Sinn der Wahrheit ist es, um den es sich handelt, wenn z. B. von einem *wah-*

ren Staat oder von einem *wahren* Kunstwerk die Rede ist. Diese Gegenstände sind *wahr*, wenn sie das sind, was sie sein *sollen*, d. h. wenn ihre Realität ihrem Begriff entspricht.« Zur nachhegelischen Geschichte des Begriffs der »Richtigkeit« bis Habermas und Goodman vgl. die gründliche Darstellung von Ch. Demmerling, Art. Richtigkeit, in: HWPh, Bd. 8, Spp. 1040–45.

22 *Video* dürfte hier angemessen mit »ich verstehe« übersetzt werden.

23 Auch hier wird *facere* mit »schaffen« übersetzt, zur Begründung vgl. Anm. 20; entsprechend wird im Folgenden *facere* stets mit »schaffen« übersetzt, wenn dessen Subjekt Gott selbst ist.

24 Zu *usu* [I 179,5] ist *loquendi* zu ergänzen; zum *usus* (*communis*) *loquendi*, der für ihn charakteristischen uneigentlichen Ausdrucksweise und deren Erkenntnisfunktion bei Anselm vgl. Vf., Wahrheit und Notwendigkeit, 255–267.

25 Mit der Einschränkung »es sei denn, daß [...]« dürfte der mögliche (und sogar häufige) Fall gemeint sein, daß dem (menschlichen) Subjekt eines Aussagesatzes das adäquate Wissen von dem Sachverhalt, über den es eine Aussage trifft, – aus welchen Gründen auch immer – nicht zur Verfügung steht, so daß seine Aussage über diesen Sachverhalt nicht richtig (wahr), sondern falsch ist.

26 Eine wörtliche Übersetzung, wie sie F.S. Schmitt, Anselm von Canterbury, De veritate, 43, gewählt hat, dürfte den Sinn nicht klar genug zum Ausdruck bringen. Daher wählen wir eine freiere, den gemeinten Sinn klarer explizierende Übersetzung. Denn Anselm drückt die formursächliche Bestimmung der wahren Aussage von seiten der Rechtheit bzw. Wahrheit selbst begrifflich vor allem als Immanenz-Verhältnis der Wahrheit in dem wahr Seienden – in diesem Fall also der wahren Aussage – aus, vgl. DV 2 [I 177,6]; auch H.-J. Verweyen, Wahrheit und Freiheit, 43, wählt eine freiere, dafür ihrem Sinngehalt nach aber eindeutige Übersetzung.

27 Wir schließen uns hier der Übersetzung von H.-J. Verweyen, Wahrheit und Freiheit, 43, von *accidentaliter* mit »von Fall zu Fall« an, weil sie uns im Vergleich zu anderen Übersetzungsmöglichkeiten von *accidentaliter* wie »zufällig« oder »beiläufig« den intendierten Sinngehalt – daß nämlich die adäquate, richtige Anzeige des jeweils vorliegenden Sachverhalts einer Aussage nicht wesens-

mäßig oder substantiell, sondern nur kontingenterweise zukommt – am besten zu explizieren scheint.

28 In DV 2 [I 179,15]: *secundum usum* ist – wie ähnlich schon in DV 2 [I 179,5, vgl. Anm. 24] – *(communem) loquendi* zu ergänzen.

29 Gemeint ist die ausschließlich naturhafte Wahrheit des Handelns, die sich auch in einer »falschen Rede«, d. h. in einer nicht in rechter Weise gebrauchten, nämlich den tatsächlich vorliegenden Sachverhalt nicht angemessen anzeigenden Aussage findet, vgl. DV 5 [I 183,1–7].

30 Anselm macht hier darauf aufmerksam, daß die Wahrheit der Zeige- oder Bezeichnungsfunktion der Aussage nur ein Beispielfall für die Wahrheit aller Zeichen und damit für die Wahrheit der *significatio* überhaupt ist. Diese an der *significatio* der aussagenden Rede nur exemplifizierte Wahrheit der Bezeichnung überhaupt liegt folglich darin, das Vorliegen oder das Nicht-Vorliegen eines Sachverhalts wirklichkeitsgemäß anzuzeigen.

31 *Cogitatio* wird angemessener mit »Gedanke« als mit »Denken«, wie von F.S. Schmitt, Anselm von Canterbury, De veritate, 45 f., übersetzt, weil nicht die Tätigkeit des Denkens als solche, wohl aber das (nur) gedachte Urteil, d. h. der Gedanke, Wahrheitsträger ist. Diese Einsicht dürfte der daher gleichlautenden Übersetzung von H.-J. Verweyen, Wahrheit und Freiheit, 44, zugrunde liegen.

32 Weil die *cogitatio* das nur gedachte Urteil bedeutet, kann ihre Wahrheit in gleicher Weise wie die der Aussage, d. h. des sprachlich verlautbarten Urteils, als Rechtheit bestimmt werden. Denn das Urteil als solches ist der gemeinsame Träger beider Wahrheiten; hierzu vgl. – über die in Vf., Wahrheit und Notwendigkeit, 171–175, genannte Literatur hinaus – auch G. Kapriev, […] Ipsa Vita et Veritas, 123: »Die Wahrheit des Denkens ist in einigen Zeilen auf dieselbe Art wie die Wahrheit der Aussage behandelt und bestimmt.«

33 Zu Anselms terminologischer Bestimmung von *cogitare* im *Monologion*, im *Proslogion* und in seiner Kontroverse mit Gaunilo als das geistige Erfassen von logisch möglichen propositionalen Gehalten vgl. Vf., Wahrheit und Notwendigkeit, 146–159.

34 Gemeint ist Gott in Christus als der Wahrheit selbst, vgl. Anm. 11; Christus als das Subjekt einer Schriftaussage wird ebenfalls »die Wahrheit« genannt in DPSS 7 [II 199,13–15, Hervor-

hebung v. Vf.]: Sic ›enim ait veritas: ›Nemo novit filium nisi pater, neque patrem quis novit nisi filius, et cui voluerit filius revelare‹; zu Anselms Gleichsetzung Christi mit der Wahrheit (qua Rechtheit) als Gottesprädikation vgl. auch E 137 [III 283,43–46]: Non intrasti per Christum, quia non per veritatem. Non per veritatem, quia non per rectitudinem. Non intrat monachus in abbatiam per rectitudinem, qui non intrat per regularem electionem et per oboedientiam.«

35 Anselms Ausdrucksweise ist auch in diesem Kapitel sehr genau: Sie wahrt das Immanenz-Verhältnis der (zugleich transzendenten) Wahrheit in der wahren bzw. wahr seienden Entität, wenn sie von dem Inne-Sein der Wahrheit »im Willen« spricht, vgl. DV 4 [180,21; 181,7 f.].

36 Anselm verkürzt den zugrundeliegenden Satz aus Joh 8,44 auf die Aussage, daß der Teufel nicht in der Wahrheit geblieben sei, weil für ihn zur Bestimmung der Wahrheit des Willens nur die Feststellung von Interesse ist, daß der Teufel – als Personifikation des moralisch Bösen bzw. des falschen Willens – die Wahrheit selbst, d. h. Gott, verlassen und damit die Wahrheit bzw. Rechtheit seines (eigenen) Willens verloren hat.

37 Daß Anselm, abweichend von seiner grundsätzlichen methodischen Programmatik, hier das Gegebensein einer Wahrheit aus einem Schriftzitat ableitet (diese Abweichung wird bestätigt in DV 5 [I 182,23–27]), dürfte sachlich darin begründet liegen, daß die Wahrheit bzw. Rechtheit des Willens nach Anselms Verständnis nur in der und durch die Hl. Schrift erkannt werden kann; denn die Hl. Schrift ist die Quelle für die Erkenntnis der Rechtheit des Willens, weil Anselm die Rechtheit des Willens des vernunftbegabten Geschöpfes über deren formale Bestimmung als das Wollen dessen, was man wollen soll, hinaus als die Unterwerfung des Willens des vernunftbegabten Geschöpfes unter den erkannten Gotteswillen versteht (zu den diesbezüglichen Stellen vgl. Vf., Wahrheit und Notwendigkeit, 185, Anm. 18), der seinerseits primär in der Hl. Schrift als der ersten Offenbarungsquelle begegnet.

38 Anselm definiert die Sünde bzw. das Sündigen als das Verlassen der Rechtheit des Willens (vgl. DLA 3 [I 212,3]), bzw. als das Wollen dessen, was man nicht wollen soll, und als das Nicht-Wollen dessen, was man soll« (DCD 4 [I 241,4 f.]), d. h. dessen, von dem

Gott nicht will, daß man es wolle, vgl. Vf., Wahrheit und Notwendigkeit, 178f.

39 Die hier festgestellte Selbigkeit der Argumentation (vgl. DV 5 [I 181,17: eadem ratione]) gegenüber den Kapiteln 2–4 bezieht sich auf die vermittelnde Funktion des Sollensbegriffs für die Identifizierung der Wahrheit mit der Rechtheit.

40 *Facere* kann im Lateinischen sowohl transitiv als auch intransitiv gebraucht werden; in den Wendungen *bene facere* und *male facere* wird *facere* intransitiv gebraucht und muß daher im Deutschen mit »handeln« übersetzt werden, zumal Anselm mit beiden Ausdrücken eine sittliche Qualität des menschlichen Handelns kennzeichnen möchte. Dagegen muß *facere* in dem Ausdruck *veritatem* bzw. *rectitudinem facere* im Deutschen mit »tun« übersetzt werden, weil dieses Verb hier eine transitive Bedeutung besitzt. Gleichwohl ist für Anselms intendierten Aufweis der Identität des semantischen Gehalts der sprachlichen Ausdrücke *bene facere* und *facere veritatem* entscheidend, daß in beiden Ausdrücken dasselbe Verb *facere* vorkommt.

41 An dieser Stelle wird *significatio* angemessener mit ›Bedeutung‹ als mit ›Anzeige‹ übersetzt, weil es hier primär um die Identität des semantischen Gehalts der beiden Ausdrücke ›die Wahrheit tun‹ und ›gut handeln‹ geht.

42 *Actio* wird nur an denjenigen Stellen mit »Handeln« statt mit »Handlung« übersetzt, an denen Anselm eine bestimmte Handlungsklasse oder Handlungsart bezeichnen möchte.

43 Anselm weiß, daß *facere* im eigentlichen Sinne (*proprie*) das vernunftgeleitete Handeln bezeichnet.

44 Vgl. Mth 5,10.

45 Die gleiche Begründung des universellen, d.h. für jedes – aktive oder passive – Verb möglichen Gebrauchs des Verbs *facere* mit dem gleichen Schriftwort (Joh 3,20f.) und den gleichen Belegen gibt Anselm in seinen Philosophischen Fragmenten, vgl. L 338,22–34; daß *facere* auch für alle verneinten Verben gebraucht werden kann, hebt Anselm besonders hervor in L 337,28–31.

46 Vgl. 2 Kor 5,10.

47 Das Pronomen *illam* in DV 5 [I 182,24] dürfte gemäß dem Kontext für *veritatem* (und nicht für *voluntatem*) stehen, da Anselm an dieser Stelle zu begründen sucht, weshalb er trotz der Tat-

sache, daß auch das rechte Wollen nur eine Form des rechten Handelns ist, eigens eine Wahrheit des Willens unterschieden hat: Weil die Wahrheit der definitional zu bestimmende Untersuchungsgegenstand ist (»weil wir von ihr sprechen«), müssen alle »Örter« oder »Sitze« der Wahrheit vollständig erfaßt werden; ein solcher Sitz von Wahrheit aber ist auch der Wille, da Christus (und damit die Wahrheit in Person) selbst nach Joh 8,44 eine Wahrheit, die im Willen liegt, annimmt.

48 Vgl. DV 2 [I 179,10–15].

49 Diese Frage spiegelt die Absicht auf Vollständigkeit in der Erfassung und Bestimmung aller Aussageweisen von »Wahrheit« und damit die in der Einleitung aufgezeigte methodische Struktur des ganzen Dialogs wider: Denn nur wenn von allen Aussageweisen von »Wahrheit« gezeigt werden kann, daß der in ihnen in Anspruch genommene Begriff der Wahrheit einheitlich, mithin inhaltlich identisch ist, ist ein beweiskräftiges Argument in Form eines einzigen zwischen dem Subjekts- und dem Prädikatsterminus der zu lösenden *dubitabilis propositio* vermittelnden Begriffs gefunden, das die von der *dubitabilis propositio*, genauer von der in ihr enthaltenen affirmativen Aussage, behauptete Identität jeder prädizierbaren Wahrheit mit dem Gott des christlichen Glaubens zu beweisen vermag. Mit den »Sitzen der Wahrheit« sind die »Örter« (*loci*) gemeint, denen ein Argument für die gesuchte Definition der Wahrheit entnommen werden kann, vgl. hierzu auch A. II. 1.

50 Sinnlich wahrnehmen oder empfinden können nur körperlich verfaßte Naturen, weil die Empfindungsvermögen oder die Sinne am und im Körper sind, vgl. Prosl 6 [104,23 f.]. Daher gebraucht Anselm häufig den Ausdruck »die körperlichen Sinne« bzw. »der körperliche Sinn«, vgl. Mon 1 [I 14,6 f.]; Mon 10 [I 24,31]; Mon 15 [I 29,21–25]; Mon 31 [I 49,18]; Mon 62 [I 72,17 f.]; Prosl 6 [I 105,6]; DV 6 [I 183,15]; die Funktionsweise der körperlichen Sinne, nämlich *circumspicere*, *auscultare*, *olfacere*, *gustare* und *palpare*, werden genannt in Prosl 17 [I 113,9–12]; im einzelnen aufgezählt und ausführlich behandelt werden die fünf Sinne in *De humanis moribus*, einer Schrift, die von R.W. Southern und F.S. Schmitt in den Memorials of St. Anselm, Oxford 1969, 37–104, ediert wurde, weil sie zumindest als »an expression of Anselm's thought« (ebd., 13) gewertet werden kann; sie werden hier behandelt im Kontext ihrer Indienst-

nahme durch einen rechten, mit dem Willen Gottes verbundenen Willen, vgl. ebd., 40,2–7 (unter der Überschrift: *De sensibus corporis*). Im 12. Kapitel dieser Schrift wird – nach ihrer erneuten Aufzählung – auch die Namensgebung dieser fünf (äußeren) Sinne erklärt: Sie erhalten ihren Namen von der Exteriorität der Gegenstände, die sie wahrnehmen, vgl. ebd., 42,25 f.

51 Anselm spricht auch hier (DV 6 [I 183,15]) gemäß seiner platonisierenden Immanenz-Theorie konsequent von der Wahrheit, die »in den Sinnen« ist, vgl. auch ebd. [I 183,22].

52 *Opinio* bezeichnet die subjektive Annahme und damit ein urteilendes Meinen oder Vermuten, und zwar ein gedachtes, unsicheres Urteil, welches Anselm daher auch, wie wir sahen (vgl. Anm. 9), mit der *cogitatio*, d. h. dem Gedanken, der wahr oder falsch sein kann, terminologisch identifiziert. F.S. Schmitts, Anselm von Canterbury, De veritate, 53, Übersetzung von *opinio* mit »Urteil« trifft zwar den Urteilscharakter der *opinio*, bringt jedoch den Vermutungs-Charakter und damit die Unsicherheit und Irrtumsfähigkeit des von der *opinio* gedanklich vollzogenen Urteils nicht zum Ausdruck.

53 Die von F.S. Schmitt, Anselm von Canterbury, De veritate, 53, vorgenommene Übersetzung von *Ipse namque sensus interior* (I 183,23) mit »dieser innere Sinn nämlich«, der sich H.-J. Verweyen, Wahrheit und Freiheit, 48, angeschlossen haben dürfte und die leider auch der Vf., Wahrheit und Notwendigkeit, 199, implizit übernommen hat, wenn er (zu Unrecht) behauptet, Anselm setze den inneren Sinn mit der *opinio* gleich, ist nicht korrekt. Denn sie suggeriert eine Identifizierung des vorausgegangenen Substantivs *opinio* mit dem inneren Sinn, die durch das eindeutig auf *sensus interior*, nicht aber auf *opinio* (Femininum!) bezogene Pronomen *ipse* jedoch keineswegs hergestellt wird. Vielmehr besitzt nach Anselm der *sensus interior* zwar das Urteilsvermögen (vgl. DV 6 [I 183,24 – 184,2]), so daß er sich (auch) täuschen kann, er ist selbst aber mit seinen Urteilen nicht identisch. Identisch aber dürfte die *opinio* des inneren Sinnes, der über das sinnlich Wahrgenommene urteilt, mit dem *iudicium animae* sein, über welches der innere Sinn verfügt, vgl. DV 6 [I 184,30].

54 Vgl. DV 6 [I 183,23]: *sensus exterior*. Zum »äußeren Sinn« vgl. auch ebd. [I 184,24 f.]: *sensui exteriori*; nur an diesen beiden Stellen

spricht Anselm – zur Abhebung von dem »inneren Sinn« – ausdrücklich von einem »äußeren Sinn«, den er sonst einfach nur mit *sensus* bezeichnet, vgl. z. B. Prosl 17 [I 113,15]: *sensus animae*; dagegen taucht dieser Terminus im Plural in De humanis moribus, in: R.W. Southern/F.S. Schmitt (Hgg.), Memorials of St. Anselm, Oxford 1968, 44,21–23, auf.

55 Der Ausdruck *similitudinem coloris* (I 184,4) ist ein Beleg dafür, daß nach Anselms Theorie des Sehens die Sehkraft bzw. der von ihr ausgehende Sehstrahl nicht von der Farbe selbst, sondern von einem ähnlichen Abbild der Farbe erfüllt wird, das der von dem Farbeindruck affizierte Sehsinn in sich – kraft eigener Spontaneität – bildet. Dieser Umstand ist auf die Tatsache zurückzuführen, daß Anselm die optische Wahrnehmung – wie jede Sinneswahrnehmung überhaupt – als einen Erkenntnisvorgang, d. h. als ein sinnliches Erkennen der Seele, versteht, an dem eine spontane, eigenwirksame Leistung des aufnehmenden Vermögens, nämlich das Bilden eines Abbildes bzw. einer Ähnlichkeit mit dem sinnlich aufgenommenen Gegenstand, konstitutiv beteiligt ist, vgl. hierzu ausführlich Vf., Wahrheit und Notwendigkeit, 200–205.

56 Die Übersetzung von F.S. Schmitt, Anselm von Canterbury, De veritate, 55, bezieht zwar *sui coloris* zu Recht auf das Glas selbst, *cui* jedoch zu Unrecht auf das vorausgehende *coloris*, statt auf *vitrum*. Wir übernehmen hier die sachlich angemessene und zudem sprachlich elegante Übersetzung dieser Stelle von H.-J. Verweyen, Wahrheit und Freiheit, 49. Der Sinn dieser Stelle ist eindeutig: Wenn das Glas »die Farbe der Luft« besitzt, ihm also keine andere Farbe beigemischt ist, läßt es den durch es hindurchgehenden Blick der Sehkraft den hinter dem Glas befindlichen Gegenstand in seiner ihm eigenen Farbe angemessen wahrnehmen.

57 Die Möglichkeit von optischen Täuschungen, die in Fehlurteilen des inneren Sinnes bestehen, ist nach Anselm sinnesphysiologisch durch die Tatsache bedingt, daß der von den Augen als dem Sitz des Sehvermögens ausgehende Sehstrahl – zu Anselms Theorie des Zustandekommens eines Sehaktes und den hierfür notwendigen Bedingungen vgl. Vf., Wahrheit und Notwendigkeit, 202–204, – nur eine begrenzte Aufnahmefähigkeit für farbliche Eindrücke besitzt. Ist diese Kapazität durch den Empfang eines farblichen Eindrucks bereits ganz ausgeschöpft, so kann sie nicht gleichzeitig

einen anderen, davon verschiedenen Farbeindruck mehr aufnehmen, so daß dem inneren Sinn, der über die wahrgenommenen Farbeindrücke urteilt, alles in derselben Richtung des Sehstrahls z. B. hinter oder neben diesem ersten Farbeindruck Gesehene als mit diesem farblich identisch erscheint. Infolge dessen täuscht sich der innere Sinn in diesem Fall, d. h. er fällt ein falsches Urteil über die Farbe des von dem Sehstrahl nach seiner Kapazitätserschöpfung wahrgenommenen Gegenstandes. Genau genommen täuschen sich daher nicht die Sinne selbst – diese können sich gar nicht täuschen, weil ihnen mit der Bewußtseinsfähigkeit auch das Urteilsvermögen abgeht –, sondern der innere Sinn und damit das urteilsfähige rationale Vermögen der Seele.

58 An drei Stellen innerhalb dieses Kapitels spricht Anselm ausdrücklich von der *essentia* bzw. den *essentiae* der raum-zeitlich existierenden Dinge als dem »Ort« ihrer Wahrheit: DV 7 [I 185,7]; ebd. [I 185,18]; ebd. [I 186,1].

59 Innerhalb dieses Kapitels wird *res* absichtlich im Deutschen durchgängig mit »Ding« übersetzt, weil mit diesem Ausdruck hier die real existierenden, kreatürlichen Entitäten als solche bezeichnet werden.

60 Die Ausdrücke *aliquando* und *alicubi* (DV 7 [I 185,11]) explizieren die zeitliche und räumliche Seinsweise dieses Seienden, woraus eindeutig hervorgeht, daß Anselm hier das Geschaffene als solches im Auge hat.

61 Dieser Satzteil behauptet die Immanenz aller raum-zeitlich existierenden Dinge in der höchsten Wahrheit (= 1. Aussage).

62 Die raum-zeitlich existierenden Entitäten haben »das, was sie sind, insofern sie sind«, d. h. ihre seinsgebenden Wesenheiten (*essentiae*, zur Identität zwischen dem Was-Sein und der *essentia* einer Entität vgl. die folgende Anm.), »von dorther«, d. h. von der höchsten Wahrheit, »empfangen«; demnach sind die Wesenheiten (*essentiae*) aller raum-zeitlich existierenden Entitäten geschaffen (= 2. Aussage).

63 Die *essentia* eines Geschaffenen ist identisch mit seinem *quod* [*quid*] *est*, d. h. mit dem, was es ist, mit seinem Was-Sein. Daß Anselm beide Ausdrücke – *essentia* und *quod* [*quid*] *est* – gleichsetzt (vgl. hierzu Y. Cattin, Proslogion et De Veritate: »Ration, Fides, Veritas«, in: Spicilegium Beccense II, 598 ff.), geht hervor aus DV 7

[I 185,15–19, Hervorhebung v. Vf.]: M. Quidquid igitur est, vere est, inquantum est *hoc quod ibi est*. D. Absolute concludere potes quia omne quod est vere est, quoniam non est aliud quam *quod ibi est*. M. Est igitur veritas in omnium quae sunt *essentia, quia hoc sunt quod* in summa veritate *sunt*. Die letzte Folgerung wird nahezu wörtlich wiederholt in DV 7 [I 186,1 f., Hervorhebung v. Vf.]: Si ergo et veritas et rectitudo idcirco *sunt in rerum essentia, quia hoc sunt quod sunt* in summa veritate; Anselm bezeichnet mit dem *quod quid est* »die Wesenheit des daseienden Dinges« (R. Allers, Anselm von Canterbury, 153) und unterscheidet diese deutlich von dessen *quale* und *quantum* bzw. von dessen *qualitas* und *quantitas*, vgl. Mon 16 [I 30,1 f., 25f., 31,1 f.]. Das, was etwas ist (*quod quid est*), ist es durch sich selbst; eine bestimmte Qualität und Quantität besitzt etwas aber nicht durch sich selbst, sondern durch diese Qualität bzw. Quantität, also durch etwas anderes, vgl. – am Beispiel der Gerechtigkeit – Mon 16 [I 30,10–19]; das Durch-sich-Sein (*esse per se*) ist für Anselm die Bestimmung des *substantiellen*, das Sein durch ein anderes (*esse per aliud*) die Bezeichnung des *akzidentellen* Seins, vgl. DG 17 [I 163,4–6]; analog zu *quod quid est* gebraucht Anselm auch den Ausdruck *esse in eo quod quid* für das Wesen eines konkreten Gegenstandes (vgl. DG 10 [I 155,4 f.,8,9]; von J. Hopkins/ H. Richardson, Anselm of Canterbury, Bd. 2, 52, übersetzt mit »something essential«); *essentia* ist nach Anselm gleichbedeutend mit *natura* (vgl. Mon 14 [I 17,17 f., Hervorhebung v. Vf.]: Idem namque *naturam* hic intelligo quod *essentiam*.) und meist auch mit *substantia*, vgl. Mon 27 [I 45,14, Hervorhebung v. Vf.]: [...] et cuiuslibet rei *essentia* dici solet *substantia*); diese Synonymität von *essentia* und *substantia* ist allerdings insofern wieder einzuschränken, als der Bedeutungsumfang von *essentia* für Anselm weiter zu sein scheint als derjenige von *substantia*: Denn es gibt auch washeitlich Bestimmtes (*essentia*), das kein selbständig Seiendes (*substantia*) ist, wie etwa der Wille und sein »Wandel«, vgl. DCD 7 [I 245,21–24]; dieser Anschein aber liegt genau darin begründet, daß Anselm *essentia* als gleichbedeutend mit der »universellen Substanz«, nicht aber mit der »individuellen Substanz« versteht; denn in Mon 27 [I 45,6–10] unterscheidet Anselm zwischen einer »universellen Substanz« (*substantia universalis*), die mehreren individuellen Substanzen wesenhaft zukommt – wie z. B. das Mensch-Sein – und

einer »individuellen Substanz« *(substantia individua)*, die eine »universelle Wesenheit« (*universalis essentia*) gemeinsam mit mehreren individuellen Substanzen besitzt, wie etwa das Sein irgendeines bestimmten Menschen. Dabei dürfte *universalis essentia* keine Bestimmung einer besonderen Klasse von *essentiae*, sondern eine Charakterisierung jeder *essentia* bzw. von *essentia* überhaupt sein, welcher daher der Charakter der Allgemeinheit (seins-) notwendigerweise zukommt. In diesem Allgemeinheitscharakter der *essentia* liegt schlußendlich der Grund dafür, daß Anselm *essentia* nur mit der *substantia universalis*, nicht jedoch mit der *substantia individua* identifizieren kann.

64 Diese Formulierung, daß die raum-zeitlich existierenden Entitäten nichts anderes sein können, als was sie »dort«, d. h. in der höchsten Wahrheit, sind, behauptet also eine Identität zwischen dem (jeweiligen) Was-Sein bzw. dem Wesen (*essentia*) der geschaffenen Entitäten und ihrem (jeweiligen) Was-Sein »dort«, d. h. in Gott (= dritte Aussage).

65 Unter *vere esse* versteht Anselm das wirkliche Sein, d. h. die reale Existenz, eines begrifflichen Gehalts, wie aus der Bedeutung dieses Ausdrucks in den Kapiteln 2 und 3 des *Proslogion* hervorgeht, vgl. hierzu Vf., Wahrheit und Notwendigkeit, 58–64. Diese Bedeutung des sprachlichen Ausdrucks *vere esse* kann auch innerhalb dieses Kapitels an der Bedeutung des kontradiktorisch entgegengesetzten Ausdrucks *falso esse* gezeigt werden, sofern Anselm mit *falso esse* expressis verbis die Verneinung der realen Existenz von etwas bezeichnet, vgl. DV 7 [I 185,20 f., Hvhbg. v. Vf.]: Video ita ibi esse veritatem, ut nulla ibi possit esse falsitas; *quoniam quod falso est, non est*. Weil nun *vere esse* als der lateinische Ausdruck für die wirkliche Existenz von etwas wörtlich »wahrhaft« bzw. »in wahrheitsgemäßer Weise (zu) existieren« bedeutet, hält sich Anselm für berechtigt, die wirkliche Existenz von etwas als ein gleichsam wahrheitsgemäßes (veritatives) Sein und damit als einen Erscheinungsort bzw. als ein Vorkommnis von Wahrheit (überhaupt) auffassen und somit auf dieses veritative Sein seine ideentheoretische Prämisse einer (formursächlichen) Immanenz der Wahrheit (selbst) im wahr Seienden anwenden zu können.

66 Zur Bedeutung des Ausdrucks *falso esse* als Verneinung der realen Existenz von etwas vgl. die vorherige Anm.

67 Dieser Einwand ergibt sich zwangsläufig aus der Bestimmung der Wahrheit des Wesens der (geschaffenen) Entitäten als Rechtheit im vorausgehenden 7. Kapitel.

68 Mit der »Zulassung Gottes« ist näherhin sein »zulassender Wille« (*voluntas permittens*) gemeint.

69 Die sprachliche Form des Nomens »Schlag« (*percussio*) wie auch des Nomens »Handlung« (*actio*) ist jeweils von den passiven Partizipien des Perfekts der zugrundeliegenden Verben, d. h. von *percussus* und *actus*, abgeleitet und ist daher – trotz der aktiven Bedeutung der Nomina – formal gesehen eher dem Objekt als dem Subjekt dieser Handlung, d. h. eher dem Erleidenden als dem Handelnden, zugehörig. Wenn man die Handlung bzw. den Schlag sprachlich nach dem Subjekt der jeweiligen Tätigkeit ausdrücken will, so muß man von den aktiven Partizipien des Präsens, d. h. im Lateinischen von *agens* und *percutiens*, die entsprechenden Substantive, nämlich *agentia*, d. h. »das Handeln«, bzw. *percutientia*, d. h. »das Schlagen«, bilden.

70 Hier definiert Anselm gleichsam seinen Begriff des Sollens: Wahrhaft bzw. wirklich etwas zu schulden, bedeutet demnach, ein Schuldner darin zu sein, das Gesollte zurückzugeben.

71 Das Können (*posse*), das eine Macht (*potestas*) bezeichnet (vgl. L 341,8: Nullus enim negat, omne quod potest potestate posse.), liegt, objektiv gesehen, bei beiden Aussagen nicht in ihrem jeweiligen präpositionalen Objekt, d. h. nicht in dem, der besiegt werden konnte, sondern in dem, der siegen konnte. Entsprechend liegt die Ohnmacht (*impotentia*) nicht in dem Subjekt beider Aussagen, d. h. in dem, der nicht besiegt werden konnte, sondern in dem, der nicht siegen konnte. In *Cur deus homo* II 17 [II 123,15–20] wird der Sachgehalt dieses Beispiels von Anselm ausführlich analysiert (weniger ausführlich in CDH II 10 [II 107,3–6]): Als »uneigentlich« ist die umgangssprachlich häufige Aussage, daß jemand besiegt werden *kann*, deshalb anzusehen, weil das Besiegtwerden keine Macht, kein Können, sondern eine Ohnmacht, ein Unvermögen ist. Ebenso »uneigentlich« ist die Aussage, daß jener (Mensch) *nicht* besiegt werden *kann*, weil das Nichtbesiegtwerdenkönnen eine Macht und keine Ohnmacht, kein Nicht-Können darstellt. Daher sprechen beide Aussagen das Können bzw. das Nicht-Können nicht dem eigentlichen Träger dieser Prädikate, sondern einem

anderen zu; die *improprietas loquendi* bei der Attribution eines Könnens (*posse*) oder eines Nicht-Könnens zu einem Gegenstand, dem selbst dieses »Können« gar nicht zukommt, sondern einem anderen Gegenstand, erörtert Anselm auch in DCD 12 [I 253,22–254,5]; zu Anselms Ausführungen zu der uneigentlichen Aussageweise der Modalverben *debere* und *posse* im ganzen vgl. Vf., Wahrheit und Notwendigkeit, 270–280.

72 Diese grundsätzliche Angabe zu der in *De veritate* gewählten Vorgehensweise zeigt, daß der Durchgang durch alle »Orte« der Wahrheit deshalb mit der Wahrheit der Bezeichnung in DV 2 begonnen wurde, weil aus didaktischen Gründen vom empirisch Bekannteren zum empirisch Unbekannteren vorangeschritten werden sollte, um dadurch das Auffinden des gesuchten Arguments für die von Anfang an intendierte definitorische Bestimmung des Wahrheitsbegriffs zu erleichtern. Denn die im Wesen der geschaffenen Entitäten liegende Wahrheit, d. h. die essentialistische Bestimmung der Wahrheit, wird ungleich seltener bedacht als die aussagentheoretische Bestimmung der Wahrheit.

73 Mit *quam lata sit veritas significationis* (DV 189,2) ist die Extension, d. h. die Menge der Bezugsgegenstände bzw. die Weite des Geltungsbereichs, der *veritas significationis* gemeint; dieser Geltungsbereich ist schon in DV 2 [I 180,1–3] von der *oratio* qua *enuntiatio* auf alle eine bestimmte Verweisfunktion besitzenden Zeichen ausgedehnt worden, worauf Anselm hier auch eigens zurückkommt (I 189,2 f.): *Namque non solum in iis quae signa solemus dicere* [...]; nach DV 9 umfaßt er auch alle anderen Wahrheitsträger, von denen im bisherigen Durchgang durch die einzelnen »Orte« der Wahrheit die Rede war, d. h. das Wesen der kreatürlichen Entitäten und alle Handlungen in der weiten anselmischen, auch das Aussagen, Denken und Wollen umfassenden Bedeutung dieses Wortes.

74 Anselm drückt den Fall einer falschen Sollens-Anzeige einer Handlung mißverständlich aus, wenn er sagt, daß der Träger einer Handlung in diesem Fall »lügt«, vgl. DV 9 [I 189,7].

75 Wir schließen uns hier der sachlich zutreffenden und sprachlich angemessenen Übersetzung von *quia mihi inauditum hactenus fuit* (DV 189,8 f.) mit »weil ich zum ersten Mal davon höre« von H.-J. Verweyen, Wahrheit und Freiheit, 55, an.

76 Diese Übersetzung von *coram te* durch H.-J. Verweyen, Wahr-

heit und Freiheit, 55, scheint mir deshalb angemessener als die von F.S. Schmitt, Anselm von Canterbury, De veritate, 69, mit »vor dir« zu sein, weil sie die von Anselm implizit getroffene Annahme, daß es der Belogene merkt, von seinem Gegenüber belogen zu werden, eher mitbedeuten zu können scheint als die Übersetzung von Schmitt. Unbeschadet dessen fügen wir um der leichteren Verständlichkeit dieses Beispiels willen diese Annahme in Klammern hinzu.

77 Zu diesem Beispiel vgl. die treffende Zusammenfassung von R. Hasse, Anselm von Canterbury, Bd. II, 88: »So kann einer zehnmal sagen, man solle nicht lügen, und doch dadurch, daß er wirklich lügt, das Lügen empfehlen, also als ein Sollen darstellen; nur wird dies dann selbst eine Lüge seyn, nämlich eine objective Lüge, weil das dargestellte Sollen nicht das wirkliche ist.« Nach Anselms durchaus wirklichkeitsgerechter Überzeugung ist also die ›praktische‹ Darstellung des Gesollten in Form von Handlungen authentischer als seine theoretische Artikulation, hierzu vgl. D.F. Duclow, Structure and Meaning, 413: »For even when both [sc. practical and theoretical truth] are viewed from the perspective of signification, the practical articulation is more fundamental and closer to the origination of truth than is its theoretical articulation.«

78 Die bloße (wirkliche) Existenz von etwas ist bereits ein Ausdruck dafür, daß es sein soll, vgl. hierzu R. Hasse, Anselm von Canterbury, Bd. II, 88: »Endlich ist auch jede Existenz eine wahre oder falsche, je nachdem das Sollen, welches sie ausdrückt, das wirkliche ist oder nicht. Mit einem Worte: Alles bringt ein Sollen zur Erscheinung, und ist dies das wirkliche Sollen, so ist die Erscheinung wahr.«

79 *Negare* übersetzen wir hier im Anschluß an F.S. Schmitt, Anselm von Canterbury, De veritate, 71, und H.-J. Verweyen, Wahrheit und Freiheit, 56, mit »leugnen« anstellen von »verneinen«, weil das Verb »leugnen« im Deutschen die Bedeutung einer Verneinung wider besseres Wissen besitzt, die in diesem Zusammenhang angemessen ist, weil es sich hier, wie aus dem Folgesatz deutlich wird (vgl. DV 10 [I 189,32, Hervorhebung v. Vf.]: [...] possum *fateri*), um eine Aussage des christlichen Bekenntnisses und nicht der quellenmäßig glaubensunabhängig erkennenden Vernunft handelt.

80 Zu Anselms Verständnis von *debere* als »schulden« bzw.

»schuldig«, d. h. ein Schuldner darin (zu) sein, das Geschuldete bzw. Gesollte zurückzugeben, vgl. DV 8 (I 188,9–11); CDH I 11 (II 68,10,19–23); L 347,30 (= N 35,15); L 348,3–5 (= N 35,26–36,2); L 348,8 f. (= N 36,5 f.); CDH II 18 (II 129,1 f.); zu diesem einseitigen Schuldverhältnis alles Geschaffenen gegenüber Gott, für den keine Schuldigkeit gegenüber einem anderen besteht, vgl. L 348,26–28 (= N 36,25–27): Non enim deus debet quicquam, sed omnia debent illi esse subiecta. Dicitur ergo deus debere praeesse omnibus, quia ipse est causa ut omnia debeant illi subesse; vgl. hierzu die Parallele in CDH II 18 (II 129,1 f.); dieses Schuldverhältnis aller endlichen Entitäten gegenüber der höchsten Wahrheit liegt darin begründet, daß sie ihr Sein von Gott als ihrem Schöpfer empfangen haben. Aus dieser (im *Monologion* dem Anspruch nach rein rational erwiesenen) Annahme einer göttlichen Schöpfungskausalität und Erhaltung für alles innerweltliche Sein folgert Anselm, daß alles kreatürliche Sein objektiv Eigentum dessen ist, von dem es im Sein restlos abhängig ist; dieses objektive Eigentumsverhältnis aber stellt sich *ex parte creaturae* als ein Verhältnis der Schuldigkeit gegenüber dem Eigentümer dar: Denn das Eigentum schuldet es, der Verfügungsgewalt und damit dem Willen dessen unterworfen zu sein, dem es gehört, vgl. hierzu ausführlich A. II. 10.

81 Vgl. hierzu auch DV 12 (I 192,3 f.): In summa namque et simplici natura, quamvis non ideo sit iusta et recta quia debeat aliquid, [...].

82 Sein und Sollen sind in der *summa veritas* identisch, weil diese in einem analogielosen Sinne Grund ihrer selbst bzw. »durch sich selbst« ist, vgl. Mon 3 (I 16,18–20); Mon 5 (I 18,14–17); Mon 6 (I 20,9, 11–19); die höchste Wahrheit ist, was sie ist, d. h. ihr Sein ist mit ihrer Essenz identisch; zu dieser Identität des Seins mit der Essenz Gottes vgl. Mon 26 (I 44,13–19); Prosl 12 (I 110,6–8); Prosl 22 (I 116,15–21), vgl. hierzu ausführlich Vf., Wahrheit und Notwendigkeit, 334, bes. Anm. 146.

83 In Mon 6 (I 20,7–9) zeigt Anselm, daß die *summa natura* weder eine Wirkursache noch eine Materialursache noch irgendeine (Hilfs-) Ursache ihres Seins hat; dieser Ausschluß jeder Weise des Verursachtseins für Gott führt daher zu der Aussage, daß Gott keine Ursache besitzt, vgl. L 339,32–34 (= N 41,9–11); daher kann der Besitz einer Ursache von Gott nur in einem uneigentlichen Sinne

ausgesagt werden, vgl. DPSS 10 (II 205,30–206,4); zur Aseität Gottes bei Anselm vgl. die vorausgehende Anmerkung und CDH II 10 (II 107,28f.); ebd. (II 108,6); Prosl 5 (I 104,11–14).

84 Die höchste Natur bringt alles andere außer ihr, d.h. die Gesamtheit jener Entitäten, die nicht durch sich selbst, sondern durch ein anderes existieren, nach Art einer Exemplarursache hervor, vgl. hierzu ausführlich Vf., Wahrheit und Notwendigkeit, 470–490; daher ist die Form der von der höchsten Wahrheit ausgeübten Ursächlichkeit die der Exemplarursache.

85 Die in der Existenz der real existierenden Entitäten liegende Wahrheit ist die Wahrheit, die nach DV 7 im Wesen der geschaffenen Entitäten als solchem liegt. Diese ist selbst die Ursache der Wahrheit des Gedankens und der Aussage, sofern der ausgesagte Sachverhalt die Ursache für die Wahrheit der wahren Aussage (und damit implizit auch der nur gedachten Aussage, d. h. des Gedankens), nicht aber diese selbst ist, vgl. DV 2 (I 177,18): Unde (sc. res enuntiata) non eius (sc. enuntiationis) veritas, sed causa veritatis eius dicenda est.

86 Zu dieser dreistufigen Hierarchie der Wahrheiten vgl. Vf., Wahrheit und Notwendigkeit, 490ff.

87 In Mon 18 (I 32,6–I 33,23) trägt Anselm zwei Beweisgänge für die Anfang- und Endelosigkeit der Wahrheit vor (vgl. hierzu Vf., Wahrheit und Notwendigkeit, 26–35), die auffallende strukturelle Parallelen zu entsprechenden Beweisgängen in Augustins *Soliloquia* besitzen, vgl. hierzu Vf., Wahrheit und Notwendigkeit, 44–51; diese beiden Beweisgänge zitiert Anselm in DV 1 (I 176,8–19), um ihre methodische Vorbild-Funktion für seine ähnlich geartete Vorgehensweise in *De veritate* herauszustellen, vgl. hierzu A. II. 1. Dieser Beweis der Anfang- und Endelosigkeit der höchsten Wahrheit wird hier in DV 10 nochmals aufgegriffen, um durch die Bestimmung des exemplarursächlichen Begründungsverhältnisses zwischen der einen, höchsten Wahrheit und allen anderen Wahrheiten präzisiert werden zu können, vgl. hierzu A. II. 10.

88 Zur Analyse der Struktur und Kritik der Beweiskraft dieser beiden Beweisgänge vgl. Vf., Wahrheit und Notwendigkeit, 492–496.

89 Das Beispiel der Geradheit des Stabes dürfte Augustinus, De civ. Dei XI 30, entnommen sein: Hier fungiert die »Rechtheit der

Linien« bzw. »Wahrheit der Figuren« als ein Beispiel für etwas, das man gemäß zweier voneinander verschiedener Erkenntnisweisen, nämlich sowohl in seiner (exemplarursächlichen, göttlichen) Idee »als Erkanntes schauen« als auch in sich selbst, als etwas Geschaffenes, – in diesem Beispiel die in den Sand gezeichneten Figuren – erkennen kann, vgl. ebd. (Dombart/Kalb I, 503,12–16); F.S. Schmitt (Hg.), Anselm von Canterbury, De veritate – Über die Wahrheit, 73, übersetzt *rectitudo virgae* zu Recht mit »die Geradheit eines Stabes«, da es sich bei dieser *rectitudo* nur um die rein körperliche Geradheit handelt, die keinen Fall von *rectitudo* als Erfüllung eines *debere* darstellt.

90 *Praeter subiectum* (I 191,13) bedeutet wörtlich »außerhalb des Zugrundeliegenden«, womit hier der zugrundeliegende Gegenstand gemeint ist; daher übersetzt H.-J. Verweyen, Wahrheit und Freiheit, 58, an dieser Stelle mit »außerhalb des Gegenstandes« durchaus angemessen, während F.S. Schmitt, Anselm von Canterbury, De veritate, 75, mit »außerhalb des Subjektes« eher mißverständlich übersetzt, sofern der unerläuterte Gebrauch des Terminus »Subjekt« an den neuzeitlichen, das erkennende Ich bezeichnenden Subjektsbegriff erinnert, dessen Bedeutung hier gerade nicht gemeint ist. Mit der Rechtheit der Körper außerhalb des zugrundeliegenden Gegenstandes dürfte ihre nicht sinnlich wahrnehmbare, sondern (nur) mathematisch berechenbare und insofern alleine mit der Vernunft erfaßbare geometrische Geradheit gemeint sein. Daß diese nur rational, nicht jedoch sinnlich erfaßbar ist, zeigt sich besonders daran, daß sie auch bei sinnlich-empirischer Abwesenheit der Körper bewiesen werden kann, vgl. DV 11 [I 191,14–16]; in der Bedeutung eines zugrundeliegenden Gegenstandes verwendet Anselm den Begriff des *subiectum* auch in Mon 3 [I 16,14 f.]; die genannte wörtliche Bedeutung von *subiectum* als das Zugrundeliegende dürfte vorliegen in DG 9 (I 154,1f.; 15; 17; 20f.); DG 10 (I 155,3); DG 20 (I 166,8); im ganzen gesehen kommt der Begriff des *subiectum* bei Anselm daher in der ersten der drei wesentlichen Bedeutungen dieses Begriffs in der antiken und mittelalterlichen Philosophie vor, die B. Kible, Art. Subjekt, HWPh, Bd. 10, Basel 1998, Sp. 373, unterschieden hat: »1) ontologisch das Subjekt als Träger von Akzidenzien, Eigenschaften, Handlungen oder Habitus (vgl. Art. ›Substanz‹), 2) logisch das S., von dem das

Prädikat ausgesagt wird, den Satzgegenstand (vgl. Art. ›Subjekt/Prädikat‹), und 3) den Gegenstand einer Wissenschaft oder allgemein einer Beschäftigung (im Englischen: subject/matter)«.

91 Eine interessante Parallele zum anselmischen *sola mente* findet sich bei Hrabanus Maurus, der von dem theoretischen Teil der Philosophie, der *theologica inspectiva*, sagt, sie betrachte »mit dem Geist alleine etwas von den göttlichen und himmlischen Dingen« (De rerum naturis XV,1, in: PL 111, 416 C); diesen Passus übernimmt Hraban wörtlich von Alkuin, De dialectica (PL 101, 952 C/D), der seinerseits auf Isidor, Etym. II, 24,11, und dieser wiederum auf Cassiodor, Instit. II, 3,6 (ed. Mynors, 111) zurückgeht.

92 Die höchste Wahrheit, zu der alles andere in einem Verhältnis der Schuldigkeit steht, schuldet selbst keinem anderen etwas, vgl. DV 10 (I 190,3 f.): Omnia enim illi debent, ipsa (sc. summa veritas) vero nulli quicquam debet; vgl. hierzu ausführlich Vf., Wahrheit und Notwendigkeit, 333 f.; zur Selbstursächlichkeit und Identität des Seins mit der Essenz der höchsten Wahrheit vgl. die Anmerkungen 82 und 83.

93 F.S. Schmitt, Anselm von Canterbury, De veritate, 77, hat in seiner Übersetzung dieses Abschnitts den Nebensatz *quia hoc facit quod debet* (I 192,12) ausgelassen bzw. (zu übersetzen) vergessen.

94 Mit der selbstursprünglichen (*sponte*) Freiheit des (eigenen) Wollens des Gesollten ist das zweite Definitionselement der Gerechtigkeit benannt; zu *sponte* als dem lateinischen Schlüsselwort für diese Freiheit willentlicher Selbstbewegung bzw. Freiwilligkeit vgl. M. Corbin, Se tenir dans la liberté, 652: »*Sponte* étant le maître-mot pour désigner le libre jaillissement de la liberté [...].«

95 Lobwürdig und damit gerecht ist nur das bewußte oder wissentliche Wollen der Rechtheit, nicht jedoch das unbewußte Wollen des Gesollten, wie etwa das freiwillige Weiden eines Pferdes. Daher ist das Wissen des Gesollten das dritte Definitionselement der Gerechtigkeit.

96 Aus dem dritten Definitionselement der Gerechtigkeit folgt, daß die Gerechtigkeit sich grundsätzlich nur in einer vernunftbegabten Natur findet, die die Fähigkeit zur Erkenntnis der Rechtheit besitzt.

97 Zur Wesensbestimmung des Menschen als *animal rationale mortale* beim frühen Anselm vgl. DG 8 (I 152,33–133,1); Mon 10

(I 25,9); hierzu vgl. Vf., Wahrheit und Notwendigkeit, 548 f.; zu dessen boethianischer Herkunft vgl. Boethius, In Porphr. dialog. I (PL 64,35 C): Homo est animal rationale, mortale, risus et disciplinae perceptibile; Cons. philos. I 6,15, Hervorhebung v. Vf.: Quid igitur homo sit poterisne proferre? – Hocine interrogas, an *esse me sciam rationale animal atque mortale*? Scio, et id me esse confiteor. Zu Anselms späterer Korrektur dieser Definition des Menschen durch Weglassung des (Wesens-) Merkmals der Sterblichkeit vgl. R. Heinzmann, Veritas humanae naturae, 790 f.

98 Das Wollen der Rechtheit des von ihm jeweils (zu wollen) gesollten Gegenstandes des vernunftbegabten Willens, d. h. sein (freies, selbstbestimmtes) Wollen, daß er den (jeweils) rechten Gegenstand wollen soll, stellt das vierte Definitionselement der Gerechtigkeit dar, das der Räuber in diesem Beispiel nicht erfüllt, weil er zwar die von ihm geschuldete Handlung der Zurückgabe des von ihm geraubten Geldes wissentlich will, jedoch nicht will, daß diese Handlung von ihm gesollt bzw. geschuldet ist, d. h. nicht die Rechtheit dieser Handlung selbst will, da er sich nur auf Grund eines ihm von außen auferlegten Zwangs zu dem Willen bewegen läßt, das von ihm geraubte Geld zurückzugeben, vgl. hierzu Vf., Wahrheit und Notwendigkeit, 513 f.

99 Im Unterschied zum Räuber des vorangegangenen Beispiels will der Wohltäter zwar die Rechtheit der von ihm (zu wollen) geschuldeten Handlung, da er nicht nur will, was er wollen soll, nämlich die Speisung eines Bedürftigen, sondern auch will, daß er dies wollen soll. Damit erfüllt er zwar das vierte Definitionselement der Gerechtigkeit; dennoch ist sein Wille nicht lobwürdig und damit auch nicht gerecht, weil das letzte Motiv bzw. der eigentliche Beweggrund seines Wollens der Rechtheit der von ihm geschuldeten Handlung – der Erwerb eitlen Ruhmes – nicht recht ist. Daraus wird nicht nur ersichtlich, daß der Wille ein Worumwillen bzw. Weswegen, d. h. eine Zielursache besitzt, die der erste und letzte Beweggrund seiner Strebenstätigkeit ist. Es wird auch deutlich, daß die Rechtheit dieses Worumwillen ein konstitutives, mithin das fünfte und letzte Definitionselement der Gerechtigkeit ist, ohne dessen Erfüllung ein vernunftbegabter Wille nicht gerecht sein kann.

100 Die Formulierung in DV 12 [I 194,15] *quoniam debet* (»weil

er es soll«) erweckt den falschen Anschein, daß der Wille des Räubers auf die von ihm gesollte Handlung (das richtige *quid*) um der Rechtheit dieser Handlung willen und damit auch auf sein richtiges *propter quid* bezogen sei, so daß der Räuber scheinbar beide für einen gerechten Willen notwendige Kriterien, nämlich das (wissentliche) Wollen des richtigen *quid* und des richtigen *propter quid*, erfüllt.

101 Rechtheit, *rectitudo*, ist also der Gattungsbegriff, das *genus proximum*, der Gerechtigkeit.

102 Die *differentia specifica*, die der Gerechtigkeit gegenüber ihrem Gattungsbegriff eignet, besteht darin, die Rechtheit des Willens zu sein.

103 M. Corbin, Se tenir dans la vérité, 661, hat vorgeschlagen, das *propter se* innerhalb der Definition der Gerechtigkeit seinem logischen Gehalt nach als eine Negation zu verstehen: »Dire que cette droiture est voulue *pour elle-même* n'a dès lors de contenu logique que négatif: la droiture n'est ni voulue pour autre chose, *ni* contrainte *ni* gardée dans l'espoir d'une récompense extérieure. *Propter se* nie *propter aliud* et le formalisme se pose comme la négation d'un rapport de la volonté droite à tout pourquoi autre qu'elle-même.« Da Corbin mit diesem Interpretationsvorschlag auf die Ausschließlichkeit hinweisen will, mit der nach Anselm die Rechtheit als *propter quid* gewollt werden soll, kann man dieser Intention durchaus zustimmen.

104 Zur Notwendigkeit eines »uneigentlichen« Sprachgebrauchs bei allen Aussagen über die *summa natura* nach Anselm vgl. Vf., Wahrheit und Notwendigkeit, 259–262.

105 Daß alle Gottesprädikate Wesensaussagen Gottes sind, d. h. substantiell dasselbe bezeichnen, zeigt Anselm in Mon 16 [I 31,1f.] und Mon 17 [I 31,21–25].

106 Dieser Hinweis auf die präsentische Bedeutung der Verbalform *servata* in der Definition der Gerechtigkeit schließt zwei mögliche Mißverständnisse aus: Erstens die Annahme, daß jede zum gegenwärtigen Zeitpunkt um ihrer selbst willen bewahrte Rechtheit des Willens nicht Gerechtigkeit wäre und zweitens die sich daraus ergebende falsche Annahme, daß die Definition der Gerechtigkeit dann auf die zeitfreie Gegenwärtigkeit Gottes nicht mehr anwendbar wäre.

[107] Die beiden zitierten Schriftstellen sind in dieser Reihenfolge Ps 31,11 und Ps 106,42; ihr Zitat soll zeigen, daß der von Anselm philosophisch entwickelte Begriff der Gerechtigkeit mit dem biblischen Gerechtigkeitsverständnis übereinstimmt und dieses allererst auf den ihm angemessenen Begriff bringt; weitere alttestamentliche Belegstellen für die beiden Ausdrücke »Rechte im Herzen« und »Rechte« hat H. Külling, Wahrheit als Richtigkeit, 255, Anm. 105, und 256, Anm. 106, zusammengetragen und damit den exemplarischen Charakter der beiden von Anselm zitierten Schriftstellen aufgezeigt; zum Beweis dafür, daß Anselm unter dem biblischen Ausdruck *cor rectum* (»rechtes Herz«) nichts anderes als einen rechten Willen versteht, vgl. Vf., Wahrheit und Notwendigkeit, 532f.

[108] Ausführlich erläutert wird dieses Beispiel des Existenzverhältnisses der Farbe zum Körper von H. Külling, Wahrheit als Richtigkeit, 264.

[109] Das Subjekt von *dicitur* in DV 13 (I 199,29) ist *summa veritas* und nicht der ihr gemäße Gegenstand; daher ist die Übersetzung von F.S. Schmitt, Anselm von Canterbury, De veritate, 97: »sondern wenn etwas ihr gemäß ist, dann wird es dessen Wahrheit oder Rechtheit genannt«, falsch, die von H.-J. Verweyen, Wahrheit und Freiheit, 68: »[...], dann wird sie dessen Wahrheit oder Rechtheit genannt«, dagegen richtig.

LITERATURVERZEICHNIS

1. *Zitierte Werkausgaben Anselms*

Die Anselm-Zitate sind der kritischen Ausgabe entnommen: S. Anselmi Cantuariensis Archiepiscopi Opera omnia, Vol. I–VI. Ad fidem codicum recensuit Franciscus Salesius Schmitt O.S.B., Stuttgart-Bad Cannstatt 1968, unveränderter photomechanischer Nachdruck der Ausgabe Seckau/Rom/Edinburgh 1938–61. Zitiert wird die jeweilige Schrift Anselms zumeist mit der unten angegebenen Abkürzung, danach mit arabischer Zahl die Angabe des Kapitels, anschließend des Bandes (mit römischer Zahl), der Seite und der Zeile (jeweils mit arabischer Zahl) dieser kritischen Ausgabe. Die Seitenzählung beginnt in jedem Volumen von neuem. Die Werke *Cur deus homo* und *De concordia* sind in zwei bzw. drei Teile aufgeteilt. In diesem Fall ist der arabischen Zahl, die das Kapitel angibt, noch eine römische Zahl zur Angabe des Teiles vorangestellt.

Die *Philosophischen Fragmente* Anselms werden zitiert mit Angabe der Seiten- und der Zeilenzahl nach den folgenden Ausgaben:
(1) R.W. Southern/F.S. Schmitt (Hgg.), Memorials of Saint Anselm. Auctores Britannici Medii Aevi I, Oxford 1969, ^{2}1991, 334–351 (= Lambeth MS 59 = L).
(2) F.S. Schmitt (Hg.), Ein neues unvollendetes Werk des Hl. Anselm von Canterbury (Beiträge zur Geschichte der Philosophie und Theologie des Mittelalters, Bd. 33, Heft 3), Münster 1936 (= N).

2. *Siglen der Werke Anselms*

CDH	Cur deus homo
DC	De concordia praescientiae et praedestinationis et gratiae dei cum libero arbitrio
DCD	De casu diaboli

DCV	De conceptu virginali et de originali peccato
DG	De grammatico
DLA	De libertate arbitrii
DPSS	De processione spiritus sancti
DV	De veritate
Ep	Epistola
EDIV	Epistola de incarnatione verbi
L	Lambeth MS 59 = Philosoph. Fragmente = R.W. Southern/F.S. Schmitt (Hgg.), Memorials of St. Anselm
Me(d)	Meditatio
Mon	Monologion
N	F.S. Schmitt (Hg.), Ein neues unvollendetes Werk des Hl. Anselm von Canterbury
O	Oratio
PI	Quid ad haec respondeat quidam pro insipiente
PR	Quid ad haec respondeat editor ipsius libelli
Prosl	Proslogion

3. Siglen von Sammelwerken innerhalb der Forschungsliteratur

AA I AA II AA III	Analecta Anselmiana. Untersuchungen über Person und Werk Anselms von Canterbury. In Verbindung mit K. Flasch, B. Geyer, R. Klibansky, H.K. Kohlenberger, C. Ottaviano, R. Roques und R.W. Southern herausgegeben von F.S. Schmitt. Band I, Frankfurt/Main 1969. Band II, Frankfurt/Main 1970. Band III, Frankfurt/Main 1972.
AA IV/1 AA IV/2 AA V	Analecta Anselmiana. Untersuchungen über Person und Werk Anselms von Canterbury. Begründet von Franciscus Salesius Schmitt †. In Verbindung mit Kurt Flasch, Bernhard Geyer †, Raymond Klibansky, Carmelo Ottaviano, René Roques und Richard W. Southern herausgegeben von Helmut Kohlenberger. Band IV/1, Frankfurt/Main 1975. Band IV/2, Frankfurt/Main 1975. Band V, Frankfurt/Main 1976.

Anselm Studies I	Anselm Studies. An Occasional Journal. Vol. I. Edited by Marjorie Chibnall, Gillian Evans, D. P. Henry, Helmut Kohlenberger, Sir Richard Southern, New York/London/Schaan 1983.
Anselm Studies II	Anselm Studies. An Occasional Journal. Vol. II. Proceedings Of The Fifth International Saint Anselm Conference: St. Anselm And St. Augustine – Episcopi Ad Saecula. Edited by Joseph C. Schnaubelt, OSA, Thomas A. Losoncy, Frederick Van Fleteren, Jill A. Frederick, New York 1988.
Sola Ratione	Anselm-Studien für Pater Dr. h.c. Franciscus Salesius Schmitt OSB zum 75. Geburtstag am 20. Dezember 1969. In Verbindung mit B. Geyer und A. Hufnagel herausgegeben von Helmut H. Kohlenberger, Stuttgart-Bad Cannstatt 1970.
Spicilegium Beccense I	Congrès International Du IXe Centenaire De L'Arrivée D'Anselme Au Bec. Le Bec-Hellouin/Paris 1959.
Spicilegium Beccense I	Les Mutations Socio-Culturelles Au Tournant Des XIe–XIIe Siècles. Études Anselmiennes. Colloque organisé par le CNRS sous la présidence de Monsieur Jean Pouilloux, membre de l'Institut. Abbaye Notre-Dame du Bec. Le Bec-Hellouin 11–16 juillet 1982, Paris 1984.

Die in den Anmerkungen zitierten Zeitschriften sind abgekürzt nach: Theologische Realenzyklopädie. Abkürzungsverzeichnis. 2., überarbeitete und erweiterte Auflage zusammengestellt von Siegfried M. Schwertner, Berlin/New York 1994.

4. *Sekundärliteratur zur Wahrheitstheorie Anselms von Canterbury im Gesamtzusammenhang seines Denkens*

Aertsen, J. A.: Medieval Reflections on Truth. Adaequatio rei et intellectus, Amsterdam 1984.

– Wendingen in Waarheid. Anselmus van Canterbury, Thomas van Aquino en Vico, in: Tijdschrift voor Filosofie 49 (1987), 187–229.

Allers, R.: Anselm v. Canterbury. Leben, Lehre, Werke. Übersetzt, eingeleitet und erläutert von R. Allers, Wien 1936.

Arduini, M. L.: ›SOLA RATIONE PROCEDAMUS‹ (Cur Deus Homo I, 20). Tradizione e novità nel segno semantico anselmiano: ›Sola ratione‹. Le fonti, I: Sant' Agostino, in: Rivista di filosofia neoscolastica 83 (1991), 90–141.

Barth, K.: Fides quaerens intellectum. Anselms Beweis der Existenz Gottes im Zusammenhang seines theologischen Programms, Zürich [3]1958.

Beierwaltes, W.: DEUS EST VERITAS. Zur Rezeption des griechischen Wahrheitsbegriffes in der frühchristlichen Theologie, in: Pietas. Festschrift für B. Kötting, Jahrbuch für Antike und Christentum 8 (1980), 15–29.

Berlinger, R.: Zur Sprachmetaphysik des Anselm von Canterbury. Eine spekulative Explikation, in: AAV (1976), 99–112.

Bestul, Th. H.: St. Augustine and the Orationes sive Meditationes of St. Anselm, in: Anselm Studies II (1988), 597–606.

Boeder, H.: Topologie der Metaphysik, Freiburg/München 1980.

Boehner, P.: Ockham's Theory of Truth, in: Collected Articles on Ockham, hg. v. E.M. Buytaert, St. Bonaventure/Louvain/Paderborn 1958, 174–200.

– Ockham's Theory of Supposition and the Notion of Truth, in: Collected Articles on Ockham, hg. v. E.M. Buytaert, St. Bonaventure/Louvain/Paderborn 1958, 232–267.

Bormann, K.: Wahrheitsbegriff und νοῦς-Lehre bei Aristoteles und einigen seiner Kommentatoren, in: Miscellanea Mediaevalia 12 (1982), 1–24.

Boyer, C.: L'idée de vérité dans la philosophie de saint Augustin, Paris 1920.

Bütler, A.: Die Seinslehre des hl. Anselm von Canterbury, Diss. Fribourg (Schweiz) 1959.

Campbell, R.: From Belief to Understanding. A Study of Anselm's *Proslogion* Argument on the Existence of God, Canberra 1976.
– The Systematic Character of Anselms's Thought, in: Spicilegium Beccense II (1984), 549–560.
– Freedom as Keeping the Truth, in: Anselm Studies II (1988), 297–318.
– Truth and Historicity, Oxford 1992.
Cantin, A.: L'usage de la sainte Écriture chez S. Anselme et S. Augustin ou le projet historique, conçue au XIe siècle, d'une science sacrée rationelle, non positive, in: Anselm Studies II (1988), 423–445.
Carretero, F. M. L.: Der aristotelische Wahrheitsbegriff und die Aufgabe der Semantik. Inaugural-Diss. Köln 1983.
Cattin, Y.: Proslogion et De Veritate. »Ratio, Fides, Veritas«, in: Spicilegium Beccense II (1984), 595–610.
– La preuve de Dieu. Introduction à la lecture du PROSLOGION de ANSELME DE CANTERBURY, Paris 1986.
Chatillon, J.: Saint Anselme et l'Écriture, in: Spicilegium Beccense II (1984), 431–444.
Christe, W.: Sola ratione. Zur Begründung der Methode des intellectus fidei bei Anselm von Canterbury, in: Theologie und Philosophie 60 (1985), 341–375.
Corbin, M.: L'événement de Vérité. Lecture du *de Veritate* d'Anselme de Cantorbéry, in: Ders., L'Inouï de Dieu. Six Études christologiques, Paris 1980, 77–107.
– Se tenir dans la vérité, in: Spicilegium Beccense II (1984), 649–665.
Courtenay, W. J.: Necessity and Freedom in Anselm's Conception of God, in: AA IV/2 (1975), 39–64.
Delhaye, Ph.: Quelques aspects de la morale de S. Anselme, in: Spicilegium Beccense I (1959), 401–422.
Demmerling, Ch. Art. Richtigkeit, in: Historisches Wörterbuch der Philosophie 8, Basel 1992, Spp. 1038–45.
Duclow, D. F.: Structure and meaning in Anselms' De veritate, in: The American Benedictine Review 26 (1975), 406–417.
Ebbesen, S.: The Theory of *loci* in Antiquity and the Middle Ages, in: K. Jacobi (Hg.), Argumentationstheorien. Scholastische For-

schungen zu den logischen und semantischen Regeln korrekten Folgerns (Studien und Texte zur Geistesgeschichte des Mittelalters, Bd. XXXVIII), Leiden/New York/Köln 1993, 19–39.

Edelstein, W.: eruditio und sapientia. Weltbild und Erziehung in der Karolingerzeit. Untersuchungen zu Alkuins Briefen, Freiburg i. Brsg. 1965.

Enders, M.: Rezension von: Gerhard Gäde, Eine andere Barmherzigkeit. Zum Verständnis der Erlösungslehre Anselms von Canterbury, Würzburg 1989, in: Münchener Theologische Zeitschrift 45 (1994), 232–235.

– Rezension von: D. Perler, Der propositionale Wahrheitsbegriff im 14. Jahrhundert (Quellen und Studien zur Philosophie 33), Berlin/New York 1992, in: Zeitschrift für Philosophische Forschung 49 (1995), 490–95.

– Das metaphysische Ordo-Denken in Spätantike und frühem Mittelalter: Bei Augustinus, Boethius und Anselm von Canterbury, in: Philosophisches Jahrbuch 104 (1997), 335–361.

– Allgegenwart und Unendlichkeit Gottes in der lateinischen Patristik und im philosophischen und theologischen Denken des frühen Mittelalters, in: Bochumer Philosophisches Jahrbuch für Antike und Mittelalter Bd. 3 (1998), 43–68.

– Wahrheit und Notwendigkeit. Die Theorie der Wahrheit bei Anselm von Canterbury im Gesamtzusammenhang seines Denkens und unter besonderer Berücksichtigung seiner antiken Quellen (Aristoteles, Cicero, Augustinus, Boethius), Studien und Texte zur Geistesgeschichte des Mittelalters, Bd. 64, Leiden/Boston/Köln 1999.

– Das Thema und die rationale Methode von Anselms *Cur deus homo*, in: P. Gilbert/H. Kohlenberger/E. Salmann (Hgg.), Cur deus homo. Atti del Congresso Anselmiano Internazionale Roma, 21–23 maggio 1998, in: Studia Anselmiana Bd. 128, Rom 1999, 333–366.

Engelhardt, P.: »Philosophi« und »sancti« über die Wahrheit. Urwahrheit und welthafte Wahrheit in den »frühen« Schriften Alberts des Großen, in: T. Eggensperger/U. Engel, Wahrheit. Recherchen zwischen Hochscholastik und Postmoderne (Walberberger Studien, Bd. 9), Mainz 1995, 49–59.

Evans, G. R.: Anselm, Wilton 1989.

Evdokimov, P.: L'aspect apophatique de l'argument de saint Anselme, in: Spicilegium Beccense I (1959), 234–58.

Fischer, J.: Die Erkenntnislehre Anselms von Canterbury (Beiträge zur Geschichte der Philosophie und Theologie des Mittelalters, Bd. 10, Heft 3), Münster 1911.

Flasch, K.: Zum Begriff der Wahrheit bei Anselm von Canterbury, in: Philosophisches Jahrbuch 72 (1965), 322–352.

– Der philosophische Ansatz des Anselm von Canterbury im Monologion und sein Verhältnis zum augustinischen Neuplatonismus, in: AA II (1970), 1–43.

– Das philosophische Denken im Mittelalter, Stuttgart 1988.

Fleckenstein, J.: Die Bildungsreform Karls des Grossen als Verwirklichung der Norma Rectitudinis, Freiburg i. Brsg. 1953.

Fleischer, M.: Wahrheit und Wahrheitsgrund. Zum Wahrheitsproblem und zu seiner Geschichte. Berlin/New York 1984.

Foreville, R.: L'ultime »ratio« de la morale politique de saint Anselme: »rectitudo voluntatis propter se servata«, in: Spicilegium Beccense I (1959), 423–438.

Göde, G.: Eine andere Barmherzigkeit. Zum Verständnis der Erlösungslehre Anselms von Canterbury, Würzburg 1989.

Ganshof, F. L.: Was ist das Lehnswesen? Darmstadt 1961.

Georges, K. E.: Lat.-Deutsches und Deutsch-Lateinisches Handwörterbuch, Hannover/Leipzig [9]1909.

Geyer, B.: Zur Deutung von Anselms Cur Deus homo, in: Theologie und Glaube 34 (1942), 203–210.

Gilbert, P.: Dire l'Ineffable. Lecture du »Monologion« de S. Anselme, Paris 1984.

– Le Proslogion de S. Anselme. Silence de Dieu et joie de l'homme, Rom 1990.

– Veritas Orationis selon de De Veritate, in: D.E. Luscombe/G. R. Evans (Hgg.), Anselm, Aosta, Bec and Canterbury. Papers in Commemoration of the Nine-Hundreth Anniversary of Anselm's Enthronement as Archbishop, 25 September 1093, Sheffield 1996, 70–82.

Gombocz, W. L.: »Facere esse veritatem«, in: Spicilegium Beccense II (1984), 561–569.

Grabmann, M.: Die Geschichte der scholastischen Methode I, Berlin [2]1957.

Green-Pedersen, N. J.: The Doctrine of ›maxima propositio‹ and ›locus differentia‹ in Commentaries from the Twelfth Century on Boethius' Topics, in: Studia Mediewistyczne 18 (1977), 125–63.
– The Tradition of the Topics in the Middle Ages. The Commentaries on Aristotle's and Boethius' ›Topics‹, München/Wien 1984.
Greshake, G.: Erlösung und Freiheit. Zur Neuinterpretation der Erlösungslehre Anselms von Canterbury, in: Theologische Quartalschrift 135 (1973), 323–45.
– Erlösung und Freiheit. Eine Neuinterpretation der Erlösungslehre Anselms von Canterbury, in: Ders., Gottes Heil – Glück des Menschen. Theologische Perspektiven, Freiburg/Basel/Wien 1983, 80–104.
Haenchen, E.: Anselm, Glaube und Vernunft, in: Zeitschrift für Theologie und Kirche 48 (1951), 312–342; wiederaufgenommen unter dem Titel: Glaube und Vernunft: Gott und Mensch, in: Ders., Gesammelte Aufsätze, Tübingen 1965, 378–408.
Hammer, F.: Genugtuung und Heil. Absicht, Sinn und Grenzen der Erlösungslehre Anselms von Canterbury, Wien 1967.
Hasse, F. R.: Anselm von Canterbury, Zweiter Theil: Die Lehre Anselms, Leipzig 1852, Frankfurt a.M. 1966 (repr.).
Haubst, R.: Vom Sinn der Menschwerdung. ›Cur deus homo‹, München 1969.
– Anselms Satisfaktionslehre einst und heute, in: AA V (1976), 148–153.
Heinzmann, R.: Veritas humanae naturae. Ein Beitrag zur Anthropologie Anselms von Canterbury, in: Wahrheit und Verkündigung. Festschrift für Michael Schmaus zum 70. Geburtstag, hrsg. v. L. Scheffczyk, W. Detloff, R. Heinzmann, Bd. I, München/Paderborn/Wien 1967, 779–798.
– Philosophie des Mittelalters (Grundkurs Philosophie 7), Stuttgart/Berlin/Köln 1992.
Henry, D. P.: Remarks on Saint Anselm's Treatment of Possibility, in: Spicilegium Beccense I (1959), 19–22.
– The Logic of Saint Anselm, Oxford 1967.
– Commentary on *De Grammatico*. The Historical-Logical Dimensions of a Dialogue of St. Anselm's, Dordrecht/Boston 1974.
– Anselmian Categorical and Canonical Language, in: Spicilegium Beccense II (1984), 537–548.

– St. Anselm and the Linguistic Disciplines, in: Anselm Studies II (1988), 319–332.

Hödl, L.: Art. Anselm von Canterbury, in: Theologische Realenzyklopädie, Bd. II, Berlin/New York 1978, Spp. 759–778.

Holopainen, Toivo J.: Dialectic & Theology in the Eleventh Century (Studien und Texte zur Geistesgeschichte des Mittelalters, Bd. 54), Leiden/New York/Köln 1996.

Hopkins, J.: A Companion to the Study of St. Anselm, Minneapolis 1972.

– A new, interpretative translation of St. Anselm's Monologion and Proslogion, Minneapolis 1986.

– / H. *Richardson* (Hgg.), Anselm of Canterbury, Bd. 2, Toronto/New York 1976.

Hufnagel, A.: Die Wahrheit als philosophisch-theologisches Problem bei Albert dem Deutschen, Bonn 1940.

– Anselms Wahrheitsverständnis in der Deutung Alberts d. Gr., in: Sola ratione (1970), 19–33.

Jacobi, K.: Begründen in der Theologie. Untersuchungen zu Anselm von Canterbury, in: Philosophisches Jahrbuch 99 (1992), 225–244.

– (Hg.), Argumentationstheorie. Scholastische Forschungen zu den logischen und semantischen Regeln korrekten Folgerns (Studien und Texte zur Geistesgeschichte des Mittelalters, Bd. XXXVIII), Leiden/New York/Köln 1993.

Kane, G. S.: Anselm's Doctrine of Freedom and the Will (Texts and Studies in Religion, Bd. 10), Toronto/New York 1981.

Kapriev, G.: [...] ipsa vita et veritas. Der ›ontologische Gottesbeweis‹ & die Ideenwelt Anselms von Canterbury (Studien und Texte zur Geistesgeschichte des Mittelalters, Bd. 61), Leiden/Boston/Köln 1998.

Kienzler, K.: Glauben und Denken bei Anselm von Canterbury, Freiburg/Basel/Wien 1981.

Knuuttila, S.: Modalities in Medieval Philosophy, London/New York 1993.

Kohlenberger, H. K.: Zur Metaphysik des Visuellen bei Anselm von Canterbury, in: AA I (1969), 11–37.

– Similitudo und Ratio. Überlegungen zur Methode bei Anselm von Canterbury (Münchener Philosophische Forschungen Bd. 4), Bonn 1972.

– Sola ratione – Teleologie – Rechtsmetaphorik. Ein anselmianisches Thema, in: Ders. (Hg.), Sola ratione (1970), 35–55.
– Konsequenzen und Inkonsequenzen der Trinitätslehre in Anselms *Monologion*, in: AA V (1976), 149–78.
– Libertas Ecclesiae und Rectitudo bei St. Anselm, in: Spicilegium Beccense II (1984), 689–700.

Kremer, K.: Gott und Welt in der klassischen Metaphysik. Vom Sein der ›Dinge‹ in Gott, Stuttgart/Berlin/Köln/Mainz 1969.

Külling, H.: Wahrheit als Richtigkeit. Eine Untersuchung zur Schrift De veritate von Anselm von Canterbury (Basler und Berner Studien zur historischen und systematischen Theologie, Bd. 50), Bern/Frankfurt a.M./Nancy/New York 1984.

Lapierre S. J., Michael J.: Aquinas' Interpretation of Anselm's Definition of Truth, in: Sciences Ecclésiastiques 18 (1966), 413–441.

Leftow, B.: Anselm on the Necessity of the Incarnation, in: Religious Studies 31 (1995), 167–185.

Mahnke, D.: Unendliche Sphäre und Allmittelpunkt. Beiträge zur Genealogie der mathematischen Mystik, Halle 1937, Stuttgart/Bad Cannstatt ^{2}1966 (repr.).

Marenbon, J.: Early Medieval Philosophy (480–1150). An Introduction, London 1983.

Maurer, J. H.: Wahrheit ist Richtigkeit und sonst – nichts?, Inaugural-Dissertation zur Erlangung der Doktorwürde der Theol. Fakultät der Univ. Basel, 1966.

Mazzarella, P.: L'Exemplarismo in Anselmo e in Bonaventura, in: AA (1969), 145–50.

McCord Adams, M.: Saint Anselm's theory of truth, in: Documenti e studi sulla tradizione filosofica medievale (Rivista della Società Internazionale per lo Studio del Medioevo Latino) I,2 (1990), 353–372.

Michaud-Quantin, P.: Vocabulaire psychologique de S. Anselme, in: Spicilegium Beccense I (1959), 23–30.

Möller, J.: Wahrheit als Problem. Traditionen-Theorien-Aporien, München/Freiburg i. Brsg. 1971.

Mojsisch, B. (Hg.), Kann Gottes Nicht-Sein gedacht werden? Die Kontroverse zwischen Anselm von Canterbury und Gaunilo von Marmoutiers (excerpta classica 4), Kempten 1989.

Normore, C.: Future contingents, in: The Cambridge History of La-

ter Medieval Philosophy, hg. v. N. Kretzmann/A. Kenny/J. Pinborg, Cambridge/London/New York/New Rochelle/Melbourne/Sydney 1982, 358–383.

Palma, R. J.: The Rehabilitation of Truth in Theology, in: Scottish Journal of Theology 28 (1975), 201–226.

Perler, D.: Der propositionale Wahrheitsbegriff im 14. Jahrhundert (Quellen und Studien zur Philosophie 33), Berlin/New York 1992.

Pieper, J.: Wahrheit der Dinge. Eine Untersuchung zur Anthropologie des Hochmittelalters, München [3]1957.

Pieper, A.: Art. Sollen, in: Historisches Wörterbuch der Philosophie 9, Basel 1995, Spp. 1026–1056.

Plasger, G.: Die Notwendigkeit der Gerechtigkeit. Eine Interpretation zu »Cur deus homo« von Anselm von Canterbury (Beiträge zur Geschichte der Philosophie und Theologie des Mittelalters 38), Münster 1993.

Pöltner, G.: Veritas est adaequatio intellectus et rei. Der Gesprächsbeitrag des Thomas von Aquin zum Problem der Übereinstimmung, in: Zeitschrift für Philosophische Forschung, Bd. 37 (1983), 563–576.

Pouchet, R.: La Rectitudo chez Saint Anselme. Un Itinéraire Augustinien de l'Âme à Dieu, Paris 1964.

– Existe-t-il une ›Synthèse‹ Anselmienne?, in: AA I (1969), 3–10.

– Saint Anselme lecteur de saint Jean, in: Spicilegium Beccense II (1984), 457–468.

Rassam, J.: Existence et vérité chez saint Anselme, in: Archives de Philosophie 24 (1961), 330–337.

Recktenwald, E.: Die ethische Struktur des Denkens von Anselm von Canterbury (Philosophie und Realistische Phänomenologie, Studien der Internationalen Akademie für Philosophie im Fürstentum Liechtenstein, Bd. 8), Heidelberg 1998.

Ruello, F.: La notion de vérité chez S. Albert le Grand et S. Thomas d'Aquin, Louvain/Paris 1969.

Saranyana, J. I.: Sobre la nocion anselmiana de verdad, in: Cuadernos Salmantinos de filosofíe, Universidad Pontifica de Salamanca 1984 (XI), 117–122.

Schmitt, F. S.: (Hg.), Anselm von Canterbury. Monologion, Lat.-deutsche Ausgabe, Stuttgart-Bad Cannstatt 1964.

– (Hg.) Anselm von Canterbury. De veritate. Über die Wahrheit, lat.-deutsch, Stuttgart-Bad Cannstatt 1966.
– Prolegomena seu ratio editionis: S. Anselmi Cantuariensis Archiepiscopi Opera Omnia I, Stuttgart-Bad Cannstatt 1968, 1*–244*.
– Anselm und der (Neu-)Platonismus, in: AA I (1969), 39–71.
– (Hg.), Anselm von Canterbury. Proslogion, lat.-deutsch, Stuttgart-Bad Cannstatt ²1984 (repr.).
– (Hg.), Anselm von Canterbury. Cur deus homo. Warum Gott Mensch geworden ist, lat.-deutsch, München ⁵1993.

Schmitz, R. B.: Sein-Wahrheit-Wort. Thomas von Aquin und die Lehre von der Wahrheit der Dinge, Münster 1984.

Schrimpf, G.: Anselm von Canterbury Proslogion II–IV. Gottesbeweis oder Widerlegung des Toren?, Fuldaer Hochschulschriften 20, Frankfurt a. M. 1994.

Schufreider, G.: Language, thought and reality, in: Ders., Confessions of a rational mystic. Anselm's early writings, West Lafayette 1993, 41–63.

Schulz, G.: Veritas est adaequatio intellectus et rei. Untersuchungen zur Wahrheitslehre des Thomas von Aquin und zur Kritik Kants an einem überlieferten Wahrheitsbegriff (Studien und Texte zur Geistesgeschichte des Mittelalters, Bd. 36) Leiden/New York/Köln 1993.

Schurr, A.: Die Begründung der Philosophie durch Anselm von Canterbury. Eine Erörterung des ontologischen Gottesbeweises, Stuttgart/Berlin 1966.

Schwager, R.: Logik der Freiheit und des Natur-Wollens. Zur Erlösungslehre Anselms von Canterbury, in: Ders., Der wunderbare Tausch. Zur Geschichte und Deutung der Erlösungslehre, München 1986, 161–191.

Senner, W.: Zur Definition der Wahrheit bei Albertus Magnus, in: T. Eggensperger/U. Engel, Wahrheit. Recherchen zwischen Hochscholastik und Postmoderne (Walberberger Studien, Bd. 9), Mainz 1995, 11–48.

Serene, E. F.: Anselm's Modal Conceptions, in: S. Knuuttila (Hg.), Reforging the Great Chain of Being. Studies of the History of Modal Theories, Dordrecht/Boston/London 1981, 117–162.

Söhngen, G.: Rectitudo bei Anselm von Canterbury als Oberbegriff

von Wahrheit und Gerechtigkeit, in: Sola ratione (1970), 71–77.

Southern, R. W.: Saint Anselm. A Portrait in a Landscape, Cambridge 1990.

Speer, A.: Triplex veritas. Wahrheitsverständnis und philosophische Denkform Bonaventuras (Franziskanische Forschungen, Heft 32), Werl/Westfalen 1987.

Steiger, L.: CONTEXTE SYLLOGISMOS. Über die Kunst und Bedeutung der Topik bei Anselm, in: AA I (1969), 107–143.

Steindl, H.: Genugtuung. Biblisches Versöhnungsdenken – eine Quelle für Anselms Satisfaktionstheorie?, Freiburg/Schweiz 1989.

Stolz, A.: »Vere esse« im Proslogion des hl. Anselm, in: Scholastik 9 (1934), 400–407.

Stump, E. (Hg.): Boethius's De topicis differentiis, Ithaca 1978.

– Garlandus Compotista and Dialectic in the Eleventh and Twelfth Centuries, in: History and Philosophy of Logic 1 (1980), 1–18.

– Boethius's Theory of Topics and Its Place in Early Scholastic Logic, in: Atti congresso internazionale di studi Boeziani, hg. v. L. Obertello, Rom 1981, 249–62.

– Topics: Their Development and Absorption into the Consequences, in: The Cambridge History of Later Medieval Philosophy, hg. v. N. Kretzmann/A. Kenny/J. Pinborg, Cambridge 1982, 273–299.

– (Hg.): Boethius's In Ciceronis Topica, Ithaca 1988.

Sullivan, M.: What was true or false in the old logic?, in: Journal of philosophy 67 (1970), 788–800.

Torrance, T. F.: The ethical implications of Anselm's De Veritate, in: Theologische Zeitschrift 24 (1968), 310–319.

– The Place of Word and Truth in Theological Inquiry according to St. Anselm, in: Studia mediaevalia et mariologica, P. Carolo Balic OFM septuagesimum explenti annum dicata, ed. Antonianum, Rom (1971), 133–160.

Vanni-Rovighi, S.: Il Problema del Male in S. Anselmo, in: AA 5 (1976), 179–188.

Verweyen, H. J. (Hg.): Anselm von Canterbury, Vier Traktate. Wahrheit und Freiheit. Über die Wahrheit. Über die Freiheit des Willens. Vom Fall des Teufels. Über die Vereinbarkeit des Vorherwis-

sens, der Vorherbestimmung und der Gnade Gottes mit dem freien Willen (Christliche Meister, Bd. 15), Einsiedeln 1982.
- Gottes letztes Wort. Grundriß der Fundamentaltheologie, Düsseldorf 1991, Regensburg [3]2000.
- (Hg.): Anselm von Canterbury. De libertate arbitrii et alii tractatus. Freiheitsschriften. Lat.-deutsch (Fontes Christiani, Bd. 13), Freiburg/Basel/Wien/Barcelona/Rom/New York 1994.

Viola, C.: Foi et Vérité chez saint Anselme, in: Spicilegium Beccense II (1984), 583–593.
- Les dimensions de la vérité, in: Journal philosophique (Bulletin du centre de recherche philosophique saint Thomas d'Aquin) 3 (1985), 139–163.

Von Balthasar, H. U.: Anselm, in: Ders.: Herrlichkeit, Eine theologische Ästhetik, Bd. 2: Fächer der Stile: Klerikale Stile, Einsiedeln 1962, 217–263.
- Theodramatik III: Die Handlung, Einsiedeln 1980.

Vuillemin, J.: Justice Anselmienne et Bonne Volonté Kantienne: Essai de Comparaison, in: D. E. Luscombe/G.R. Evans (Hgg.), Anselm. Aosta, Bec and Canterbury. Papers in Commemoration of the Nine-Hundreth Anniversary of Anselm's Enthronement as Archbishop, 25 September 1093, Sheffield 1996, 361–375.

Warnach, V.: Wort und Wirklichkeit bei Anselm v. Canterbury, in: Salzburger Jahrbuch für Philosophie 5/6 (1961/62), Festschrift für Albert Auer OSB, München/Salzburg 1961, 157–176.

Werner, H. J.: Anselm von Canterburys Dialog *De veritate* und das Problem der Begründung praktischer Sätze, in: Salzburger Jahrbuch für Philosophie 20 (1975), 119–130.

Wiedmann, F.: Wahrheit als Rechtheit, in: Ders. (Hg.), Epimeleia. Die Sorge der Philosophie um den Menschen. Festschrift für Helmut Kuhn, München 1964, 174–181.

Wieringa, E.: Anselm on Omnipresence, in: The New Scholasticism LXII (1988/1), 30–41.

Zekl, H. G. (Hg.): Marcus Tullius Cicero. Topik. Lat.-deutsch (Philosophische Bibliothek 356), Hamburg 1983.

Zimmermann, A.: Bemerkungen zu Thomas von Aquin, Quaest. disp. De veritate I, in: Miscellanea Mediaevalia 15, Berlin 1982, 247–61.

NAMENREGISTER*

* Das Namenregister bezieht sich auf Einleitung und Anmerkungen des Herausgebers. Tiefgestellte Ziffern bezeichnen die Fußnoten der jeweiligen Seite.

SACHREGISTER*

* Das Sachregister bezieht sich auf Einleitung und Anmerkungen des Herausgebers. Tiefgestellte Ziffern bezeichnen die Fußnoten der jeweiligen Seite.

Thomas von Aquin

Quaestiones Disputatae

Erste vollständige Ausgabe in deutscher Übersetzung

Herausgegeben von Rolf Schönberger

Über die Wahrheit *De veritate*

Band 1. 2012. 978-3-7873-1901-5. Halbleinen (i.V.)

Band 2. 2012. 978-3-7873-1902-2. Halbleinen (i.V.)

Band 3. 2012. 978-3-7873-1903-9. Halbleinen (i.V.)

Band 4. 2012. 978-3-7873-1904-6. Halbleinen (i.V.)

Quaestiones 21-24
Übersetzt und herausgegeben von Tilman Anselm Ramelow O.P.
Band 5. 2012. Ca. VIII, 428 Seiten.
978-3-7873-1905-3. Halbleinen (lfb.)

Band 6. 978-3-7873-1906-0. Halbleinen (i.V.)

Über Gottes Vermögen
De potentia Dei

Quaestiones 1-3
Band 7. Übersetzt und herausgegeben von Stephan Grotz. 2009.
VIII, 349 Seiten. 978-3-7873-1907-7.
Halbleinen (lfb.)

Quaestiones 4-6
Band 8. Übersetzt und herausgegeben von Stephan Grotz. 2009. VIII, 327 S.
978-3-7873-1908-4. Halbleinen (lfb.)

Band 9. 2012. 978-3-7873-1909-1. Halbleinen (i.V.)

Über die Tugenden *De virtutibus*
Band 10. Übersetzt und herausgegeben von Winfried Rohr. 2012.
Ca. VIII, 486 Seiten. 978-3-7873-1910-7.
Halbleinen (lfb.)

Vom Übel *De malo*

Quaestiones 1-7
Band 11. Übersetzt von Stefan Schick. 2009. X, 505 Seiten.
978-3-7873-1911-4. Halbleinen (lfb.)

Quaestiones 8-16
Band 12. Übers. u. hrsg. von Christian Schäfer. 2010. VIII, 405 Seiten.
978-3-7873-1912-1. Halbleinen (lfb.)

Über die Seele *De anima*
Band 13. 978-3-7873-1913-8. Halbleinen (i.V.)

Meiner

meiner.de/thomas